산길 걷는
이야기

산길 걷는 이야기

글·사진 최영일

깊은솔

　요즈음 산을 찾는 사람이 많다. 산은 한번 올랐다가 내려오면 얻는 것이 있다. 그것이 뭐라고 딱 잘라서 말할 수는 없다. 그러나 산을 올랐다가 내려온 사람은 가슴속에 무엇이 쌓여있는 것을 느낀다. 그래서 사람들은 산을 찾는 모양이다. 그리고 산행은 하고나면 또 하고 싶은 욕망이 생긴다. 이래서 산행객들이 점차 많아지는 것 같다.

　산행을 하는 것은 무한한 인내와 고난을 동반한다. 인내를 배우는 것도, 가수가 노래 연습을 하듯이 인내 연습을 해야 하고, 고난도 온갖 고난을 당한 후에야, 새로운 고난이 다가와도 두려움이 없어진다. 이러한 인내와 고난 후에는 평안이라는 쾌감을 느껴 기분이 좋아진다. 우리는 심한 갈증 후에 물을 먹어보면, 그 물맛이 평소에 먹는 물과는 전혀 다른 것을 느낀다.

　이러한 고난과 인내는, 도가니나 풀무가 불을 가지고 은이나 금의 불순물을 제거하듯이, 인간을 덕화(德化)시켜서, 불순물이 없는 순금 같은, 순전(純全)한 사람이 되는 것 같은 감정을 느끼게 한다.

　힘들여 산길을 걸으면 우리 두뇌가 평소에 느끼지 못하는 새로운 생각을 한다는 것을 알게 된다. 그 새로운 생각이란, 우리 인간은 고통 가운데 산다는 것이다. 고통 가운데 살면서도 생이 짧고 허무하다는 것이다. 그래서 고통이나 허무감에서 벗어나기 위해 절대자를 찾게 되고, 그것이 바로 종교란 것이다.

　그리고 자연은 우리의 위대한 스승이다. 갈릴레오는 하나님께서 사람들에게 하나님을 알 수 있도록 두 권의 책, 즉 '자연'이라는 책과 '성경'이라는 책을 제공했다고 말했다. 자연현상 속에서 조물주의 섭리를 깨닫게 하고, 인간에게 겸손성을 가르쳐 주는 스승이라는 것이다.

　나는 내가 이 세상을 살아온 흔적을 남기기 위해 두 종류의 책을 쓰기로 작정했다. 하나는 '산길 걷는 이야기'이고 다른 하나는 성서에 관한 것으로 '어느 무명인의 청지기 결산'이란 책이다. '산길 걷는 이야기' 2부도 집필 중이다. 그 첫 책으로 산길 걷는 이야기 1부를 내어 놓는다.

2009년 7월 1일

최영일

1. 토함산 이야기

***토함산**(吐含山)은 해발 745m로 경주에서는 가장 높은 산이다. 신라에서는 동악(東岳)이라 하여 동해로부터 침범하는 왜구를 막는 호국의 진산으로 신성시 한산이다. 이 산에는 불국사와 석굴암이 있다. 동해를 굽어보고 있는 토함산은 그 너른 바다로부터 올라오는 바람과 습기를 구름과 안개로 바꾸는 산이다. 그래서 구름과 안개를 뱉고(吐) 머금는다(含).

***석굴암**은 토함산 정상에서 동쪽으로 약간 내려오는 곳에 있다. 토함산은 왜구를 막는 국방상 요충지였다. 따라서 토함산에 있는 불국사와 석굴암은 호국불교의 정신이 어린 곳이다. 더구나 석굴암은 죽어서 호국의 용이 되겠다고 하며 바다 속에 묻어주기를 원했던 문무왕의 대왕암을 일직선상으로 바라보고 있어서 계획에 의한 호국사찰임을 여실히 느낄 수 있다.

가을이 되면 문득 토함산 기억들이 순서 없이 일어났다가 사라지곤한다. 한 해가 또 저물어가는 12월 초순 토함산을 찾았다. 며칠 후면 절기로 대설(大雪)인데 날씨는 봄날 같이 온화하고, 하늘은 눈이 시릴 정도로 푸르다. 감포 쪽의 국도를 따라가다 보면 덕동댐이 나오고, 추령터널을 지나서 첫 동네인 '장항'이란 곳에서 내렸다. 그 곳에서 '범곡'이라는 동네를 통과해야 한다. 한적한 시골길을 혼자 걸으니 그 또한 여유롭고 자유롭다. 들판은 추수가 끝나고, 인적이 끊기어 적적하고 쓸쓸했다. 길 위에 떨어진 낙엽을 밟으면서 호젓한 들판 길과 산길을 걸었다. 낙엽 따라 가을이 가고 하늬바람(북풍을 이르는 말)에 실려 겨울이 온다는데 지금은 가을도 아니고, 겨울도 아니다. 사람만 철부지(不知)가 있는 것이 아니고, 계절도 철부지이다. 온난화로 기존 질서가 흔들림에는 틀림없다. 식물도 그렇고 사람도 그렇다. 산에는 진달래나무에 꽃이 피는 가하면, 개나리가 피어 계절의 감각을 둔하게 한다.

범곡 동네 길을 따라 마을 안으로 들어갔다. 산비탈에 있는 키가 큰 감나무에는 따지 않은 감들이 남아있다. 까마귀밥 치고는 많이 남아있다. 들판에는 덩굴걷이 하지 않은 호박들이 여기저기 있다. 오륙십 년대에 비하면 먹을거리가 풍족한 셈이다. 산 진입로는 동네 끝 지점에서 산길로 이어진다. 동해바다에서 불어오는 바람이 한결 부드럽다. 이 길에는 노송들이 특히 많다. 작년에나 올해나 소나무는 같은 나무인데, 이 길을 지나는 사람은 같이 않구나 하는 생각이 든다. 이 길을 지나서 토함산을 오르려면 한 시간 정도면 석굴암 입구까지 갈 수 있다. 이 산길은 옛날 동해안 쪽에 있던 사람들이 경주로 갈 때 이용한 옛길이다. 등

석굴암과 토함산의 겨울

에 땀이 좀 날 무렵에 석굴암 입구에 도착하게 된다. 동해바다에서 바람이 불어온다. 시원하고 상쾌하다.

토함산의 7부 능선쯤에 석굴암이 있다. 계절 탓인지 관광객이 드문드문 보인다. 석굴암을 지나 긴 산허리 길을 걸었다. 그 길을 지나서 정상으로 향했다. 길은 널찍하기도 하고 가파른 곳도 있지만, 별로 힘이 들지 않는 길이다. 낙엽이 수북이 쌓여서 길을 찾을 수 없는 곳도 있다. 얼마를 가다보면, 곧 정상에 도착하게 된다. 평퍼짐한 정상은 억새밭이다. 억새가 한해의 생을 마치고 바람에 나부끼고 있다. 사방이 확 트였다. 북쪽으로 보면 산과 산이 접하고 있는 모양이 마치 판화같이 아름답다.

억새가 흔들리는 정상을 뒤로하고 산을 내려왔다. 땅에 떨어진 낙엽이 바람에 날리고 있다. 산허리에 있는 석굴암 매표소를 지나서 불국사로 내려오는 길은 굽이굽이 휘어진 산길이다. 이 길도 수백 년 전부터 우리 조상들이 다녀온 길이다. 70년대 까지만 해도 옛길 모습이었으나, 지금은 길이 잘 정비도 되고 걷기에 편하다. 가끔 한두 사람이 지나가기도 하지만 산속은 고요하다. 모양이 좋은 언덕배기 소나무들은 여름철보다 푸르다. 솔가지 사이를 지나가는 바람소리가 들린다. 솔바람은 언제 들어도 운치가 있다. 길은 황톳길, 이 호젓한 황톳길은 나에게는 온갖 추억으로 엉켰다.

옛날 수학여행을 오면 불국사 밑 동네 여관에서 자고, 새벽에 동해바다에 해 뜨는 모습을 보기 위해 이 길을 걸어 올라왔다. 그 때는 이 길이 멀고도 멀게 느껴졌다. 길도 폭이 좁은 오솔길이어서 반대쪽에서 사람 이오면 몸을 돌려 피해주어서 지나갔다. 그 후에도, 또 그 후에도 이 사람과 저 사람이 동행되어 이 길을 걸어 다녔다. 나에게도 옛길이고, 지난날을 생각게 하는 추억의 산길이다.

산을 내려올수록 고목 소나무와 꾸불꾸불한 느티나무 가 많다. 오래된 나무일수록 정감이 더 간다. 낙엽을 밟으면서 산을 내려왔다. 한 참을 내려오면 오동수(梧桐水)라는 샘이 있다. 사람들은 이 물을 흔히 생수라고 부른다. ‘생수’, 즉 샘솟는 물은 저장된 물보다는 좋은 것이다. 살아있는 물이기 때문이다. 샘솟는 물에는 깨끗이 하는 힘이 있고, 더러움이 없다. 생수가 바위틈에서 힘 있게 물줄기를 이루면서 쏟아져 내린다. 시원한 물맛이 정신을 번쩍 들게 한다. 불국사로 내려오는 길목에 청마(靑馬) 유치환(柳致環)의 시비가 있다. 시인의 말대로 그는 돌로 눈감고 앉아 있었다. (2004년 12월 3일)

☞ 범곡 → 산비탈길 → 석굴암 입구 → 정상 → 석굴암 입구 → 오동수 → 불국사 주
　차장 〈7㎞, 3시간 30분〉

□ 자연은 아름다운 것이다

　누군가 "자연은 살아있다"라고 말했다. 그 말을 이런 산 속에 들어와서 생각해 보면 참으로 실감나는 말이다. 봄에 잎이 나서 여름에 무성하고 가을에 낙엽져서 떨어지고 그 다음 봄에 그 장소에 다시 잎이 나와서 순환을 하는 것이나, 물이 흐르고 구름이 떠다니고 비가오고 하는 것을 보면 자연은 살아있음에 틀림없다.

　이런 살아있는 자연은 사람과 생물이 살아가는 장소이고, 사람에게는 아름다움도 준다. 그런데 자연은 생각에 따라 달라 보인다. 산길을 걷다가 소나무 한 그루를 보고도 무심코 지나가는 사람도 있고, 그 아름다움을 느끼는 사람도 있다. 생각이 얼마나 중요한지 모른다. 서양 동화에 이런 말이 있다. 어떤 형제 사냥꾼이 사냥을 하려 산에 들어갔다. 형과 아우는 각자 흩어져서 사냥감을 찾았다. 얼마쯤 가다가 형이 보니 저 높은 언덕 위에 곰이 한 마리 보였다. 그래서 총을 겨누어 곰을 쏘아 죽이려했다. 그런데 방아쇠를 잡아당기기 전에 가만히 보니 무언지 조금 이상했다. 그래서 총을 내려놓고 자세히 보니 곰이 아니고, 사람이다. 형은 깜짝 놀랐다. 내가 사람을 죽일 뻔 했구나! 그 다음에 언덕까지 다가가서 보니 바로 그가 자기 동생이었다. 얼핏 보니까 곰 같이 보이고, 자세히 보니 사람이고, 가까이 가서 보니 자기 동생이더라는 것이다. 산길 걷는 도중에는 사람마다 보는 것에 따라 자연의 아름다움도 달라진다.

아름다움을 느낄 때 우리의 심성은 더욱 맑아진다.

　헬렌 켈러가 세계에 있는 모든 장님들이 3일만 눈을 떠서 보게 해 달라 하는 소원기도를 했다고 한다. 어떤 사람이 헬렌 켈러에게 묻기를 "당신이 만약에 3일간 눈이 열린다면 그 3일 동안 무엇을 보겠느냐?" 그런 질문을 했다. 그녀가 답하는 말이 "첫째 날에는 이 산천의 만물과 꽃들과 동물과 조물주가 지으신 모든 피조물을 바라보고 싶고, 둘째 날에는 내가 박물관을 찾아가서 과거의 사람들이 만든 물건들을 보고 싶고, 셋째 날에는 내게 특별한 은혜를 베풀어 준 그런 분들의 얼굴을 보고 싶다."고 했다. 참으로 우리가 사물을 본다는 것은 즐겁고 행복한 일이다.

2. 경주 남산 이야기

　***남산**(南山)은 신라의 왕도였던 경주의 남쪽에 솟아 있는 금오산(金鰲山)과 고위산(高位山) 두 봉우리를 비롯하여 도당산, 양산 등으로 이루어져 있는데 이를 통틀어 남산이라고 부르고 있다. 산은 그리 높지 않지만 동서로 가로지른 길이가 약 4km, 남북의 거리가 약 8km에 40여 계곡이 있고 이곳에는 수많은 불적이 산재되어 있으며, 여러 전설과 설화들이 깃들어 있다. 신라 건국 전설이 깃든 나정(蘿井), 신라 왕실의 애환이 서린 포석정터, 김시습이 거처하면서 우리나라 최초의 한문소설인 금오신화를 지었다고 하는 용장사지(茸長寺址) 등 많은 신라시대 유적을 간직하고 있다. 2000년 12월 세계문화 유산으로 등록되었다.

□ 산행기

　유럽을 여행할 때 가장 많이 만나게 되는 문화 유적은 성당이다. 유럽 여러 나라들은 약 천년동안 가톨릭이 국교였다. 그래서 가톨릭은 유럽 사람들의 삶과 생활 속에 깊숙이 스며들어 있다. 그래서 가톨릭을 모르면 서양문화를 제대로 이해하기 어렵다. 그런가 하면 불교가 우리 역사와 문화에서 차지하고 있는 위치는 서양의 가톨릭과 비슷하다. 그런데 경주가 특히 심한 곳이다.

산행은 삼릉 입구에서 시작된다. 남산은 소나무 숲으로 유명하다. 그 중에서도 삼릉의 송림을 으뜸으로 꼽는다. 누구나 삼릉에 오면 소나무 특유의 아름다움에 빠진다. 모두가 품격을 갖추고 서있다. 내일이 정월 보름날이다. 그래서 그런지 아낙네들의 모습이 많이 보인다. 그들은 불상 앞에서 사방을 향하여 손을 합장하고 절하면서 기원한다. 조상들의 이 오랜 인습은 탈피하기 어려운 법이다. 그것이 종교적일 때는 더욱 그렇다. 우리 민족은 보름날을 신성시하고 좋아한다. 보름날을 꼽는다면 정월 보름은 대보름날이고, 칠월보름은 백중날이고, 팔월 보름은 추석날이다. 동양 문화권에서는 보름달을 좋아한다. 음양(陰陽)만 보아도 그렇다. 태양보다 달을 더 중시하였기 때문에 '음양' 이라고 불렀다.

삼릉을 지나 산길을 걷다보면 평지와 같은 산길이 계속된다. 올라갈수록 소나무는 키도 작고 등이 굽은 못난이 소나무로 바뀐다. 세속에 고생하면서 살아가는 서민들의 모습이다. 길에는 드러난 소나무 뿌리와 돌들이 많다. 조금 가다가 보면 전방에 머리가 없는 부처가 길옆에 앉아 있다. 석조여래좌상이다. 이 석조여래좌상은 1964년 8월 동국대학교 학생들에게 의해 현 지점에서 약 30m 남쪽 땅속에서 머리(佛頭)가 없는 상태로 발견되었다. 또 이 불상 왼편 소나무 숲 속에는 마애관음보살상도 있다. 이 불상은 돌기둥 같은 암벽에 돋을새김(浮彫) 되어 있다. 산허리로 이어지는 오솔길을 따라 가다보면 퍼드덕 나는 까투리 소리에 놀라기도 한다. 햇볕이 내리쬐는 한적한 곳에 선각육존불(線刻六尊佛)이 또 나타나는데 그 불상 앞에 한 아낙네가 촛불을 밝히고 기원을 드린다. 이 불상은 남산에서는 드물게 여섯 분의 불상이 두 개의 바위 면에 새겨져 있다. 천년세월 흔적이 베여있다. 다시 발길을 옮겨 삼릉계곡의 왼쪽 산허리 중턱에 올라가면 화강암으로 조각된 석불좌상(石佛坐像, 보물 제666호)이 홀로 방문객들을 맞는다.

다음은 계곡 쪽으로 내려가서 상선암으로 올라가는 길을 찾아야 한다. 사람들이 다닌 흔적 길을 따라 가다보면 쉽게 찾을 수 있다. 여기서부터 가파른 산길이다. 또 울퉁불퉁한 돌길도 나온다. 숨을 할딱거리고 몸에 열기가 날 무렵에 풍경소리가 들린다. 위를 처다 보면 단청이 퇴색한 암자가 풍경소리를 내면서 객들을 맞는다. 상선암(上禪庵)이다. 목도 축일 겸 표주박으로 물을 한 모금 마셨다. 차가움이 목안을 찌르는 듯하다. 세찬 바람 때문에 상선암의 풍경소리가 요란하다.

상선암 바로 뒤쪽 높은 절벽 밑에는 마애석가여래좌상이 산 아래를 굽어보고 있다. 많은 사람들이 손을 모으고 머리를 숙여 소원을 빌고 있다. 급경사 암벽 길을 좀 더 오르면 '주능선 갈림길'이 나온다. 오른쪽으로 840m 가면 주봉인 금오봉이 나오고 왼쪽으로 가면 삼불사로 가게 된다. 갈림길 산록 암벽 바위 밑에서 마음에 점을(點心) 찍었다. 바람이 불고 있다. 소나무 가지가 휘청 그리면서 세찬 바람이 분다. 솔가지 속으로 지나가는 바람 소리가 공포감을 준다. 쓰와아! 쓰와아! 경사가 심한 넓은 계곡에 많은 물이 흘러가는 물소리와 같기도 하다. 그 소리는 불가항력적인 소리다. 사람의 힘으로는 그 누구도 감당할 수 없는 소리다. 바람 소리와 함께 능선 길을 가다보면 주봉인 금오봉이 나온다. 누군가 큼직한 돌에 금오봉(468m)이란 글자를 새겨놓았다.

삼릉의 소나무들

산행객들이 빠른 걸음으로 스쳐 지나간다. 금오봉에서 순환도로를 따라 용장사지로 향했다. 얼었던 땅이 녹아서 질벅거리는 황톳길이다. 큰 바위도 있고 키가 낮은 소나무가 길 좌우에 있다. 1km 정도 걸으면 '용장골'이라는 안내판이 나온다. 그 안내판에는 '이곳이 용장골의 정수리인데 여기서부터 아래쪽 산자락이 용장계곡이다. 금오봉과 고위봉 사이 골짜기를 이룬 이 계곡에는 큰 바위들이 겹겹이 에워싼 가운데 용장사지 등 18개소의 절터와 7기의 석탑, 그리고 삼륜대좌불등 5구의 불상이 있다.' 라고 적혀 있다. 이 갈림길에서 400m 정도 내려가면 용장사지가 나온다. 옛날 용장사는 이 계곡에서 가장 큰 절 이었다. 능선 길을 따라 내려오면 높은 절벽 밑에 푸른 하늘과 솔가지를 배경으로 삼층석탑 위에 불상이 원두막의 망대같이 외로이 서 있다. 이 용장사곡석불좌상 (보물)의 표정과 모습에도 지나온 세월의 갖은 풍상이 베여있는 듯하다. 그 아래는 삼륜대좌불과 마애여래 좌상이 자리하고 있다. 좀 더 내려오

면 용장사지가 나온다. 옛 절터에는 산죽만 무성하고 이끼긴 큼직한 주
춧돌만 남아있다. 용장사는 통일신라시대에 세운 절이다. 조선 세조 때
의 대학자이자 승려인 설잠(雪岑)스님(梅月堂 金時習)이 우리나라 최초의
한문소설인 금오신화(金鰲新話)를 집필한 곳 이기도하다. 절터를 지나
오솔길을 따라 내려오면 계곡 아래에 그림 같은 다리가 나온다. 설잠교
(雪岑橋)이다. 산진수회(山盡水回)라-산이 끝나는 곳에 물이 흐른다-라
는 말과 같이 계곡이다. 서편 언덕에는 늙은 적송 한 그루가 가지를 사
방으로 벌리고 서 있다. 노송의 기품이 멋있다. 여기서 용장리까지는 계
곡을 따라 무성한 소나무 숲 속을 걸어야 한다. 지나가는 객은 아무도
없다. 새 소리도 들리지 않는다. 혼자 길을 걷는다. 그야말로 적막강산
이다.(2006년 2월 11일)

☞ 삼릉 입구 → 상선암 → 능선 갈림길 → 금오봉 → 용장사지 → 용장 〈5.42km, 3시간〉

□ 평안을 주는 것은?

사람의 두뇌는 어떤 일에 부딪혀야 생각을 하고, 그 일에 대처하는
법이다. 산 속의 이 적막강산 속에서 사람들은 무엇을 느낄까? 부자 되
기를 바라면서 사사로운 지혜를 짜지는 않을까? 부(富)를 추구하는 사
람은 항상 만족함이 없고 평안도 느끼지 못한다. 사람이 권력을 가지고
부하게 살아도 마음에 평안을 느끼지 못하면 행복하지 못하다. 마음의
평안은 우리의 의지로 지속하기가 어렵다. 그래서 종교를 가지고 종교
의 힘을 빌리면 우리의 의지에 큰 버팀목이 된다. 세상에는 각가지 종
교가 존재한다. 종교는 그 종교 특유의 교리가 있기 때문에 다른 종교

에 대하여 배타적일 수도 있다. 그래서 안티 종교가 생기고, 갈등도 생긴다.

　종교를 비방하는 사람도 있다. 그 사람들은 말하기를 '종교는 인간이 만들어낸 허구' 라고도 한다. 그러나 사람이 살아보면 연약한 인간성은 고독이나 죽음 앞에서 절대자를 찾게 마련이다. 그리고 지성(知性)에서 느끼는 인본주의(人本主義)와 영성(靈性)에서 느끼는 신본주의(神本主義)는 다르다. 종교가 없는 사람은 인본주의에서 생각이 멈추지만, 신본주의자는 영성이란 또 다른 세상을 가진다. 이 적막강산 속에서 나는 평안을 느낀다. 종교를 가진 자는 '홀로 남아있는' 고독한 시간은 귀한 것이다. 그것은 신(神)을 생각하는 복된 장소이기 때문이다. 종교를 가지지 않는 자는 고독을 피하지만 종교를 가진 자는 도리어 그것을 택한다. 모세는 호렙산에서 홀로 있을 때에 하나님을 만났고, 여호수아도 홀로 있을 때에 하나님의 사자(使者)를 만났고, 엘리야도 호렙산에 홀로 있을 때 하나님을 만났다. 파스칼(Pascal)은 말하기를, "인생이 고난에 빠지는 원인은 고요하지 못한데 있다."라고 하였다. 산길을 걷는 사람은 어디서나 고요 속에 평안을 느낀다.

3. 조계산 이야기

　　＊조계산은? 송광사가 있는 조계산은 혜린선사의 개산(開山)시대로부터 보조국사의의 대창(大創)까지는 송광산(松廣山)이라 하였는데, 조계종(曹溪宗)의 중흥도장으로 만든 이후 고려 희종(熙宗)이 종명을 따서 조계산(曹溪山)이라 개칭하라는, 어필친서를 내린 뒤부터는 조계산이라 불리게 되었다.

　　＊선암사(仙巖寺)는 순천시 조계산에 있다. 선암사 반대편, 조계산 너머에는 송광사가 있어서 조계산은 명찰 둘을 안고 있는 이름 높은 산이다. 많은 선승을 배출한 태고종의 본산으로 875년 도선국사(道詵國師)가 창건한 절로 무지개 모양의 승선교(昇仙橋)등 많은 보물과 주변 경관이 빼어나게 아름다운 절이다.

　　＊송광사(松廣寺)는 신라 말 혜린선사(慧璘先師)가 작은 암자를 짓고, 길상사(吉祥寺)라고 한 것으로부터 비롯된다. 그 후 고려 명종 때 보조국사(普照國師)가 대찰로 창건하였다. 16국사를 비롯하여 많은 고승대덕을 배출한 승보종찰로서 통도사, 해인사와 함께 한국 삼보사찰중하나

다. 송광사는 워낙 집체가 많아, 이어지고 끊는 곳에서 동수(棟數)를 세는 견해가 각각 달라 정확한 집채를 몇 동이라고 말하기 어렵지만, 대략 70여 동에 이른다.

□ 산행기

선암사로 들어가는 길목에는 나무들이 열대림 같이 무성하다. 특히 고목수림이 많아서, 태고의 신비감을 준다. 떡갈나무, 참나무(oak)는 등치에 큰 구멍이 생겼는데도, 지금껏 살아오고 있다. 안으로 들어서면 홍예교(虹霓橋 ; 양 끝은 처지고 가운데는 무지개처럼 둥글고 높이 솟게 놓은 다리) 중에서 가장 아름다운 선암사의 승선교(昇仙橋)가 나타난다. 홍예 속으로 보이는 강선루가 더욱 깊은 이미지 감을 준다. 선암사 경내를 들어서면 모든 절간이 그러하듯이 풍광이 명미(明媚)하다. 선암사의 자랑은 꽃이라 한다. 오래된 산철쭉, 영산홍, 고목동백, 왕벗꽃, 자산홍, 구봉화, 목련, 부용, 수국 등이 여러 날 동안 꽃이 피고 진다. 그래서 봄철 영산홍과 벗꽃이 필 때는 꽃불이 반사 되어 밤에 등불이 필요 없다는 우스갯소리도 들린다.

절 건물 좌측으로 이어지는 산길을 따라 산을 올라가면, 침엽수와 활엽수가 섞여 하늘을 가린다. 원시림 그대로 인 것 같다. 입동(立冬)이 다가오는데, 나무들은 푸르기 만하다. 가을의 전령 단풍나무와 옻나무만이 가을의 초입을 알린다. 비스듬한 오르막길이 이어지다가, 가파른 경사 길로 바뀌면서 나무토막 계단이 한 동안 나온다. '달바위 쉼터'를 지나도 오르막 비탈길은 계속 이어지고, 비탈에 선 수백 년 묵은 참나무는 긴 세월의 흔적을 가지고 서있다. 길은 다시 산허리 길로 이어지는

선암사 입구의 승선교

데, 이 길을 한식경(一食頃;한차례 음식을 먹을 만한 동안) 걸어서 암괴류
(block stream) 지역을 두 번 지나고, 조금 더 산비탈 길을 올라가면 넓은
공터가 나온다. 옛날 절터라 한다. '향로암 터'란 표지판이 있다. 이곳
에서 조계산 장군봉 까지는 0.8km 거리지만 경사가 심한 오르막길이고
길에는 돌들도 있어서 걷기가 불편하다. 지루한 마음을 단풍나무의 빨
간 단풍을 보면서 위로해 보기도 한다. 선암사에서 조계산의 주봉인 장
군봉(884m)까지는 2.7km 거리로, 여유를 가지고 걸으면 두 시간 안에
도착할 수 있다.

　장군봉에서 연산봉(851m)까지는, 활꼴(弓形)모양의 능선을 타고
3.4km를 가야한다. 장군봉에서 내려가는 능선 길을 따라 20분 정도 내
리막길을 내려가면, 안부(鞍部;산마루가 움푹 들어간 곳)가나오고, 이 안부
에서 비스듬히 올라가는 능선 길을 따라 한참을 가면 865m봉이 나온
다. 여기서 다시 40분 정도 평지 길과 같은 부드러운 능선 길을 걸어가

천자암 뒤뜰의 쌍향수

면 '장박골 삼거리' 가 나온다. 이 삼거리에서 한참을 가면 연산봉 사거리가 나오고, 여기서 연산봉 까지는 400m이나, 가파른 오르막길이다. 마침내 연산봉에 올랐다. 지나온 곳을 돌아보니 멀고도 멀었다. 장군봉에서 연산봉까지의 능선길은 폭신한 황토 흙길이다. 대개 능선길은 암벽의 바닥 면이나 돌길인데, 이곳은 발바닥 촉감이 좋다. 능선 길 좌우에는 산죽이 울타리처럼 자라서 마치 시골골목길을 걷는 듯하다. 연산네거리가 가까워지면 산죽대신 키가 낮은 참나무가 울타리 역할을 한다. 호젓한 이 능선길을 걸으면, 다른 곳에서 느낄 수 없는 감정을 가진다.

이제 연산봉에서는 천자암을 지나서 송광사로 내려가는 길만 남았다. 7.2km의 산길이다. 처음 급한 내리막길을 한 동안 내려가면, 평지 길이 나오고, 길은 다시 오르고 내리기를 여러 번 반복하고야 천자암(天子庵)에 도착한다. 천자암 뒤뜰에는 2그루의 향나무가 서 있는데, 나란히 같은 모습으로 서있다 하여 쌍향수(雙香樹)라는 이름이 붙여졌다, 줄기는 엿가락처럼 꼬였고, 가지는 모두 땅을 향해 내려 뻗어 있어 그 생김새가

기이하고 괴상하여 신비스러운 모습이다. 천연기념물로 지정되고, 수령은 700년 이라한다. 천자암에서 산허리 길을 따라 지루하도록 걸으면 '문구재'가 나오고, 여기서 비탈진 내리막길을 한참 걸으면 송광사가 나온다.

조계산 능선 길을 걸으면서 많은 산행객들이 스쳤다. 그런데 산에서 산행객들의 이웃사랑은 어딘가 남다른 데가 있다. 산길을 걷다가 다친 사람이 있으며 배낭(knapsack)에서 약을 내어 치료해주기도 하고, 남이 목말라하면 물을 주기도 한다. 이런 행동은 산속이 아닌 다른 장소와는 확연히 다르다. 산 속에 오면 왜 이웃사랑이 뭉게구름처럼 일어날까? 사랑이란 부(富)하고 편안한 마음상태에서 보다는, 가난하고 고통스러운 가운데서 더 표현되는 것이다. 그것은 인간 마음속에 내재되어 있는 가련한 마음에 대한 동정심 같은 것이다. 이런 사상은 불교의 선과(善果)사상에서 더욱 두드러진다. 여기 성서속의 '선한 사마리아 사람'이란 이야기를 들어보자(눅 10:25-37).

어떤 율법교사가 예수를 시험하여 묻기를 율법에는 "네 이웃을 네 몸 같이 사랑하라." 하였는데 그러면 "내 이웃은 누구를 말합니까?" 하고 물었다. 예수께서 응답하여 말씀하셨다. "어떤 사람이 예루살렘에서 여리고로 내려가다가 강도를 만났다. 강도들이 그 옷을 벗기고 때려서, 거의 죽게 된 채로 내버려두고 갔다. 마침 어떤 *제사장이 그길로 내려가다가 그 사람을 보고 피하여 지나갔다. 이와 같이 *레위 사람도 그곳에 이르러서 그 사람을 보고 피하여 지나갔다. 그러나 어떤 *사마리아 사

---

* 레위인은 이스라엘 12지파 중에서 성별되어 하나님을 섬기는 지파이고,
* 제사장은 레위인 중에서 다시 성별된 아론의 자손들로서 직접 하나님께 제사하는 직책이였다. 저들은 다른 사람들 보다 이와 같은 조난 된 동족을 더 돌보아야 할 위치에 있음에도 불구하고 사실은 그와 정 반대였다.

람은 길을 가다가 그 사람이 있는 곳에 이르러 그를 보고 측은한 마음이 들어서 가까이 가서, 그 상처에 올리브기름과 포도주를 붓고 싸맨 다음에, 자기짐승에 태워서 여관으로 데리고 가서 돌보아주었다. 다음날 그는 두 데나리온을 꺼내어서 여관 주인에게 주고, 말하기를 '이 사람을 돌보아주십시오. 비용이 더 들면, 내가 돌아오는 길에 갚겠습니다.' 하였다. 너는 이 세 사람 가운데서, 누가 강도 만난 사람에게 이웃이 되어 주겠다고 생각하느냐?" 그가 대답하였다. "그에게 자비를 베푼 사람입니다." 예수께서 그에게 말씀하셨다. "가서, 너도 그와 같이 하여라."

(2006년 11월 1일)

☞ 주차장 → 선암사 → 향로절터 → 장군봉 → 장박골 정상 → 연산사거리 → 연산봉 → 송광굴목재 → 천자암 → 문구재 → 송광사 → 주차장 〈13.4km, 6시간〉

☞ 선암사 → 남암다리 → 큰굴목재 → 보리밥집 → 대피소 → 토다리 → 송광사 〈8.7km, 3시간〉

□ 불교에서의 선과(善果)사상은?

이 이야기는 서유기에 나오는 내용이다. 서유기는 중국 당나라 때 현장(玄奘;602~664)법사가 인도에 가서 불경을 구하여 온 이야기가 주된 줄거리이다. 당 태종 정관(貞觀) 1년(627년)에 중국을 떠나서 고비사막과 천산산맥, 힌두쿠시산맥과 카슈미르고원을 지나 인도의 라즈기르(王舍城)에 이르러 불경을 연구하고 다시 돌아온 해가 645년. 모두 18년이

---

* 사마리아인은 이스라엘의 포로기에 남은 백성과 그곳에 이주해 온 이방인과의 혼혈된 자손으로 유대인이 멸시하고 미워하는 사람들이었다.

나 걸린 긴 여행이었다. 다음 내용은 현장법사가 손오공, 저팔계, 사오정 등을 데리고 인도에 불경을 구하려 가는 도중의 사건이다.

옛날 서역(西域)의 동대부(銅臺府) 지령현(地靈縣) 이라는 곳에 구원외(寇員外)란 사람이 있었다. 그는 공덕을 많이 쌓는 사람인데, 그의 집 대문에 "모든 승려는 환영한다."는 패를 걸어놓고, 지나가는 중들에게 숙식을 제공하였다. 마침 삼장법사 일행이 이 지역을 통과하다가, 구원외 집에 들어가서 하루 밤 묵고, 음식을 요구했다. 구원외는 기쁜 낯으로 웃으며 말하기를 "저는 구홍(寇洪)이라고도 하며, 자는 대관(大寬)이라고 하지요. 금년에 64살입니다. 저는 40살 때 일만(壹萬)명의 스님에게 식사대접을 하겠다는 서원(誓願)을 세우고, 지금까지 24년 동안 스님들을 대접하고 있습니다. 그 사이 저희 집에서 식사를 대접받은 스님이 9996명이라 네 사람이 모자라 서원을 이루지 못하고 있습니다. 오늘 마침 스님 네 분이 오셨군요. 이로서 저희 서원도 이루어졌으니 부디 이 책에 존함을 적어주십시오." 하였다.

삼장 일행은 그곳에서 며칠간 대접을 잘 받고 다시 길을 떠났다. 그들이 떠난 직후에 그 집에 도둑들이 들어와 물건을 훔치고, 반항하는 구원외는 목숨마저 잃었다. 길가 던 오공이 구원외가 죽었다는 소식을 듣고 곧 하늘에 올라 유명계(幽冥界)의 10대 염왕을 찾아서 구원외에 대하여 알아보니, 그의 수명은 64세괘의 수밖에 없어서 명수를 다하자 사바를 떠난 것이고, 그는 생전에 많은 중에게 보시한 착한 사람이라, 하늘나라에서 선연명부(仙緣名簿)의 판관직을 맡고 있다는 것과, 그의 혼은 지장왕 보살이 맡고 있다는 것을 알았다. 손오공은 보살을 찾아가서 그의 영혼을 돌려달라고 하니, 보살은 기뻐하면서 그의 수명을 12년이나 연장시켜 대성과 함께 사바로 돌아왔다고 한다.(서유기에서 재구성)

4. 무등산 이야기

 *무등산은 광주 시가지 중심부에서 동남쪽으로 13km 거리에 위치한 해발 1,187m의 전남의 진산이다. 광주시와 담양군, 화순군 등에 걸쳐있는데, 전남으로 뻗은 소백산맥 가운데서 가장 높은 산이다. 무등산(無等山)은 백제 때는 무돌 또는 무당산으로 불렸다가, 신라 때는 무진악(武珍岳) 또는 무악(武岳)으로, 고려 때는 서석악(瑞石岳)으로 불리다가 조선 초기에 무등산이라 명명된 것으로 전해지고 있다. 정상 주변에 대표적인 볼거리는 규봉(圭峰), 입석(立石), 서석(瑞石) 등이다.

 *서석대(瑞石臺)는 인왕봉 동쪽에서 서쪽을 향하여 줄지어 서 있으므로 저녁놀이 질 무렵 햇빛이 반사되면 수정처럼 빛을 내며 반짝거린다. 그렇기 때문에 그 아름다운 모습을 보고 서석(瑞石)의 수정병풍(水晶屏風)이라 했다고 한다. 서석대, 입석대는 모두 주상절리(柱狀節理)로서 암석이 기둥모양을 하고 있다. 고려 때 무등산을 서석산이라 불렀던 것은 이와 같은 석경(石景) 때문에 붙여진 이름이었다고 한다. 5월 하순경 이곳에 만개한 철쭉은 기암절벽과 어울려 초여름 무등산의 가장 대표적인 경관이 된다.

　산행은 안양산 휴양림 입구에서 시작한다. 휴양림 길을 따라 조금 올라가면 산비탈로 올라가는 길이 나오는데 경사가 70도는 되는 가파른 길이 1km나 계속된다. 앞사람 뒤쪽 발꿈치만 보고 계속 가다보면, 등에는 진땀이 쫙 흘러내린다. 경사가 심한 산비탈이라 쉴만한 장소도 없다. 산행에서 힘이 들면 배낭무게를 느끼는 법이다. 보온 물통 때문인지, 오늘따라 배낭은 어깨를 몹시 누른다. 옛 속담에 "오줌통은 커도 무게가 안 나가고, 저울추는 작아도 천근을 누른다." 했다. 숨을 가쁘게 몰아쉬면서 발걸음을 계속하다 보면, 비탈의 경사도가 조금씩 완만해지면서 마음의 여유가 생긴다. 이 산은 아래쪽에 소나무가 조금 있고 중간부분에는 활엽수가 7부 능선 위에는 거의 나무는 없고 억새밭이다. 억새길은 500m 정도 이어진다.

　약간 차가운 가을바람이 억새를 심하게 흔들면서 분다. 가을 하늘이 신기할 정도로 푸르다. 억새이삭은 바람에 못 이겨 작은 씨앗을 품은 솜털을 멀리 날려 버린다. 안양산 정상에서 이어지는 능선을 '백마능선'이라 한다. 안양산 정상을 올라가다 보면 보이는 불룩한 둥근 형태는 백마의 엉덩이와 흡사하다. 이 백마 엉덩이를 올라갈 때 독특한 지형, 흔들리는 억새, 파란 하늘, 가을바람 등이 조화를 이루어 천상의 길을 걷는 듯하다. 안양산(853m)정상에 올라서니 무등산이 한눈에 펼쳐진다. 무등산은 능선은 민둥민둥하다. 억새와 키가 낮은 철쭉만 보일뿐이다. '백마능선'을 타고, 또 성벽 같은 바위 능선을 타고 3.6km를 가면 '장불재'가나온다. 장불재는 입석대, 서석대와 규봉으로 가는 도중에 정상의 서남쪽으로 뻗은 해발 900m의 넓은 고산초원으로 광주시와 화순군

안양산 정상의 가을 풍경

의 경계가 되는 곳이다.

　장불재에서 늦은 점심을 때우고, 입석대을 올랐다. 장불재에서 동쪽으로 돌계단을 올라가면, 정상의 서쪽 해발 1,017m에 5각, 6각모양의 돌기둥이 반달 같은 모양으로 둘러 서있다. 한마디로 신기한 모습의 절경이다. 주상절리인데, 무등산 주상절리는 약 7천만 년 전에 형성된 것으로 서석대, 입석대, 규봉이 대표적이다. 입석대, 규봉은 풍화가 많이 진행되어 기둥모양이지만, 서석대는 풍화가 덜 진행되어 병풍모양을 하고 있다. 정상을 중심으로 산비탈에 있는 너덜겅은 이러한 돌기둥이 무너져 쌓인 것이다.

　입석대를 지나서 서석대로 향했다. 바위돌길을 200m 정도 올라가면, 봉우리의 서쪽에 마치 거대한 병풍을 둘러쳐 놓은 것처럼 바위가 줄지어 서있는 장관이 나타나는데, 이곳이 서석대(瑞石臺)다. 저녁놀이 질

입석대의 절경

무렵 햇빛이 반사되면 수정처럼 빛을 내며 반짝거린다. 그렇기 때문에 그 아름다운 모습을 보고 서석(瑞石)의 수정병풍이라 했다고 전한다. 그러나 오늘은 서쪽 하늘이 붉게 물들었지만 엷은 구름이 가려 서석의 아름다움은 볼 수 없었다.

다시 서석대를 지나서 중봉으로 내려왔다. 질퍽한 급경사 내리막길은 조심스럽게 500m 정도 내려오면 중봉으로 가는 능선길이 나오는데 이 능선 길도 억새 길이다. 멀리 광주시가지가 보였지만, 내려 갈 길은 멀고도 아득했다. 혼자서 능선 길을 한 시간이나 걸었다. 혼자 걷는 산길은 외롭기도 하고, 충만하기도 하다. '742봉'을 내려오니 길은 다시 산비탈 길로 바뀌면서 갈지자로 산을 내려가고 있었다. 산의 아래쪽에는 늦게 물든 단풍이 붉다. 산을 오를 때는 힘들고, 고통스러웠지만, 내려 갈 때는 그래도 쉽다. 옛 말에 집안 살림을 넉넉하게 꾸리는 것은 평생의 일이지만, 재산을 탕진하는 것은 하루아침 사이라 했다. 선인(先人)들의 교훈에도 "산을 오를 때는 한 걸음 한 걸음 진땀을 흘린다. 오르기만 하니 숨이 차고, 다리가 뻐근하다. 조금만 가면 정상이지 하지만, 좀처럼 정산은 보이지 않는다. 내려 올 때는 다르다. 올라올 때 그 힘들던 높이가, 순식간에 획획 내려간다." 산이나, 재산이나, 덕망이나 쌓기는 어려워도 무너뜨리는 것은 한순간이다. 토끼봉을 지나서 증심사를 지나고 주차장에 도착했다. 붉은 서쪽 하늘에 해가 햇무리를 그리고 있다. 내일은 비가 올려는 가.(2006년 11월 8일)

☞ 안양산 휴양림 → 안양산 정산 → 백마능선 → 장불재 → 입석대 → 서석대 → 중봉
　　→ 742봉 → 토끼봉 → 주차장 〈14.5km, 5시간〉

□ 주상절리 현상은?

절리란 암석이나 지층이 갈라지거나 쪼개져 있는 것을 말한다. 그 모양에 따라 주상절리, 판상절리, 방상절리 등 다양하게 나타나고 있다. 그 중 주상절리(柱狀節理)란 기둥모양의 절리를 뜻하며, 제주도 중문의 대포동 해안가의 지삿개 주상절리는 우리나라의 대표적인 주상절리이다.(천연 기념물 443호) 주상절리는 용암이 흐른 곳에서만 형성이 되는데, 용암의 온도는 대개 900-1,200℃ 사이로 대지보다 뜨겁고 공기보다 뜨거운 상태이므로 식을 때는 위 아래로(공기와 땅) 식게 된다. 이때 급속히 식게 되면 용암표면에서 수축작용이 일어나 주상절리가 되는 것이다. 제주 중문 대포해안 주상절리 대를 구성하는 암석은 현무암 계통의 조면현무암이며 주상절리는 현무암만이 아니라 다른 종류의 암석에도

형성될 수 있다. 산방산이나 서귀포의 범섬에도 주상절리가 잘 발달되어 있는데 그곳은 조면암 계통의 주상절리로 빛깔이 약간 흰 빛을 띠고 있다. 그 외 중문 천제연폭포의 1단, 정방폭포 주변과 영실에서도 주상절리를 볼 수 있고, 제주도 이외의 지역에서는 한탄강 유역에서 볼 수 있다.

지삿개를 이룬 용암은 대부분 중문 북쪽에 있는 녹하지 오름에서 나온 것이고 일부가 주변의 베릿내 오름과 구봉산에서 나온 것으로 확인되고 있다. 그 시기는 대략 25만 년 전에서 14만전의 화산활동에 의해 만들어진 것으로 보고 있다. 주상절리의 모양은 사각형, 오각형, 칠각형, 팔각형까지 다양한 형태를 가지고 있으며, 모양의 구성 비율로 보면 육각기둥이 가장 많이 나타나고 있다. 곧 이는 용암의 두께, 용암의 온도, 냉각 속도, 냉각 율, 열구배 등에 따라 다양한 모습으로 발달하게 되는 것이다.

5. 오대산 이야기

　***오대산**(五臺山)은 우리나라 산줄기의 대간을 이룬 태백산맥의 중간에 위치하고, 주봉인 비로봉(1,563m)을 중심으로 남서쪽으로 호령봉 북동쪽으로 상왕봉과 또 두로봉에 이르러 다시 남쪽으로 크게 꺾여 내려오면서 동대산이 솟아 이들 5개의 봉우리가 마치 연꽃모양으로 둘러있어서 오대산이라고 이름 지어졌다고 한다. 행정구역은 강원도 강릉시, 평창, 홍천군에 걸쳐 있으며, 월정사와 상원사 등의 절이 있다.

　***상원사**(上院寺)는 월정사와 더불어 자장율사가 세운 절로 조선시대에 태조(太祖)와 세조(世祖)가 행신(行辛)하여 여러 전설을 남긴 곳이며, 월정사에서 주봉인 비로봉을 향해 약 10km 정도 올라간 곳에 있으며 적멸보궁을 참배하려가는 탐방객들의 경유지이다. 경내에 상원사 동종(국보), 문수동자좌상(국보), 상원사 중창권선문(국보) 등 국보 3점과 상원사 문수동자좌상 복장유물이 보물로 지정되어 있다.

□ 산행기

7월의 오대산은 더 짙은 녹색으로 보였다. 월정사를 지나서 상원사로 들어가는 길은 완전히 숲의 터널이다. 하늘을 찌를 듯이 빽빽이 들어찬 수백 년 묵은 전나무가 있기 때문이다. 장마철이라 계곡에는 많은 물이 흐르고, 물소리 또한 요란스럽다. 산행 출발점은 상원사 입구에서 시작한다. 상원사 주차장에서 산행객들이 삼삼오오 산으로 오르고 있다. 완만한 포장된 경사 길을 조금 가다 보면 오른쪽 언덕 위에 고색이 창연한 상원사에 이른다. 특히 이 절은 조선왕가와 깊은 관계가 있으며 세조는 많은 재정적 지원을 하였고, 중창권선문(重創勸善文)을 보냈으며 그 뒤 국가의 원찰(願刹)로 지정되기도 한다. 사자암을 지나면 경사는 급하여지고, 습한 공기 속의 더위는 얼굴에 땀을 줄줄 흐르게 한다. 산허리에 한 줄기의 안개가 걸쳐 있다. 숲 속의 계곡은 아직까지 안개 속에서 그 모습을 쉽게 보이지 않는다. 가파른 오르막길은 혼자 걷는 것보다 여럿이 걷는 것이 수월하다. 앞쪽에 가는 사람 발뒤꿈치만 보면서 오른다. 힘든 길에서는 사람들이 침묵을 한다. 습한 공기속의 더위는 사람을 지치게 했다.

산 속은 매미와 벌레소리로 웅성거리고, 싱그러운 7월의 신록이다 지친 몸을 쉬기로 하고, 산행객들이 많이 모여 쉬는 곳에 덥석 앉았다. 나뭇잎 사이로 푸른 하늘이 잠깐 보이고, 이마를 스치는 바람이 숲 속에서 나온다. 싱그러운 풀 냄새가 난다. 피부에도 산 냄새가 배었다. 몸은 다시 회복되었고, 가벼워졌다. 다시 길을 걷는다. 이 산에 흩어진 전설과 저 봉에 얽힌 유래담(由來談)을 안내자에게 들어가며, 산길을 걷는다. 어느덧 안내자가 가리키는 적멸보궁(寂滅寶宮)으로 갔다. 이 적멸보궁은 널따란 언덕 위에 자리 잡은 곳인데, 우리나라에서 풍수지리학상 최고의 명당이라고 한다. 보궁이란 불골(佛骨)을 모시는 절간으로 풀이된다. 이곳을 지나도 울창한 나무들의 자태는 산 입구와 변함이 없다. 신록의 짙푸른 색감은 우리의 마음을 맑게 해주고, 겸손하게 하는 듯하다. 지금은 세속의 근심 걱정을 모두 잊고, 내가 자연속의 한부분이 된 듯하다.

주봉인 비로봉(1563m)에 도착했다. 하늘은 짙은 구름을 드리우고 금방이라도 비가 올 것 같은 기세다. 사방은 안개구름으로 어디가 어딘지 분간이 가지 않는다. 산행지도를 보니, 비로봉에서 서쪽으로 호령봉이 있고, 북동쪽으로 상왕봉과 두로봉, 동남쪽으로 동대산 등이 에워싸였다. 우리는 비로봉에서 상왕봉 정상을 지나고, 미륵암(북대)을 지나서 상원사로 회귀할 예정이다. 비로봉에서 상왕봉까지는 3km의 거리인데, 길은 평탄하고 완만한 경사를 몇 차례 오르내리며, 막바지에 조금 경사진 곳을 올라가야한다. 이 길에는 눈측백나무, 주목나무 등이 우거졌고, 천년도 더 되어 보이는 큰 주목이 죽어서 서있는가 하면, 살아있는 주목들도 그 아름다움을 자랑하고 있다. 이곳을 통과 할 무렵 안개비마저 내려서 주위를 더욱 침침하게 만들었다. 길옆에는 군데군데 멧돼지가 땅을 파서 먹이를 찾은 흔적이 보였다. 상왕봉에서 마음의 점을 찍고(點心), 두로봉 방향으로 내려왔다. 특히 이 길은 봄철에는 철쭉이 곱게 피고, 금강초롱의 군락지로 여기서만 볼 수 있는 희귀한 야생화 단지라 한다. 북대사를 지나서 오른쪽으로 쭉 내려가면, 여기부터는 길은 차도로 바뀐다. 이 길도 걸어보면 상당히 기분 좋은 길이다. 주위에는 삼림이 무성하고 길옆에는 야생화들이 만발하다. 나무의 창해(滄海)를 헤엄치기를 네 시간이었다. 이산의 산길은 다른 산과 다르다. 처음 오를 때 힘들고 시간이 지날수록 더 쉬워진다.

산길을 걷는 가운데 어떤 산행객이 한 말을 엿들었다(overhear). 어느 곳에 어떤 사람이 아첨을 잘해서 자기의 계획한 일을 잘 성취시킨다는 이야기였다. 사람은 과연 아첨꾼에 넘어가기 쉬운 것인가? 아첨이란 남의 환심을 사거나 잘 보이려고 알랑거림을 말한다. 아첨을 하는 사람은 그를 엿보아 넘어지게 그 앞에 그물을 치는 것이다. 남을 미워하는 사람은 입술로는 그렇지 않은 체하면서, 속으로는 흉계를 꾸민다. 비록 다정한 말을 한다 하여도 그를 믿지 말아야한다. 섹스피어가 쓴 줄리어스 시이저(Julius Caesar)에 보면 브루트스 일당이 시이저를 암살하려고 계획하는데, 이에 시이저를 의사당(Capitol)으로 불러내야 한다. 그는 최근에 자기 주위에 이상한 느낌을 받았다. 점쟁이(fortunetellers)들의 권고, 지난 밤의 로마 거리의 폭우와 천둥번개, 아내의 꿈 등이다. 이런 심적 갈등 속에 빠진 시이저는 의사당에 나오지 않을 것이다 라고 음모자들은 생각했다. 이때 음모자의 한 사람인 데시우스(Decius)가 이런 말을 했다. "외뿔소를 속이려면 나무를 이용하고, 곰은 거울을 가지고 생포하고, 코끼리는 함정으로, 사잔 덫으로, 인간은 아첨꾼에 속기 쉽다."라는 이야기가 있잖소. 하였다. 과연 그는 아첨꾼에 속아서 의사당에 나갔고, 거기서 브루트스 일당에 의해 암살당하였다.(2005년 7월 5일)

☞ 상원사 주차장 → 사자암 → 적멸보궁 → 비로봉 → 상왕봉 → 북대사 → 상원사 주차장 〈10.5km, 4시간〉

□ 상원사에 얽힌 사연들

(1) **상원사와 세조**

세조가 왕위에 오른 직후 알 수 없는 병에 걸려 전신에 종기가 나고 고름이 나는 어려움을 겪게 되었다. 백약이 무효이자 세조는 오대산으로 향했다. 문수도장(文殊道場)에서 기도하여 불력(佛力)을 빌고자 하였다. 월정사에서 참배를 올리고 상원사로 가던 중, 세조는 주위 경치를 구경하며 잠시 물가에 앉았다. 주위 시종들에게 자신의 추한 꼴을 보이기 싫어 평소에 늘 옷을 벗지 않았던 세조였지만 하도 경치가 좋아서 시종들을 멀리 보내고 혼자 물 속에 들어갔다. 그 때 조그만 동승(童僧) 하나가 숲 사이를 노니는 것이 눈에 띄었다. 세조는 그를 불러 등을 좀 밀어달라고 부탁하였다. 목욕을 마친 세조는 사미승(沙彌僧)에게 다시 부탁을 했다. "그대는 어디 가서든지 임금의 옥체를 씻었다고 말하지 말라." 그랬더니 동자가 "대왕도 어디 가거나 문수보살을 보았다고 말하지 말라." 하고는 사라져 버렸다. 왕은 놀라서 주위를 한번 살펴보았다. 그리고는 자신의 몸에 있던 종기가 씻은 듯이 사라져 버린 것을 알았다. 왕은 크게 감격하여 화공들을 불러 자기가 본 동자상(童子像)을 완성하였다. 그것을 상원사에 봉안하도록 하였으나 지금은 없어졌고, 상원사 본당 오른쪽에 모셔진 목각상이 바로 문수동자상(文殊童子像)이다. 세조가 문수보살을 만난 곳은 월정사에서 상원사로 갈라지는 큰 길목 지점이다. 그 때 세조가 그 곳에서 의관을 벗어 나무에 걸었다고 하여 그 길목을 지금도 '갓걸이' 또는 '관대걸이'라고 부른다.

상원사에서 불치의 병을 고친 세조는 이듬해 다시 상원사를 찾았다. 상원사에 도착한 세조는 곧장 법당으로 올라 예배를 올리고자 하였다. 그때 별안간 고양이 한 마리가 나타나더니 세조의 옷소매를 물고는 가지 못하도록 하는 것이 아닌가, 이를 이상히 여긴 왕은 병사들을 시켜 법당의 안팎을 뒤지게 하였다. 그러자 불상 받침대 아래에 자객(刺客)이 숨어 있었다. 왕은 곧 자객을 참수하고, 자기의 목숨을 구한 고양이를 위한 밭을 하사하였다. 그것을 묘전(猫田)이라한다. 지금도 상원사 뜰 앞에 돌로 다듬은 고양이상이 있다.

⑵ 문수동자상(文殊童子像)의 뱃속의 피 묻은 속적삼의 사연

상원사 선원 안에는 크고 작은 불상과 동자상이 있다. 이 중에서도 문수동자상은 특히 유명하여 오대산이 문수보살의 주처(住處)임을 상징하는 것이다. 이 불상(佛像)은 세조가 직접 보았다고 하는 문수동자의 진상을 조각한 목조좌상으로 상원사에서 가장 중요한 예불의 상징이 되고 있다. 그런데 1984년 여름에 이 동자상을 다시 도금하는 과정에서, 뱃속의 유물을 보게 되었다. 그 유물 속에는 사리, 다나니경 등의 불교적인 것 외에, 세속적인 피 묻은 명주 적삼이 나왔다. 이를 연구, 분석한 결과 세조 임금의 것으로 확인 됐다. 그 가운데 이런 유물을 넣은 이유를 설명한 발원문도 있었다. '발원문'에는 "주상전하, 왕비전하, 세자의 만수무강을 기원하며 이 불상을 조성한다."는 글귀였고, 그리고 이 발원문을 작성한 사람의 이름이 적혀 있었다. '정현조'와 '의숙 공주'였다. 이를 왕실 족보인 '선원록'에 확인한 결과 정현조는 세조의 사위였고, 의숙 공주는 세조의 딸 이었다.

조선시대는 유교를 숭상하고 불교를 배척하였는데, 유독 세조가 숭불 정책을 편 것은 무엇일까? 그 당시 사회는 유교적 이데올로기였다. 이런 관념이 세조를 번뇌케 했고, 사회적으로 많은 비판을 받음으로, 그는 죄의식이나 정신적 중압감이나 강한 스트레스 등을 받았음에 틀림없다. 그는 조카인 단종을 몰아내고, 쿠데타로 임금이 되었으니 그의 심기가 편할 리가 없다. 그래서 그가 왕위에 오른 후에 심한 피부병(현대의학은 괴저성 농피증)으로 고생하였고, 이런 피부질환은 정신적 중압감이 장시간 지속할 때 주로 발생한다고 한다. 또 세조는 다른 임금과 달리 네 번의 긴 전국 순행을 했다. 이 순행에는 수천 명이 이동하면서, 어느 지역에 가서는, 노인들을 불러 모아 술과 고기로 대접하고, 옷감을 선물로 주기도하였다. 또 노래를 시켜 잘하면 큰 상을 내리기도 하였다. 이것도 그의 심적 불안에서 오는 백성의 신뢰와 민심을 얻으려는 행위였다. 또 상원사 고양이 사건도 실제 사건이 아니고 하나의 망상적 사건이라고 역사가들은 말한다. 또 불교를 믿음으로 그의 죄의식을 소멸시키고자 했고, 사미승이 등을 밀고는 등창이 사라졌다는 것도 불교로 인해 마음의 위로를 받기를 원했을 것이다. 그가 임금으로 재위할 때, 그는 항상 말하기를 "내 생명을 노리는 자가 있다."면서 불안해 했다고 한다. 그는 불의로 권력을 잡았지만, 그는 평생 동안 죄의식과 불안 속에서 살았을 것이다.

젊어서 건강할 때 운동하자

　　한국인들은 꾸준히 운동을 하는 사람일수록 의료비 지출이 많은 것으로 나타났다. 또 운동을 자주하는 사람 중에 고혈압, 당뇨 등 만성 질환자가 더 많았다. 이는 많은 사람들이 건강을 잃고 나서 뒤늦게 운동을 시작한 결과로 분석된다. "운동을 하면 건강해지고, 건강하니까 의료비 지출은 적다."는 상식을 깨버린 이 결과는 연세대 간호대학 이정렬 교수팀이 보건복지부에서 2001년에 실시한 국민건강보험공단의 의료비 지출 자료를 분석한 결과이다. 이 분석에 따르면, 한국인들은 여자보다는 남자가, 그리고 연령, 학력, 소득이 높을수록 운동을 많이 하는 것으로 나타났다. 이 중 선진국과 결정적으로 다른 것은 나이가 많은 사람들이 젊은이들보다 훨씬 열심히 운동한다는 것이다. 이 교수는 '우리나라에선 운동이 치료의 일환인 셈'이라고 말 했다. 하지만 운동의 효과를 충분히 누리고 의료비도 절약하려면 젊었을 때 운동을 시작해야 한다고 지적했다.

거친 음식이 건강에 좋다

　들판에서 막 자란 '거친 음식'이 질병 예방이나 치료에는 그만이다. 거친 음식이란, 온실 속 화초처럼 화학비료의 보호를 받으며 유약하게 길러진 게 아니라 오염되지 않은 자연환경에서 제 스스로 자라난 식품을 말한다. 자생력을 가진 식품일수록 질병을 예방하고 치료하는 생리활성물질을 많이 함유하고 있어 우리 몸도 튼튼하게 한다. 이러한 식품은 '색과 향이 진한 식물'을 말한다. 사람 손을 타지 않고 자란 거친 식물들은 변화하는 주변 환경을 이겨내기 위해 스스로 화학물질을 만들기 때문에 색과 향이 진하고, 이 화학물질이 사람들의 면역력도 높여준다. 그 이유는 야생에서 자라면서 받는 항 스트레스인자(태양광선, 곤충, 수분, 바람 등)들로부터 자기 자신을 보호하기 위해서 화학물질을 특히 많이 생성시키기 때문이다. 채근담에 다음과 같은 말이 있다. 상구지미는 개난장부골지약(爽口之味는 皆爛腸腐骨之藥)이다. 곧 이 말은 "입에 상쾌한 음식은 모두 창자를 녹이고 뼈를 썩게 하는 독약이다."

　또 미식단명(美食短命)하고, 조식장수(粗食長壽)한다. 인도의 국부로 불리는 마하트마 간디는 소위 '반지의 서약'을 했다. 그 중 몇 가지를 소개하면 진리의 서약, 비폭력의 서약, 독신의 서약, 조식의 서약 등이 있다. 여기서 조식(粗食)이란 거친 음식을 말한다.

온실 속의 토마토보다, 노지(露地)에서 모질게 자란 토마토에는 항산화제인 '리코펜'이 몇 배 더 많이 포함되어 있다. 재배 블루베리보다 야생 블루베리가 노화를 방지하는 항산화제인 '안토시아닌'이 훨씬 많이 포함되어 있다고 한다. 비닐하우스 속에서 자란 배추나 상추보다 노지에서 자란 것이 더 조식이다.

향기 좋은 과일이 몸에도 좋다

향기가 좋은 과일은 몸에도 좋다는 것이다. 과일에서 향기로운 냄새가 나는 것은 사람으로 하여금 그 과일을 먹도록 유인하는 셈이다. 그 과일 향속에 사람 몸에 필요한 성분이 있기 때문이다. 진한 장미향으로 사람을 유혹하는 와인의 힘은 실제로 장미향을 간직한 포도 껍질에서 나는 화학성분이다.(이 기사는 2006. 2. 10 미국 과학저널 사이언스지에 게재된 내용)

① 토마토 향기

토마토의 원산지는 고도의 문명을 누린 남미의 잉카 제국이었다고 전한다. 유럽을 거쳐 우리나라에 들어왔다. 처음에는 관상용으로 재배하였고, 식용으로 재배한 것은 1940년대 이후라고 한다. 잘 익은 토마토 특유의 풋풋한 향기는 인체에 필수적인 지방산으로부터 만들어지기 때문에 결국 필수 영양분에 대한 정보를 제공하는 셈이다. 분석 결과 토마토의 향기에 담긴 17종의 화합물은 모두 인체에 꼭 필요한 지방산, 아미노산 등에서 유래한 것으로 나타났다. 특히 향기 성분은 재배종보다는 야생종에서 더 많이 검출된다. 연구팀의 분석에 따르면 야생종은 색을 내는 물질 외에 당, 유기산, 휘발성분, 등 토마토의 풍미를 내는 모든 성분에서 재배종을 압도했다. 특히 토마토 특유의 향기를 내는 물질들은 야생종이 재배종보다 3배나 많이 함유하고 있다. 비닐하우스에서 재배된 딸기의 향기가 제철에 나오는 밭 딸기에 못 미치는 것과 같다.

② 딸기의 향기

딸기는 '풀딸기'와 '나무딸기'가 있다. 이른바 양딸기는 풀딸기에 속하는 장미과의 다년초 식물이다. 양딸기는 단맛과 신맛이 잘 조화되고 맛이 산뜻하고 향기가 아주 좋다. 딸기의 빨간색의 성분은 '안토치안'인데 색이 곱고 향기가 아주 좋다. 비닐하우스 속의 딸기밭에 들어가면 벌들이 웅웅하고 딸기향이 아주 짙게 풍긴다. 그러나 냉장고 속에 저장했다가 찬 것을 그대로 먹으면 딸기 향을 느끼지 못한다. 딸기 향은 비닐하우스 속의 온도와 같은 상온(15℃이상)에서 향을 낸다. 딸기는 잘 생긴 항아리처럼 풍만하면서도 균형 잡힌 원추형이라야 좋다. 울퉁불퉁하고 모양이 고르지 못한 딸기는 상품성이 떨어진다.

딸기는 과일 중에서 비타민C 함량이 가장 높다. 100g당 80mg로, 사과보다 10배, 귤보다 1.5배 더 많다. 딸기 6알이면 하루 필요한 비타민C를 몽땅 섭취할 수 있다. 우유 한 잔을 곁들이면 더 좋다. 딸기가 우유에 들어있는 철분, 칼슘이 체내 흡수를 돕기 때문이다. 시리얼 먹을 때 썰어 넣어도 좋고 생크림을 발라먹어도 좋다. '생크림을 얹은 딸기'는 행복한 결혼 생활의 상징으로 영국에서는 동요의 가사에 나온다. 딸기를 맛있게 먹겠다고 설탕을 듬뿍 치는 사람도 있는데, 설탕을 뿌리면 비타민B 흡수를 방해한다.

와인마다 독특한 향이 있다. 같은 포도향이 와인마다 다른 역할을 하기도 한다. 예를 들어 '소비뇽 블랑' 품종의 화이트 와인에서 풀 향기를 내는 성분은 레드와인 '메를로'에선 결점으로 작용한다. 이 향기는 아직 포도가 덜 익었을 때 만들어지는 향기라서 그 자체론 매력적이지 못하다. 그러나 '소비뇽 블랑'의 발효과정에서는 특유의 매력적인 향이 된다. 또 특유의 진한 꽃향기로 유명한 화이트와인 '게부르츠 트라미네'엔 실제로 꽃이 곤충을 부를 때 내는 향기 성분이 들어있다. 포도는 씨가 덜 여물었을 때엔 동물을 멀리하기 위해 시큼한 향을 낸다. 그러다가 껍질과 과육이 완전히 분리되고 씨앗이 성숙하면 먹음직스러운 달콤한 향기가 난다. 이 향기는 와인으로 발전하면서 더욱 풍성해진다. 포도의 향을 '아로마'로 부르는데 인간이 인식하지 못하는 것이 많다. 와인의 향이 꽃다발을 뜻하는 불어(佛語)인 '부케'로 불리게 된 것도 발효과정에서 향이 더 풍성해졌기 때문이다. 와인의 품질을 좌우하는 성분은, 잘 익은 포도의 껍질에서 나오는 테르펜, 노르이소프레노이드, 티올 등의 성분이 있는데 이 성분들이, 와인의 향기를 좌우하는 물질이다. 이는 와인 생산과정에서 포도의 압착이나 발효과정에 들어가는 효모 등에 의해 향기를 내는 휘발성 성분이 된다.

6. 속리산 이야기

***속리산**은 소백산맥의 한 줄기로서 충북과 경북의 도계를 이루면서 보은, 괴산, 상주 등의 경계에 걸쳐있다. 그러나 명승고적이 보은군에 치우쳐 있어 보은의 속리산으로 흔히 불린다. 속리산(俗離山)에는 천황봉(1,058m), 비로봉(1,032m), 입석대(1,025m), 신선대(1,016m), 문수봉(1,031m), 문장대(1,033m), 관음봉(985m), 두루봉(880m), 묘봉(874m) 등 9개의 봉우리가 있어 신라 시대에는 구봉산으로 불렀다. 법주사로 들어가는 길 가운데에 서 있는 수령 800년을 헤아리는 정이품송(正二品松)은 유명하다.

***정이품송 이야기** : 이 정이품송은 천연기념물(제 103호)이고 속리산의 상징으로 널리 알려져 있다. 이 소나무에 정이품(현재의 장관급)의 벼슬이 내려진 데에는 재미있는 전설이 남아있다. 1464년, 세조 10년의 일이었다. 당시 세조는 신병으로 고통을 받다가 그 치료를 위해 명찰 법주사를 찾게 되었는데, 왕이 탄 연(輦)이 소나무 아래를 지나게 되었다. 그때 세조는 축 늘어진 소나무 가지에 연(輦:가마)이 걸릴 것을 염려하여 "연 걸린다."고 말하자. 이 소나무는 신기하게도 늘어졌던 가지를 번

쩍 들어 올려 대왕이 탄연을 무사히 지나가게 하였다.

또한 세조가 환궁하기 위하여 다시 이 소나무 밑을 지날 때 난데없는 소나기가 쏟아졌는데, 왕은 어쩔 수가 없어 이 소나무 밑에서 비를 피했다. 그때 세조는 이 거룩한 소나무에 정이품이라는 큰 벼슬을 내려 주었다. 그래서 이 소나무는 정이품송 또는 연송(輦松)이라는 이름으로 불리게 되었다 한다.

***문장대 이야기 :** 속리산 하면 가장 먼저 떠오르는 것이 문장대다. 문장대는 다음과 같은 이야기가 전해진다. 세조 임금이 속리산으로 와 요양하고 있을 때라고 한다.

하루는 월광태자라고 자칭하는 귀공자가 꿈에 나타나, 동쪽으로 시오리를 올라가는 곳에 영봉이 있으니 그곳에 올라가 기도를 올리면 신상에 밝음이 있을 것이라고 말하였다. 이에 세조 임금은 신하들을 데리고 온종일 산을 올라가 보니 하늘 위에 오른 것처럼 사방이 구름과 안개 속에 가린 가운데 영롱한 봉우리가 보였다. 세조 임금은 바위에 철쇄를 박게 한 후 밧줄을 타고 그 봉우리를 올라가보니 널따란 반석 위에 삼강오륜에 관한 책 한 권이 놓여 있었다. 세조 임금은 크게 감동하여 그 자리에서 책을 읽으며 신하들과 강론을 했다. 그 뒤부터 문장대(文藏臺)란 이름이 붙게 되었다 한다.

□ 산행기

상주시 화남면에 갈령(葛嶺, 443m) 고개가 있다. 속리산 산행은 이곳에서 시작한다. 오늘 산행은 백두대간 구간을 따라 형제봉을 거쳐 속리산의 주봉인 천황봉을 지나고, 비로봉을 가기 전에 석문(石門)에서 산을 내려간다. 갈령고개에서 천황봉까지는 9.6km 이고 4시간 걸린다.

나무가 자라도록 비가 풍족하게 온 끝에 볕이 나서 날씨는 더할 나위 없이 맑고 화창하다. 산행하기에는 짜 맞춘 것 같은 날씨다. 푸른 잎이 우거진 나무그늘로 이어진 산비탈 길을 따라 올라 가다보면, 코끝에 닿는 공기가 예사롭지 않다. 이 향이야 말로 세상에서 가장 그윽한 향이다. 괴물의 형상을 한 미끈하고, 둥근 큰 바위가 여기 저기 우뚝 서있다. 훈훈한 바람이 분다. 그 바람은 솔가지를 뒤흔들면서 노리끼리한 송화가루를 날린다. 가파른 오르막길이 느슨한 길로 변하면서, 형제봉에 올랐다. 형제봉(803m)은 암봉 몇 개가 붙어있어 붙여진 이름이다. 형제봉에서 잠시 쉬고, 다시 산길을 걸었다.

형제봉에서 다시 심한 내리막길을 내려가면 안부가 나온다. 여기서부터 순탄한 능선 길로 이어지는데, 참나무 숲이 하늘을 가리고 있어, 사방이 잘 보이지 않는다. 안부를 지나서 한식경 가면 쉼터가 있다. 소나무숲이 있는 나지막한 고갯마루 쉼터다. 이곳이 피앗재이다. 여기서 다시 5.8km의 능선 길을 걸어야 천황봉이 나온다. 피앗재에서 묘소(墓所, 천황봉 가기 선에, 우뚝한 능선 위에 있는 묘)가 있는 봉까지는 높고 낮은 산봉우리 여러 개를 넘어가야 한다. 이 구간이 힘들고 지루한 구간이다. 인고(忍苦)의 산길 구간이다.

묘소에서 천황봉까지는 깊은 호(弧)를 그리면서 내려갔다가 다시 천황봉 산정을 향하여 올라간다. 내려갔다가 오르는 길은 더 고통스럽게 여겨진다. 정상에 올라가는 곳에는, 모든 산이 그러하듯이 이곳도 경사가 몹시 가파르다. 산행객들의 숨소리가 황소 숨소리 같이 크다. 연신 얼굴에 흐른 땀을 닦다 보면, 어느덧 울퉁불퉁한 바위가 나타나는데, 천황봉이다. 정상에서 바라본 풍광(風光)은 사방이 첩첩이 둘러싸인 푸른 산, 만첩청산(萬疊靑山)이다. 파도치는 푸른 바다 한가운데 있는듯하다. 이곳이 속리산의 중심 인 듯하다. 특히 북서쪽으로 보이는 비로봉, 문수봉, 문장대 등의 바위 봉들은, 그 모습이 상어의 등지느러미 같이 날카롭게 보였다.

천황봉 정상에서 능선을 따라 내려오다가 비로봉 가기 전에 석문이 있다. 이곳에서 왼편으로 간다. 오른쪽으로 문장대 가는 길이다. 하산 길은 계속 내리막길이다. 천황봉에서 법주사를 지나서 주차장까지는 7.5km 이고 3시간 정도 걸린다.

석문을 지나서 내려가면 오른쪽으로 온통 바위 절벽의 준봉들이 그 위용을 자랑한다. 그곳을 지나서 길고 긴 숲 속 산길을 지루할 정도로 걸어야 법주사가 나온다. 법주사에서 매표소까지 이르는 약 2km의 길에 걸쳐 하늘을 뒤덮은 울창한 숲이 터널을 이루고 있는데, 이 숲을 사람들은 ‘오리(五里)숲’ 이라고 한다.

오리숲길을 걸어가는 산행객들은 모두가 날씬한 몸매다. 날씬하다는 말은 아름다움과 통하는 말이다. 운동으로 다져진 몸매는 치장을 안 해도 아름답다. 이 아름다움은 진실 된 아름다움이다. 화장으로 단장된 얼굴은 가식된 아름다움이다. 산행을 즐기는 사람치고 비만한 사람은 드물다. 미국에서 9.11테러 사건 이후 가장 큰 충격 적인 사건은 미국인들의 비만이라고 한다. 우리나라에서도 성인 32%가 비만이라 한다.

　우리나라 유명한 산과 사찰에는 세조 임금에 대한 이야기가 많다. 속리산만 하여도 문장대나 정이품 소나무가 그렇고, 오대산 월정사와 상원사에 얽힌 사연들도 그렇다. 이는 모두 세조 임금에 관한 것이다. 세조는 12세 된 어린 조카 단종을 죽이고 왕위에 올랐다. 그는 비록 왕권을 빼앗아 왕이 되었지만 그의 심신은 심한 번뇌에 빠졌다. 조선시대는 유교를 숭상하고 불교를 멀리했다. 유독 세조가 불교에 관심을 둔 것은 그의 머릿속에 남아있는 죄 의식 때문이었다. 당시 유교적 이념으로 조카를 죽이고 왕위에 오른 것은 천인공노할 사실이었다. 그는 이 번뇌를 절간에 위로받기를 원했다.

　세조 임금과 사찰에 대한 이야기는 많다. 이는 모두 자신의 정신적 고통에서 위로받기 위한 행위로 생각된다. 세조가 탄 가마가 소나무 밑을 지날 때 늘어진 가지가 위로 올라갔다는 것, 문장대의 삼강오륜에 관한 책도 그렇다. 인간은 심한 정신적 충격을 받으면 피부에 이상이 온다. 그가 왕위에 오른 후에 심한 피부병이 발생하여 피부에 종기가 나고 고름이 나서 고통스러워했다는 기록이 있다. 이는 그의 죄 값으로 오는 정신적 중압감에서 오는 병이었다. 이것이 인과응보가 아닌가?

☞ 갈령고개 → 형제봉 → 피앗재 → 묘 → 전망바위 → 천황봉 → 석문 → 상환암 →
　법주사 → 매표소 〈17.1km, 7시간〉

□ 네로와 네로의 어머니 이야기

　카이사르가 제국의 기초터전을 닦고 아우구스투스가 그 위에 세운 로

마제국은 티베리우스의 통치를 거치면서 반석처럼 견고해 진다. 그러나 몇 년 후에 네로가 황제가 된다. '네로와 네로의 어머니' 이야기는 로마제국의 5대 황제인 네로가 즉위하기 전과 황제가 된 후에 일어난 사건들이다.

　　네로의 선황(先皇) 클라우디우스는 50세에 황제에 즉위했다. 그 때 까지 그는 세 번 결혼했고 두 번 이혼했다. 첫 아내는 자식도 없이 이혼했고, 두 번째 아내는 딸 하나놓고 이혼했다. 세 번째 아내 메살리나는 브리타니쿠스와 옥타비아 남매를 낳고 얼마 후 죽었다. 네 번째 아내는 '아그리피나' 였다. 아그리피나는 칼리굴라 황제의 누이동생이고, 남편과는 사별한 과부였다. 그녀는 12세가 된 아들 '도미티우스' 가 있었다. 독자는 이 '아그리피나'와 '도미티우스'를 잘 기억해 두기를 바란다.

　　서기 50년, 황후가 된 지 1년밖에 지나지 않은 해에 아그리피나는 그녀가 데리고 온 아들 도미티우스를 클라우디우스 황제의 양자로 삼는데 성공했다. 클라디우스에게는 브리타니쿠스라는 아들이 있기 때문에, 아내가 데려온 자식인 도미티우스를 양자로 맞아드릴 필요는 없었다. 하지만 아그리피나는 남편에게 이런 말을 했다.

　　브리타니쿠스는 생모를 잃은 뒤로는 걸핏하면 우울해지고, 마음도 나약하다. 그리고 이제 겨우 아홉 살 이니까 어른이 되려면 아직 멀었다. 현재 열세 살인 도미티우스를 양자로 삼아서 브리타니쿠스의 누나인 옥타비아와 결혼시키면, 법률상으로나 혈연으로나 형제관계가 된다. 그러면 클라우디우스의 뒤를 이어 황제가 된 뒤에도 브리타니쿠스는 강력한 측근을 갖게 된다고 황제를 꼬드기었다. 어쨌든 클라디우스 황제는 친

아들보다 네 살 위인 의붓자식을 양자로 삼고, 그 양자와 친딸 옥타비아를 약혼시켰다. 약혼 후 아그리피나의 아들 도미티우스 아헤노바르부스의 이름은 '네로 클라우디우스'로 바뀌었다. 2년 뒤인 서기 53년, 네로와 옥타비아가 결혼식을 올렸다.

클라우디우스황제는 어렸을 때 소아마비를 앓았다. 그래서 오른쪽 다리가 절뚝거렸고 체형도 좌우가 조화를 이루지 못하는 신체체적 결함을 가졌다. 황후인 아그리피나는 오래 전부터 이상한 마음을 품고 있었다. 자기가 데리고 온 도미티우스, 곧 네로가 황제 자리에 오르면 자기는 황제의 섭정이 되어 스스로 권력을 손아귀에 쥐고 싶은 욕망 있었다. 그런데 황제 될 사람이 너무 성숙하면 곤란한 것을 깨달았다. 서기 54년 가을, 클라우디우스는 이제 63세가 되었다. 클라우디우스는 평소에 버섯요리를 좋아했다. 저녁 식사 때 버섯요리를 먹고 그날 한밤중에 죽었다. 역사기록에는 그날 저녁 버섯요리에 독버섯을 넣었다고 기록하였다. 클라우디우스 황제는 아내 아그리피나의 야망에 희생되어 63세에 세상을 떠났다. 클라우디우스 황제가 죽고 네로는 황제에 즉위한다. 네로는 즉위 당시 16세 10개월에 불과했다. 30세가 넘어야 책임 있는 공직에 앉을 수 있는 로마에서는 이례적인 사건이었다. 1년 후 네로는 클라우디우스의 친아들 브리타니쿠스를 살해한다.

1대 황제 아우구스투스(기원전 30~기원후 14년 재위)

2대 황제 티베리우스(기원후 14~37년 재위)

3대 황제 칼리굴라(37~41년 재위)

4대 황제 클라우디우스(41~54년 재위)

5대 황제 네로(54~68년 재위)

네로 황제가 20세를 맞이할 무렵에 네로는 한 여자를 사랑하고 있었다. 그녀의 이름은 포파이아 사비나 였다. 그러나 네로는 황태자 시절에 이미 결혼을 했었다. 그의 아내 옥타비아는 클라우디우스 황제의 딸이었다. 포파이아를 아내로 맞이하려면 옥타비아와 이혼을 해야 한다. 황제라고 여럿 아내를 둘 수가 없다. 이 당시 로마사회는 엄격한 일부일처제이었다. 옥타비아와 이혼하는 것은 어머니인 아그리피나가 단호히 반대를 했다. 그것은 네로가 황제에 즉위 할 수 있었던 것은 선황(先皇)인 클라우디우스의 양자가 되었기 때문이고, 그 자리가 더욱 확고해진 것은 선황의 딸 옥타비아와 결혼했기 때문이다. 네로는 선황의 사위도 되고 양자도 되는 셈이다. 어머니의 단호한 반대가 벽처럼 앞을 가로막았다. 그 벽을 어떻게 뛰어 넘어야 할 것인지를 궁리 끝에 네로는 극단적인 해결책을 선택했다. 어머니를 죽이자!

네로는 어머니를 죽일 사람을 지정했다. 아니케토스 라는 해군기지 장관에게 부탁한 것이다. 살해는 우연한 사고로 위장할 것도 합의를 한다. 네로는 아니케토스의 말을 듣고, 밑창의 일부를 떼어 내면 간단히 침몰하는 배를 은밀히 만든다. 결행날짜도 정했다. 아테나 여신의 축제일 날 나폴리 서쪽 미세노 곶 근처에 있는 바코리 별장에서 네로가 잔치를 베풀고 어머니를 초대하였다.

한밤중이 지나자 아들은 가까운 바닷가 별장으로 돌아가는 어머니를 선착장까지 배웅했다. 배는 예상대로 침몰했다. 하지만 아그리피나는 빠져죽지 않았다. 그녀는 수영을 잘했기 때문이다. 별장에 돌아온 아그리피나는 조난사고가 우연히 아니라 아들 네로가 꾸민 것이라는 것을 즉각 알아차렸다. 하지만 거기에 대해서는 아무 말도 하지 않았다. 네로

의 재차 부탁을 받은 아니케토스는 별장에 가서 네로의 어머니를 칼로
죽인다. 네로는 어머니가 죽고 3년 후에 아내 옥타비아와 이혼하고, 포
파이아와 결혼했다. 또한 옥타비아를 유배형에 처한 뒤 죽였다.

　　옛날이나 지금이나 자연재해는 일어나는 법이었다. 서기 63년 이탈
리아 남부의 폼페이에서 지진이 발생했다. 피해는 크지 않았지만, 이 지
진은 그로부터 16년 뒤의 베수비오 화산이 폭발하여 폼페이와 그 주변
이 매몰된 대재난의 전조이었다. 다음 해인 64년 7월 18일부터 19일에
걸친 밤사이에 큰불이 일어났다. 대경기장 관중석 밑에 들어있는 가게
에서 일어난 불은 강풍을 타고 삽시간에 황제의 저택이 있는 팔라티도
언덕과 명문귀족들이 사는 첼리오로 번졌다. 이 불은 여름철에 로마로
자주 불어오는 시로코라는 남서풍과 겹쳐서 더 큰 피해를 발생시켰다.
이 화재로 세계의 수도인 '로마'는 9일 동안 엄청나게 큰 피해를 냈다.

　　네로는 소년시절부터 시를 좋아했다. '키타라'라는 악기를 연주하면
서 자작시를 노래하는 것을 무척 좋아했다. 네로는 그리스 문화에 심취
되어 있었다. 그런데 이상한 소문이 돌았다. 네로가 불을 질렀다는 소문
이었다. 네로는 에스퀼리노 언덕의 별궁에서 불타는 로마를 내려다보
며, 스스로 연주하는 키타라 소리에 맞춰, 호메로스가 지은 '일리아드'
트로이 함락 장면을 읊었다는 소문이 시민들 사이에 퍼졌다. 그는 자기
에게 들리는 나쁜 말들에 큰 충격을 받고 매우 당황했다. 당황해 하는
네로에게 잘못된 생각을 넣어주는 사건이 있었다. 그 당시 로마인들에
게 이상하게 보여 미움의 대상이 된 그리스도인들이었다.

　　네로 황제시대에는 로마에도 유대인들이 살았는데, 그들은 두 세력으

로 양분되어 있었다. 유대교도들과 그리스도교도들이다. 유대교를 믿는 사람들은 자기종교를 선교하지 않았다. 그러나 그리스도교를 믿는 사람들은 적극적으로 선교활동을 했다. 이것은 다신교 사회인 로마인들에게는 나쁜 인상을 주었다. 당시 로마인의 눈에 비친 기독교도의 쓸데없는 참견은 다신교의 입장에서 보면 오만불손과 마찬가지였다. 로마인들도 유일신만 옳은 신이라고 주장하는 그리스도인들을 내쫓고 싶은 마음이 생겼을 것이다

로마사회의 지식층에서도 그리스도인들에 대하여 나쁜 감정을 가지고 있었다. 역사가 타키투스의 기록 의하면 "그리스도는 로마인이 창설한 인류공생체의 규칙을 어지럽히려 드는 어둡고 불길한 적이다."라고 하였다. 네로시대에 로마의 그리스도인들의 공동체는 유대교들에 비해 규모도 작고 약체였다고 한다. 유대교도들의 배후에는 포파이아 황후가 있었다. 네로의 아내 포파이아는 사치를 좋아했다. 포파이아의 사치벽은 수도 로마의 유대인들이 황궁 안으로 침투할 수 있는 여지를 만들어 주었다. 사치를 좋아하는 황후에게 호화로운 보석이나 금품을 선물했다 한다. 유대인들은 그러한 인연으로 포파이아 황후를 보호자로 가지고 있었다. 그러나 그리스도인들에게는 그런 보호자도 없었다. 이런 여러 가지 사정 때문에 로마의 그리스도인들은 방화죄를 뒤집어씌우기에 알맞은 상대였다. 네로가 그리스도인들을 고발한 이유에는 방화죄만이 아니라 '인류 전체를 증오한 죄'도 포함되어 있다. 이때 목숨을 잃은 순교자의 기록은 없지만, 역사가들은 순교자가 200~300명 정도로 추산한다. 바티칸에 있었던 경기장이 처형장으로 사용되었다.

초대 교회 역사를 보면 로마정부가 그리스도교를 탄압한 사건이 적어

도 열 번이나 반복된다. 그중 하나가 네로의 박해였다. 네로 황제의 박해는 포악했고 감정적이고 무질서한 박해였다. 이때 베드로, 바울이 모두 로마에서 순교한 것으로 전해진다.

그러나 시민들은 네로의 발표를 믿지 않았다. 사람들이 혐오하는 그리스도인을 방화범으로 만들어 자신에 대한 시민들의 의혹을 풀렸고 했던 네로의 의도는 완전히 빗나고 말았다. 그리스도인을 처형 후에도 네로가 불을 질렀다는 소문을 끈질기게 남게 되었다. 네로는 모든 사람들에게 버림을 받는다. 오직 한 사람인 해방노예가 네로를 그의 집으로 피신시킨다. 그러나 네로는 그 집까지 체포의 손길이 뻗친 것을 알고 절망 끝에 자살한다. 서기 68년 6월 9일, 30세의 나이었다.

네로의 어머니는 남편인 황제를 독살하고, 네로는 배다른 동생도 죽이고 이혼한 아내도 죽이고 어머니도 살해한다. 그도 마지막에 자살한다. 죄악의 연결고리는 모두가 죽음으로서 끝이 난다. 그야말로 네로는 돌풍처럼, 천둥처럼, 전쟁처럼, 그리고 정신병자처럼 그렇게 허무하게 사라져갔다. 이것이 인과응보의 결과가 아니겠나? (로마인 이야기에서 재구성)

7. 계룡산 이야기

***계룡산**은 공주군 계룡면과 반포면, 논산군 두마면에 걸쳐있다. 닭 벗을 쓴 용과 같다 하여 계룡산이라 불린다. 계룡산 능선에는 연천봉, 문필봉, 관음봉, 삼불봉, 천황봉 등이 있다. 또 갑사, 신원사, 동학사 같은 옛 절이 있고 울창한 숲과 폭포 등 풍치가 우아하여 찾는 사람이 많다. '삼국유사'에는 신라 5악(岳)의 하나로 들고 있다.

***무속신앙** : 계룡산은 조선시대부터 정감록(鄭鑑錄)과 결부된 민간 신앙으로 말썽이 많던 곳이다. 1589년(선조 22년) 정여립(鄭汝立) 역모사 건 때 그가 계룡산에 들어가 도읍하려 한다는 소문이 있었다. 그 후에 목자망존읍흥(木子亡尊邑興)이니, 개태사(開泰寺) 터는 장차 정(鄭)씨가 도읍할 것이라느니 하는 참설(讖說)과 더불어 계룡산의 이름은 광해·인조 이후부터 거의 모든 혁명 운동에 붙어 다녔다. 이와 같은 미신은 아직껏 남아있어서 계룡산 남쪽 논산 땅인 신도안(新都內) 마을은 유사 종교의 온상지대이기도 하다. 신도안 지구는 조선 창업기의 왕궁 예정 지이던 대궐 터로서 현제도 도랑 자리와 초석 42개가 남아있다. 1968년 기록에 의하면 시천교(侍天敎) 본부를 비롯하여 각종 유사종교 62개 단

체를 헤아리며, 각지에서 모여든 신도들로서 구성된 대표적인 특수종교
취락 지였다. 1945년 해방을 맞이하면서 더욱 성황을 이루었으나 사회
가 안정기에 들어서 차차 다른 곳으로 옮겨가기도 하였고, 남아있던 신
도들은 거의 영세 농민으로 전락하였다. 이러한 유사종교단체는 초기에
는 석계리, 부남리 등 저지대의 중심부에 위치하였으나 현재는 북부 산
지로 잠입해 들어갔고, 특히 백암동에서 용동리에 이르는 암룡추와 수
룡추 등 두 계곡에 집중 분포되어 있다.

□ 산행기

여름으로 치닫는 소서(小暑) 절기도 넘기고 장마철 한가운데서 이따
금 비가 쏟아져서 초목은 날로 무성하여지고 풀벌레소리 시끄러운 계절
이다. 옛날 같으면 이때가 농촌에서는 모심기와 보리타작으로 일손이
많이 필요할 때다. 그래서 눈코 뜰 새 없이 바쁜 계절이라 새 각시도 들
판에 나가야 할 판이란 말이 있다. 그러나 요즈음은 농기계를 사용하여
일하니 그런 말도 옛말이 되었다.

일기예보에는 비가 온다고 했지만 비는 오지 않았다. 하늘은 비구름
으로 덮혔다가 맑아졌다가를 반복하기를 몇 차례 하였다. 그러나 갑사
주차장에 도착했을 때는 비는 오락가락했다. 산길로 이어지는 진입로를
따라 발걸음을 재촉하였다. 갑사로 들어가는 진입로는 아름드리 고목들
이 길 양쪽에 줄지어 서있다. 갑사는 계룡산 연천봉 서편 자락에 있는
절로 계룡산의 서쪽 절(西寺)인 셈이다. 이 절을 좌로 하고, 돌로 덮인
산길을 따라 올라갔다. 숲 속에 들어가니 안개비마저 내려 어두운 밤과

같았다. 계곡에는 장맛비로, 많은 물이 물소리를 내면서 굽이굽이 흘려 내렸다. 후텁지근한 날씨는 곧 땀으로 전신을 덮었다. 매미소리가 숲 속에서 들리기도 하고, 여치우는 소리도 들렸다. 하늘 한쪽이 파랗게 보이더니 금방 햇빛이 비쳤다.

금잔디 고개를 지나고 산비탈로 올라가니 길은 갑작스럽게 가파른 오르막길로 접어들었다. 길은 갈지자(之)로 산허리를 돌고 돌아서 삼불봉(775m)에 도착했다. 안개 속에 쌓인 삼불봉은 10m 앞도 분간하기 어렵다. 안개 속에 가랑비마저 다시 내렸다. 삼불봉 오기 전에 '오뉘 탑(塔)'이 있다는데 그만 놓치고 말았다. 짙은 안개가 시야를 가려서 어디가 어딘지 알 수가 없었기 때문이었다. 산위에 오르면 조망이 좋은 법인데, 그 풍광을 보지 못함이 한탄스럽다. 그곳에서 우리는 마음에 점을 찍고(點心) 잠시 여유를 가졌다.

쉼의 여유도 잠시, 우리는 관음봉으로 향했다. 이 능선 길은 자연성릉(自然城陵)이라 불리는 암릉이다. 바위와 암벽이 만들어낸 신비경이다. 이 능선 길은 마치 성곽 위를 걷는 겉과 같다. 길의 좌우는 천애의 낭떠러지다. 어떤 곳을 지날 때는 오금이 저리어 아찔하기도 했다. 바위 절벽에 붙어 있는 소나무는 그 자태가 마치 한 그루의 분재였다. 이 능선 모양세가 마치 닭 볏을 쓴 용과 같다하여 계룡산이라고 불린다고 한다. 정자가 서있는 관음봉(756m)에 도착했다. 빗방울이 더 많이 떨어진다. 산중은 그야말로 오리무중, 안개 자욱한 길이다. 관음봉에서 계룡산의 주봉인 천황봉(845m)으로 가는 길이 이어진다. 그러나 지금은 통제구역으로 접근할 수 없다.

관음봉에서 능선을 타고 한참을 오면 산비탈로 내려가는 길이 나온다. 동학사 쪽으로 내려오는 길이다. 이 길은 가파른 내리막길이다. 게다가 돌길이다. 가랑비에 젖은 돌바닥은 눈길 같이 미끄럽다. 모두들 허리를 굽혀 자세를 낮추어 조심스럽게 내려왔다. 40분쯤 내려오면 숲 속에 장엄한 폭포가 나온다. 35m 높이의 절벽에서 떨어지는 은선(隱仙)폭포다. 옛날 선녀들이 몰래 와서 목욕하고 간 곳이라 해서 은선이라는 이름이 붙어졌다. 많은 양의 물이 쏟아져 내렸다. 떨어지는 물줄기가 장관이다. 은선 폭포를 지나서 30분 쯤 더 내려오면 동학사가 나온다. 동학사는 비구니들의 강원이다. 주차장에 내려오니 다시 빗방울이 더 많이 떨어지기 시작 했다.

비오는 길거리에 사람들이 지나가고 있다. 늙은이와 젊은이 아이들 모두가 지나간다. 젊은이는 생기있게 걷고 늙은이는 둔탁하게 어정거린다. 사람들은 살면서 어떤 생각들을 하면서 살까? 나는 가끔 온고지신이라 하여 고전 속에 들어가 보기도 한다. 공자가 만년에 긴 인생의 역정을 회고했는데, 그것은 인격수양과 정신발전의 여섯 단계다. 15세에 학문에 뜻을 두고(志于學), 30세에 자립하고(立), 40세에 흔들리지 않고(不惑), 50세에는 명을 알고(知天命), 60세에 귀가 순해지고(耳順), 70세에 마음이 원하는 데로 하여도 법도를 넘지 않았다(從心所慾不踰矩) 하셨다.

이순을 넘긴 사람은 이순이란 말을 알아야 한다. 공자는 60세가 되어 이순의 경지에 도달했다고 한다. 귀에 거슬리는 것이 이역(耳逆)이고 귀에 거슬리지 않는 것이 이순(耳順)이다. 무슨 이야기를 들어도 깊이 이해할 수 있고 남의 의견에 조용히 귀를 기울이는 것이 이순의 경지다. 다시 말해서, 내 생각과 맞지 않는다고 말을 토(吐)해서는 안 된다. 불쾌한 말을 들어도 무감각적으로 있어서, 상대방이 보기에 그 말을 수용하는 것처럼 보여야 이순(耳順)의 경지가 된다. 이렇게 되어야 마음이 편하다. 그러나 이 말을 아는 것 하고 행하는 것은 별개의 문제였다. 이순을 알면서도 그것이 잘 실천되지 않는 것은 부족한 내가 공자 경지에 맞추니까 그런 것이 아닌가 하는 생각이 든다. 내가 남의 말을 듣고 귀에 거슬리지 않을 때가 오기는 올까 하는 생각도 든다. 나는 인격수양이 부족한 사람임에 틀림없다. 옛것을 알고 그것을 기준하여 나를 반성하는 것도 가치있는 일이다. 이것은 우리의 심령 가운데 새로운 은혜로 우리의 마음을 자극해 주기 때문이다.(2004년 7월 13일)

☞ 주차장 → 갑사 → 금잔디고대 → 삼불봉삼거리 → 삼불봉 → 관음봉 → 은선폭포
　→ 동학사 → 주차장 〈9km, 4시간〉

□ 무속이란 무엇인가?

계룡산은 옛날부터 무속신앙과도 깊은 연관성이 있는 장소다. 계곡에는 푸른 나무들이 무성하였고, 돌들이 많고, 물은 급하게 흘러 내렸다. 이러한 자연환경은 무속인들이 좋아하는 장소다. 한국의 전래신앙인 무속이란 무엇인가? 무속이란 한국 전래의 신앙을 총칭하는 말로 쓰이지만 좁은 의미로서 무당과 관계된 종교현상을 뜻한다. 무(巫)란 신명을 다해서 춤을 추는 사람이라는 뜻인데 일명 만신(萬神)이라고도 한다. 원래 무(巫)는 여자가 중심이었지만 박수라고 하는 남자 무당도 있었다. 이런 무는 우리나라에만 있는 것이 아니었다. 시베리아인과 우랄알타이 어족에 속한 사람들은 병자를 고치고 저 세상과의 의사소통을 할 수 있

는 능력을 지닌 사람을 샤먼(shaman)이라고 했는데, 이가 곧 무와 비슷하다.

　무의 역사는 청동기 시대부터 있었다. 그 당시 무는 강력한 권한을 소유하기도 하였다. 그러다가 무는 왕권이 강화되면서 시들해졌고, 우리나라에서는 유교가 들어오면서 결정적인 탄압을 받았는데, 조선 숙종 때는 무를 풍기문란, 민중현혹, 재산 갈취의 상징으로 취급하기도 했다. 무(巫)를 대표하는 샤머니즘(shamanism)은 교조, 교리, 의례, 교단 같은 체계적인 종교 형식은 갖추고 있지 않다. 그리고 현재 기복적인 신앙에서 인간의 원초적, 본능적 욕구를 수용함으로써 사회 윤리나 합리적 사고를 외면한 신앙 형태이다. 복을 비는 주술이 있으며, 혼합주의 적이다. 그래서 굿을 강조하며 무당에 의해서 정해진 특수한 장소, 즉 신당이나 순례지 등에서 신비 체험을 강조하기도 한다.

　우리나라에서는 무당들이 섬기는 무신(巫神)들은 팔선여(八仙女)와 삼불제석(三佛帝釋)과 열시왕(十大王) 등이 있다. ‘팔선녀’는 인간에게 부귀영화의 의미를 깨닫게 해주는 신으로 자손을 점지해 줄 뿐만 아니라 수명을 연장시켜 주기도 한다. 천도를 담은 접시, 불로초, 선녀부채, 약병 등을 들고 다닌다. ‘심불제석’은 창조의 신인 삼신의 변형으로 볼 수 있다. 원래 삼신은 해 · 달 · 북두칠성, 또는 환인 · 환웅 · 단군을 가리키는 신이었으나 전통신앙에 불교신앙이 유입되면서 삼불제석으로 변하였다. ‘열시왕’은 지옥을 다스리는 열 왕으로 십대왕, 시왕, 시왕님이라 부르기도 한다. 인간이 죽으면 이승에서 지은 선업과 악업에 대해 시왕들로부터 심판을 받는데 시왕이란, 제1 진광대왕, 제2 초강대왕, 제3 송제대왕, 제4 오관대왕, 제5 염라대왕, 제6 변성대왕, 제7 태산대왕, 제8 평등대왕, 제9 도시대왕, 제10 오도전륜대왕을 말한다.

무신에 대한 성서적 관점은 엄격히 배격한다. 출애굽기에 보면 "너는 무당을 살려 두지 말지니라."란 말이 있는데 이는 무당이나 사술은 대중의 무지와 재앙을 두려워하는 인간의 약점을 이용한 미신으로 현대인에게도 뿌리 깊게 퍼져있다. 그러나 성경은 이런 미신에 대해 언제나 엄격히 배격하여 극형으로 경계하고 있다. 그것은 무당 술이 이웃의 재산과 몸과 생명까지 해치는 가장 사악한 방법이기 때문이다. 중세기 유럽에서는 무당 여는 화형에 처했고, 영국에서는 1716년까지 무당을 극형에 처했다고 한다.

8. 월출산 이야기

***월출산**은 영암읍 남부 일대에 걸쳐있는 산으로 높이는 809m다. 지리산, 모후산, 무등산, 두륜산을 형성한 소백산맥의 한 자락이 목포 앞바다로 잦아들다 말고 마지막 몸부림이나 하듯 우뚝 솟은 산이다. 거대한 바위병풍을 둘러쳐 놓은 듯한 기암괴석으로 이루어진 월출산은 산세가 험준하다.

***도갑사**는 해남 대흥사의 말사이다. 월출산 서남쪽 기슭에 자리 잡고 있는데, 도선국사의 탄생 설화로 유명하다. 도갑사 입구에 있는 사문(寺門)을 해탈문이라 하는데, 이는 가장 오래된 건물이다. 돌기단위에 세운 소규모의 문이지만 그 구조가 기묘하여 국보로 지정되어있다.

***천황사**는 바람 골에 있는 작은 암자이다. 원효대사가 창건하였다고 전하며, 여러 차례에 걸쳐 소실되었다가 중건을 거듭하였는데, 지금의 건물은 1953년에 중건한 것이다. 이곳은 월출산 종주 코스의 시발점이기도하다.

월출산은 산 전체가 거대한 암석으로 능선마다 독특한 기암괴석이 솟아있어 그 모습만 보아도 산행객들은 위압감에 잠긴다. 귀뜰바위, 산성대, 돛바위, 칼바위, 남근바위, 만경대, 삼동석 등이 모두가 주변의 경관과 조화를 이루고 있어, 조물주의 오묘한 섭리를 느끼게 한다. 달밤에 바라본 월출산의 형체가 아름답고 달을 제일 먼저 맞이한다고 하여 백제, 신라시대에는 월나산(月奈山), 고려시대에는 월생산(月生山), 조선시대부터는 월출산(月出山)이라 불렸다 한다. 초의(草衣)스님도 19세 때 월출산에 올라가 해가 지면서 마침 보름달이 바다 위로 솟아오르는 것을 바라보다가 순간적으로 그 아름다움에 도취되었다는 기록이 있다.

다사로운 햇살을 받아 들판에는 봄풀들이 자라서 푸른색으로 변해가고 있다. 코끝에 풋풋한 봄 냄새가 나는 것 같다. 사람들의 옷도 겨울철의 두텁고 짙은 색에서 가볍고 밝은 옷차림으로 바뀌었다. 개신리 방향의 천황 매표소에서 산행이 시작된다. 지난봄에는 구름다리를 건너서 천황봉을 올랐다. 이번엔 바람골로 천황봉을 산행할 예정이다. 설악산이나 월출산은 언제 와도 기대와 설렘 속에서 산행이 시작된다. 매표소를 지나서 올라가면 조붓한 산길이 나온다. 길가에는 산죽이 사람 키 보다 높고, 군데군데 동백나무가 추운 겨울을 보내고 봄볕에 꽃망울을 터뜨리고 있다. 붉고 선명한 동백꽃 송이가 단아한 모습으로 산행객들을 맞이한다. 길 따라 20분쯤 올라가면 갈림길이 나온다. 왼쪽 길로 가면 구름다리 쪽이고 오른쪽이 바람골 방향이다.

구름다리 쪽 길은 울퉁불퉁한 돌길이고 가파른 오르막길이 많다. 이런 길은 불편함과 고통스러운 길이다. 그러나 힘든 후에 바위와 암벽이 만들어낸 신비경을 볼 수 있다. 이는 눈으로 볼 수 있는 육적인 아름다움이다. 그런가 하면 숲 속의 포근함과 새소리 바람소리 들어 면서 완만한 산길은 마음이 쉬어가는 곳으로 마음속에 생기는 심적인 아름다움이다. 삶에는 전자도 있어야하고 후자도 있어야 한다. 깎아지른 봉우리가 햇빛을 가리고 들쑥날쑥 기암괴석이 솟아있고, 바위틈엔 이름도 알 수 없는 가냘픈 꽃들이 피었다. 시동 걸린 자동차가 계속 달리듯이 우리는 쉬지 않고 산을 오르다가 마침내 구름다리 입구인 매봉에 도착했다. 공중에 매달린 다리는 사람들이 지나가니 상하로 크게 움직인다. 나는 우두망찰 겁에 질린 얼굴을 했다. 조심스럽게 다리를 건너다가 중간지점에서 아래를 내려다보니 아찔한 마음이 들었다. 마치 내가 절벽에서 풀포기를 거머쥐고 매달리어 발버둥치는 것 같았다. 잘못하면 천 길 낭떠러지 지옥으로 떨어질 것만 같았다.

구름다리를 지나고 사자봉에 올라서서 아래를 굽어보니 구름다리가 보인다. 월출산의 또 다른 매력의 하나가 매봉과 사자봉을 이어주는 저 구름다리가 아닌가. 지상 120m 높이에 설치된 이 다리는 길이가 52m나 된다. 영화의 한 장면을 보는 모습과 같이 아슬아슬하다. 사자봉을 지나서 다시 이어지는 급경사 길을 따라 올라가다 산허리 길을 지나다 보면 바람 골에서 오는 길과 만나게 된다. (2004년 4월 10일)

바람골 계곡길은 구름다리 쪽에서 보지 못한 것들을 보게 된다. 계곡 중간까지 동백나무와 난대성 활엽수가 겨울을 보내고도 그 잎이 푸르고, 맑은 물이 조잘조잘 거리면서 흐른다. 물소리는 세상시름을 잊게 하여준다. 계곡과 함께하는 산행은 지루하지 않다.

바람 폭포

　　단체 등산객들이 한 차 내려서 산행을 할 때의 모습은 산길 초입부터
모두가 빠른 걸음이다. 그야말로 숲 속에서 먹이를 쫓는 사자의 모습이
다. 산행에서 처음은 항상 그렇다. 시간이 30분 정도 지나면 자기 위치
가 정해진다. 나도 그들 가운데에 끼여 가쁜 숨을 쉬면서 올라갔다. 이
산에 흩어진 전설과 이 계곡에 얽힌 유래담을 생각하면서 산길을 걷는
다. 한식경 정도 올라가면 계곡에 물이 흐르는 암벽이 나타난다. 바람
폭포다. 폭포를 지나서 다시 계단길로 이어지는 돌산이다. 월출산은 완
전 바위산이다. 군데군데 흙이 모여 나무가 자랄 뿐이지 산 전체가 거대
한 바위덩어리다. 그래서 산행 거리에 비해 시간이 많이 걸린다. 산꾼들
중에는 이러한 바위산을 밟으면 기(氣)가 몸으로 들어온다고 주장하는
사람도 있다. 바람골의 마지막은 병풍을 쳐 놓은 것 같은 암벽이다. 사
람들은 이 암벽을 바람벽이라 부른다. 바람벽을 돌아서 산 능선을 오르
면 기묘한 돌기둥들의 갖가지 형상들을 볼 수 있다. 조금 더 지나면 구

름다리 쪽에서 오는 길과 바람 계곡에서 오는 길이 만나는 삼거리가 나온다.

잠간 여기서 바람골에 대한 전설을 들어보자. 천황사 매표소가 있는 동네 이름이 '내동'이다. 내동 사람들은 천황사 계곡을 바람골이라 한다. 그 옛날 내동 아가씨의 이룰 수 없는 사랑에 대한 민화가 있다. 월출봉에 달이 뜨면 가신님이 월출봉에 찾아오고, 천황사의 바람골에서 산골바람이 일었다. 내동아가씨는 기쁨에 넘쳐 님을 만나기 위해 바람을 타고 바람골을 훨훨 날아갔다. 그러나 바람골 안쪽에 있는 바위벽은 내동 아가씨의 길을 막아버렸다. 달이 뜰 때마다 그녀는 바람골을 날았으나, 이 벽을 영영 넘어서지 못했다는 전설이 남아있다.

삼거리에서 20분정도 올라가면 통천문이 나온다. 큰 바위구멍이다. 이문을 100m 쯤 올라가면 주봉인 천황봉이 우뚝 솟아있다. 천황봉 정상은 넓고 편편하여, 많은 산행객들이 모여 쉬기도 하고, 마음에 점도(點心) 찍는다. 서쪽으로 주능선을 따라 구정봉(九井峰)이 손에 잡힐 듯하고, 사방으로 내려 뻗은 능선은 원근에 따라 몇 겹씩 포개져서 그 위의 구름과 함께 떠있다. 중첩된 능선 위로 펼쳐지는 아름다운 일출과 월출도 장관이지만, 서해를 붉은 빛으로 물들이는 일몰광경은 더욱 아름답다고 선인들은 전한다.

천황봉에서 구정봉 사이는 1.5km 인데, 얼마간 높고 낮은 언덕 같은 봉우리를 수없이 넘어야 한다. 길은 암벽 길이다. 이 구간을 걸어보면 시간도 많이 걸리고 지루하다. 구정봉 가까이 오면 가파른 오르막길이다. 맨 먼저 나타나는 곳이 입을 떡 벌린 형상을 하고 있는 베틀 굴(窟)

이다. 이 굴은 옛날 임진왜란 때 이 근방에 사는 여인들이 난을 피해 이곳에 숨어서 베를 짰다는 전설에서 생긴 이름이다. 굴의 길이는 10m쯤 되는데, 굴 속에는 항상 음수(陰水)가 고여 있어, 음굴이라고도 한다. 더구나 이 굴은 천황봉 쪽에 있는 남근석을 향하고 있는데, 사람들은 이를 가지고 우스갯소리도 만들어 낸다.

구정봉 정상은 바위틈을 통하여 올라간다. 사람 키의 배나 되는 큰 바위에 오르면 20여 명 쯤 쉴 수 있는 평평한 바위에 9개의 웅덩이가 있어 구정(九井)봉이라 부른다. 가뭄이 있을 때도 물이 마르지 않는다는 신비의 웅덩이라 한다. 구정봉에서 억새밭에 이르는 1.5km도 편치 않는 길이다. 억새밭에 도착하면 그 아래 동네가 보이고 한 시간 정도 가면 도갑사가 나온다. 도갑사 경내를 지나 해탈문(국보)을 나오면서 산행을 마감한다. 서쪽 하늘에 해가 뿌연 먼지 안개 속에 그 윤곽을 드러낸다. 곧 붉은 노을이 생길 모양이다. (2006년 3월 8일)

☞ 천황주차장 → 매봉 → 구름다리 → 사자봉 → 통천문 → 천황봉(809m) → 구정봉 → 남근바위 → 향로봉 → 마왕재(억새밭) → 도갑사 〈8.6km, 5시간 30분〉

☞ 천황주차장 → 바람골 → 바람폭포 → 천황봉 → 구정봉 → 남근바위 → 향로봉 → 마왕재(억새밭) → 도갑사 〈8.5km, 5시간 30분〉

□ 석가를 찾아온 여인

바위가 많은 산은 산길걷기가 불편도 하지만 우선 겁이 나고 불안해진다. 특히 이 월출산 산행이 그렇다. 돌덩이 바윗길이며 좁다란 바위

절벽을 올라갈 때도 겁이 나고, 매봉과 사자봉을 이어주는 구름다리를 건널 때 아래쪽을 바라보면 오금이 저리고 다리가 옮겨지지 않는다. 불안 때문이다. 불안은 산에서만 있는 것도 아니고, 집안에서도 길거리에서도 따져보면 존재한다. 불안은 왜 존재하는 것일까? 우리가 사는 것은 공허한 상태 속에 살기 때문이다. 우리의 삶속에 따라다니는 초초함이나 불안은 죽음에 대한 공포심 때문이다. 독일의 실존철학자인 하이데거는 말하기를 "인간은 공허와 죽음의 공간에 내동댕이쳐짐을 받고 있는 존재"라고 했다. 인생은 나이가 들어 늙으면 허무감에 빠진다. 그것은 살 수 있는 시간이 점점 짧아지기 때문이다.

왜 인간에게 고난과 죽음이 있는가? 만약 인간 세계에 고난이나 죽음이 없다면 종교가 없을 것이다. 종교란 인간을 고난이나 죽음에서 벗어나게 해 주는 것이기 때문이다. 결국 인간이 죽음을 두려워하기 때문에 예수도 믿고, 석가도 믿는다. 석가가 도를 구하려 나갔던 것은 생의 문제, 늙음의 문제, 질병의 문제, 죽음의 문제를 알기 위해서였다. 그 중에 가장 큰 문제가 죽음의 문제였다. 만일에 사람이 죽지 않는다면 생사의 문제를 해결할 수 있지만, 마지막에 가서 죽어버리니까 결정적으로 풀지 못하는 문제인 것이다. 이 죽음은 비단 석가 자신 만의 문제가 아니다. 인간전체이 해당되는 문제다. 여기 석가를 찾아온 여인이란 이야기가 있다.

어느 날 석가에게 어떤 부인이 아이를 고쳐달라고 안고 왔다. 그 부인은 아이가 너무 위독하여 절망적인 상태였다. 석가는 아이를 보고나서 "약을 구해 오너라." 하였다. "무슨 약을 구해올까요?" 하면서 부인이 말했다. 옛날 인도에서는 의사가 처방을 내리면 환자가 약을 구하는 제도가 있었다고 한다. "가서 좁쌀 한 되를 구해 와서 그 아이에게 먹이면 살 것이다. 그런데 좁쌀을 그냥 구해오면 안 된다. 3대 째 사람이 죽지 않은 집에서 구해 와야 한다."고 했다. 이 어리석은 과부는 그 말을 그대로 믿고서 삼대 째 초상이 안 난 집을 찾아다녔지만, 그런 집은 없었다. 결국 죽은 아이를 껴안고 온 마을을 다니다가 빈손으로 와서 "좁쌀이 없습니다. 3대동안 안 죽은 집이 없습니다."라고 말했다. "사람이 다 죽는데 네 아들만 안 죽을 수 있겠느냐?"고 석가가 말했다. 석가는 부인에게 죽음에서 살리려고 생각하지 말고 죽음에 순응하라고 가르쳤던 것이다.

9. 두륜산 이야기 ①

쇄놋재 – 두륜봉 – 가련봉 – 오소재

***두륜산**은? 한반도의 남서쪽 끝머리 해남반도에 솟아있는 두륜산(頭輪山)은 한반도의 가장 남쪽에 있는 산이다. 정상인 가련봉(703m)을 비롯하여 두륜봉(630m), 고계봉, 노승봉, 도솔봉, 혈망봉, 향로봉, 연화봉 등 8개의 봉우리로 이루어졌으며, 이 크고 작은 봉우리에서는 서해안과 남해안 곳곳의 다도해가 한 눈에 내려다보인다. 두륜산은 일명 대둔산(大芚山)이라고도 하였고, 이 산의 서쪽 계곡에는 통일 신라 말에 창건된 대흥사(大興寺, 옛 이름은 대둔사)가 있으며, 서산대사와도 관련이 있는 유서 깊은 곳으로 절 안에는 표충사를 비롯하여 탑산사 동종 등 보물 4점과 천연기념물 등이 있다.

□ 산행기

수레바퀴가 돌듯 계절도 돌아서 또 한해의 마지막 달이다. 묵은 가지에 새잎이 나는 봄이 빤작 하는 순간에 지나고 뙤약볕의 뜨거운 열기가 내리쬐이어 만물을 피로케 하는 여름도 지나고 우거졌던 나뭇잎이 단풍

들어 하나 둘 떨어지듯이 어느 날 갑자기 첫눈이 와서 계절이 겨울임을
알았다.

　해남 두륜산 동쪽에 '쇄놋재'란 지명이 있다. 이곳에서 산행이 시작
된다. 산행은 두륜산의 주능선을 타고, 쇄놋재에서 서쪽 오소재까지다.
며칠 전 이곳 지역에 많은 눈이 내렸다. 눈은 양지에는 모두 녹았지만
볕이 들지 않는 곳에는 그대로 쌓였다. 골짜기로 난 길을 따라 걸음을
옮겼다. 비탈진 언덕의 눈 속에 춘란이 겨우살이를 하고, 동백나무 잎은
겨울이지만 푸르기만 하다. 산은 암벽 산으로 아래쪽에서 볼 때와는 전
혀 다르게 경사가 심하다. 비스듬한 바위 언덕 길을 오르다가 갑자기 가
파른 암벽이 나타났다. 줄을 잡고 올랐다. 산행초입부터 고통스러운 길
이다. 숨이 턱에 차는가 싶더니 바로 위봉에 올랐다.

　하늘이 뿌옇게 흐려 남해 바다가 흐릿하게 보였다. 서둘러 길을 걸었
다. 위봉에서 두륜봉을 가기 위해 능선 길을 따라 가는데, 길은 눈 속에
묻혀 보이지 않고 짐작으로만 걸었다. 눈은 발목까지 어떤 곳은 오금까
지도 빠진다. 두 시간이나 족히 걸어서 두륜봉 옆의 만일재에 도착했다.
눈길을 걷는 것은 일반 산길보다 많은 에너지를 소모한다. 발이 빠지는
모래밭을 걷는 것을 생각해 보라. 처음 얼마는 좋을는지 모르나 시간이
지나면 괴로운 걸음걸이가 된다. 인내와 고통을 요구하는 지루한 걸음
이다.

　만일재는 사방 등산로에서 올라온 사람들이 모이는 만남의 광장 같은
곳이었다. 한 무리의 산행객들이 대흥사 쪽에서 올라와서 우리가 지나
온 쪽으로 가고 있다. 가련봉 올라가는 경사진 바위 언덕에서 과일 한

조각으로 점심을 때웠다. 위장이 긴장했는지 전혀 식욕이 나지 않는다. 모두가 마음에 점을 찍는 듯 가볍게 먹었다.

다시 길을 걸을 때 안 사실이지만 가련봉에서 노승봉 아래까지는 암봉의 능선 길이고, 가련봉 오르는 길도 바위 절벽 길이다. 길에는 눈이 쌓여 미끄럽고 바람마저 세차게 불어 불안하고 겁도 났다. 뜻밖의 복병을 만난 셈이다. 발자국을 조심스럽게 옮겨 가면서 올랐다. 산행객들은 모두가 허리를 굽혀 기어가듯 올랐다. 마침내 높고 넓고 평평한 암봉 위에 올랐다. 가련봉 정상이다. 희뿌연 안개는 이곳도 여전하다. 사방을 조망한다. 두륜산은 산세가 웅장할 뿐만 아니라 수려하다. 저 멀리 산 아래 계곡에는 희미하게 대흥사 건물이 보인다. 산이 절을 에워싸고 있는 모습이 마치 암탉이 병아리를 품는 둥지 같다. 서산대사가 대흥사만이 삼재불입지지의 땅이라는 말이 이해가 간다. 바람이 차고, 젖은 옷 때문에 한기를 느꼈다.

서둘러 노승봉을 향해 걸었다. 일행은 모두 흩어져서 보이질 않는다. 노승봉을 힘겹게 내려오니 평지가 나왔고 길도 좋았다. 환난에서 인내가 생긴다더니, 인내하는 가운데 힘든 구간을 지나왔다. 오소재 약수터에 도착했을 때는 짧은 겨울의 서산낙조(西山落照)가 붉게 물들었다.

(2005년 12월 10일)

☞ 쇄놋재 → 위봉 → 두륜봉 → 가련봉(정상) → 노승봉 → 오소재 〈10.2km, 5시간 30분〉

□ 산속의 사람들과 길거리의 사람들의 차이

불교인들을 '산속의 사람'들 이라면 그리스도인은 '거리의 사람들'
이다. 불교는 심산을 찾아가 그 사찰을 세우고, 그리스도교는 거리 한가
운데 교회당을 세운다. 전자를 산속의 종교라 하면, 후자는 거리의 종교
라 할 수 있을 있다. 불교에서는 만 가지의 인생고가 도(道)에 대한 무명
(無明)에서 온다고 보나, 그리스도교는 만 가지의 고는 하나님과의 불화
상태에서 온다고 믿는다. 불교는 부처의 가르침인 동시에, 부처가 될 수
있다는 가르침이다. 부처가 되는 것을 성불(成佛)이라고 한다. 누구나
수도를 열심히 하면 큰 깨달음을 얻어 부처가 될 수 있다고 믿는다. 부
처란 말은 '진리를 깨달은 자'를 가리킨다. 부처를 의미하는 산스크리
트 어(語) '붓다, 佛陀, Buddha'는 각자(覺者) 곧 영어로 'the awakened'
이라는 뜻이다.

불교라는 것은 사람이 도를 찾아서 그 도를 깨닫고 부처가 되는 경지
다. 그래서 천상천하 유아독존(天上天下 唯我獨尊)이라는 그런 경지에 들
어간다고 한다. 그러니까 사람이 부처가 되고, 사람이 위로 올라가는 것
이 불교의 세계다.

불교의 사랑은 자비(慈悲)이고, 불교는 '깨닫는 종교'이다. 불교의 사
랑인 자비란 무엇인가? 그것은 도통자(道通者), 즉 자아완성에서 오는
미완성 자에 대한 동정적인 심리상태인 것이다. 이와 같이 사람이 자기
를 완성할 때에 비로소 자비심이 생겨 다른 사람에게 자비를 베풀 수 있
다는 것이다. 그러면 자아완성, 곧 부처가 되는 길은 이론이나 학문으로
되는 것이 아니고 '깨달음'에서 온다. 이 깨달음은 어떻게 하여야 올
수 있나? 이는 다음과 같은 이치로 설명할 수 있다.

하늘에 밝은 달이 떠 있어도 '구름'에 가리어지면 우리는 달을 볼 수 없다. 또 같은 비유로 아무리 좋은 거울이라도 거울 위에 '먼지'가 쌓여 있으면 자기 모습을 볼 수 없다. 달을 보려면 구름이 없어야 하고, 거울에 자기 얼굴을 보려면 먼지가 없어야 한다. 이 '구름'이나 '먼지'는 우리 마음 가운데 존재하는 망상(妄想)이다. 이 망상을 모두 버려야 부처가 되는 것이다. 이를 불교에서는 '버림 망상'이라 한다. 이를 버려야지 성불(成佛)한다는 것이다. 이 상태를 무심삼매(無心三昧)라 하고 망상을 가지고 있는 상태를 유심(有心)이라 한다.

그러나 기독교는 그와 정반대다. 요한복음에 "태초에 말씀이 계시니라. 이 말씀이 하나님과 함께 계셨으니"라고 하였고, "만물이 그로 말미암아 지은 바 되었고 그 말씀이 육체를 입어 우리 가운데 거하시니 은혜와 진리가 충만 하도다."라고 하셨다.

기독교는 사람이 하나님이 되는 종교가 아니라, 하나님이 사람이 되신 종교다. 하나님이 내려오시어 사람이 되시고, 또 하나님께서 사람을 부르시는 것이 바로 기독교다. 내가 예수를 믿는 것이 아니고, 예수님께서 나를 부르셔서 믿게 해 주신 것이다. 기독교의 사랑은 아가페에(자아희생)이고, '믿는 종교'이다.

10. 정선 산 이야기 ①

- 민둥산

***정선**은 본래 고구려의 잉매현이었고, 신라 경덕왕(750년) 때에 지금의 이름으로 처음 불리게 되었는데, 명주의 관할 현이었다. 고려에 들어와서는 940년에 삼봉(三鳳)으로, 1291년에는 도원(桃源)으로 또 바뀌었다가, 1353년(고려 공민왕 2년)에 정선(旌善)으로 환원되어서 지금에 이르렀다. 또한 고을 이름을 〈旌善〉이라 한 것은 예부터 이 고을의 풍속이 순박할 뿐만 아니라, 고을 백성들이 효제(孝悌)의 도를 숭상하며 근면하므로 이 고을을 찬양하여 "선미(善美)함을 정표(旌表)한다"는 뜻에서였다 한다.

***민둥산**은 정선군 남면 무릉리에 있다. 산 전체가 둥그스름하게 끝없이 펼쳐진 광야와 같은 느낌을 가지게 하는 산으로 억새풀이 군락을 이루고 있으며, 산7부 능선에는 석회암지역의 돌리네(Doline)가 형성되어 특이한 지형을 이루고 있다.

□ 산행기

　일주일정도 지나면 입춘이다. 겨울의 끝자락인 요즘 산에는 응달에 희 끗희끗 잔설이 남아있다. 그러나 봄이 오려면 몇 고비의 꽃샘추위가 남 아있다. 우리가 추운 겨울을 지나보면 한겨울 추위보다 입춘 전후 추위 에 더 견디기 힘 던다. 겨울은 춥다는 전제조건 때문에 그 추위를 넘기지 만 3월 달에는 봄이라는 선입견 때문에 조금 추운 추위도 견디기 힘 던 다. 옛 말에 입춘 추위에 선 늙은이 얼어 죽는다는 말도 있지 않는가.

　겨울 하늘이 시리게 푸르고, 찬바람이 나뭇가지사이에서 소소(蕭蕭) 하게 부는 날이다. 정선읍에서 38번 국도를 따라 태백 방향으로 가다보 면 남면의 '증산초등학교'가 나온다. 산행은 이곳에서 시작한다. 주차 장(해발 450m)에 내리면 북쪽으로 가파른 산이 솟아있는데, 이 산을 올 라야 한다. 작은 개울을 따라 산으로 진입할 수 있는 길이 열린다. 민둥 산 정상까지는 3.8km이고, 1시간 30분정도 걸린다. 평탄한 산허리길이 나선형으로 돌아가면서 이어진다. 산비탈에는 높이가 30m나 됨직한 낙엽송이 쭉쭉 뻗어있다. 소나무와는 달리 겨울철에 잎이 모두 떨어져 서 낙엽송이라 한다. 한참을 올라가면 다시 가파른 오르막길로 바뀐다. 응달진 곳에는 눈이 쌓였고, 나뭇가지에 눈꽃이 피었다. 푸른 겨울하늘 이 유난히 맑다. 나무 가지에 핀 눈꽃은 바람에 날려서 산행객 머리 위 로 떨어진다.

　7부 능선 위로는 갈색의 억새줄기만 겨울바람에 흔들린다. 눈길을 따 라 오르면 주능선에 닿게 된다. 그 지점에서 정상까지는 300m쯤 된다. 이곳에서 민둥산 정상(1118.8m)을 바라보면 부드러운 곡선의 언덕이다.

마치 사막의 모래언덕을 보는 것과 흡사하다. 정상에는 미끈한 큰 돌에 ‘민둥산’이라고 세워놓았다. 동쪽으로 내려다보면 산과 산 사이에 작은 분지가 보인다. ‘발구덕’이란 마을이다. 정상에서 내려다본 민둥산은 대머리 같은 모습이다. 7부 능선 위로는 나무가 없다. 옛날에 화전민들이 이곳에 농사를 짓던 곳이다. 옛날에는 나무들이 자랐지만, 산에 불을 질러 태우고 파일구어 경작한 산으로, 지금은 나무 한 그루 없이 넓게 트인 흙무더기 언덕 같은 산이다. 이산은 14만 평 가량이 억새꽃이 덮여 있는 전국 5대 억새꽃 군락지 중 하나이다. 해마다 많은 산행객들이 이곳을 찾고 있으며, 10월 초순에는 억새꽃 축제가 열린다.

민둥산 일대지역은 억새 숲으로도 유명하지만, 석회암지대에서 잘 생기는 돌리네가 발달한 독특한 카르스트(Karst) 지형으로도 유명한 곳이다. 카르스트 지형은 석회암〈CaCO₃〉이 물과 탄산가스에 녹아서 형성되는 지형을 말한다. 석회암 지역에는 여러 가지 모양의 지형이 발달한다. 땅 표면 가까운 곳의 석회암이 녹아 깔때기 모양의 우묵한 곳이 생기면 이것을 돌리네(doline)라고 한다. 민둥산 지역에는 이러한 형태의 돌리네가 여러 곳에 있다. 산 아래 ‘발구덕’이란 마을 지명도 8개의 돌리네(구덩이)가 있다는 것에서, ‘팔구덩’이가 ‘발구덕’으로 변했다.

민둥산 정상에서 하산 길은 두 가지다. 삼내약수로 가는 길은 4.8km이고, 화암약수로 가는 길은 8.1km의 거리다. 우리 일행은 전자를 택했다. 황토 흙 능선 길을 부드럽게 내려가고 오르기를 서넛 번 하면서 능선 길을 지난다. 올라갔다가 내려가는 길은 응달이라 눈이 쌓여 아이젠(climbing irons)을 착용하고 걸었다. 1050봉을 올라가면 갈림길(the fork in the road)이 나오는데, 오른쪽 길은 지억산(芝億山, 1117m)을 지나서 화암약수로 가고 왼쪽 길이 '삼내약수' 쪽 길이다. 지억산은 옛날 칠현(七賢)들이 은둔생활을 할 때 풀뿌리와 고사리나물을 뜯으러 갔다는 산이다. 이 산에 오르다 보면 한치동(汗峙洞)이라는 공터가 있는데, 그곳에 칠현들이 살았다는 전설이 있고, 이 한치동 뒷산이 지억산이다. 이 산에는 산나물이 지천으로 많다 한다. 그래서 예나 지금이나 한치 뒷산은 곤드레 나물이 많기로 유명한 산이다. 이곳은 해마다 6월이면 산나물 뜯기 대회가 열려 옛 칠현들의 어려웠던 생활을 더듬어 보기도 한다.

능선 길이 1050봉(峰)을 지나서 내려가는데, 70° 정도의 가파른 내리막길이다. 사실은 이런 내리막길이 관절에 충격을 주고 몸의 균형도 잡지 못해서 넘어지기 쉬운 길이다. 양달이라 눈은 없지만 굵은 밧줄을 잡고 내려왔다. 이런 길이 1km나 계속된다. 계곡의 아래쪽에는 동네가 있고, 그 아래 도로가 있다. 이 도로가 있는 곳은 해발 560m 되는 고개 지점이다. 도로 주변에는 띄엄띄엄 집들이 있고, 사람들은 조그마한 땅 뙈기에 농사지으면서 이웃끼리 도란도란 사는 모양 이다. 고개 위에서 그 아래 산 속 마을을 보아도 그기도 그렇다. 옛날이나 지금이나 사람들은 살기 위해 이 재를 수없이 넘었을 것이다.

상원도가 다 그러하듯이, 정선도 산속의 마을이다. 산으로 겹겹이 쌓였고, 그 산과 산 사이의 좁은 계곡 틈새에 사람들이 산다. 그 틈새에는 개울이 흐르고 개울가의 좁은 평지에 집을 지어서 산다. 농사지을 땅뙈기도 비탈 밭이 전부다. 이 산골에 시집온 아낙은 평생 동안 외지에 한 번 나들이 못하고 먹고 살기위해 농사일로 고달픈 인생을 보냈다. 사람들이 이웃동내를 갈려고 해도 넘는 고개가 많았다. 그래서 한탄스러운 노래가사도 있다. "비행기재, 벌문재, 선마령재 다 넘어와도 백봉령 12

민둥산 올라가는 길

고개가 또 나를 기다리고 있네."

    그러나 산길 걷는 육적(肉的)인 고개만 있는 것도 아니었다. 손바닥만한 땅뙈기에 나올 곡식이 얼마나 되겠나. 먹고살기 위해 근심걱정 무게 지고 오르내리는 심적(心的)인 인생 고갯길도 오죽 많았을까? 정선아리랑은 태반이 여자들이 일하면서 부르는 노랫말이다. 그 속에는 농사일의 고달픔과 편치 못한 인생살이를 한탄함을 나타내고 있다. 사는 것이 너무도 고달프고 힘들 때 마다 나를 저 다른 곳으로 좀 보내 달라고 노래로서 애원했다. 그 애원 속에는 고개도 넘어야 한다. 그 고개가 아리랑 고개다. 그래서 정선 아리랑이 생겼는지 모른다.

    눈이 올라나 비가 올라나 억수장마 질라나
만수산 검은 구름이 막 모여든다.

명사십리가 아니라 며는 해당화는 왜 피며

모춘삼월이 아니라 며는 두견새는 왜 울어

강초일월(江草日月)에 환수생(喚愁生)하니

강물만 푸르러도 고향 생각나네. (2007년 1월 28일)

☞ 증산초교 → 쉼터 → 민둥산 정상 → 억새 능선길 → 1050봉 갈림길 → 삼내약수
〈8.6km, 3시간 30분〉

□ 정선 아리랑은?

정선에는 넓은 들판이 없고, 산과 고개와 물줄기로 겹겹을 이룬 산속에서 사람들이 산다. 이 산속에서 생활하는 화전민이나 심메마니의 산중생활이나, 떼꾼들과 질꾼들의 장사생활 속에서 산악민들의 원초적인 생활사를 보여주는 산속문화가 생겨났다. 이러한 산속문화를 총체적으로 아우르고 있는 것이 '정선 아리랑'이다. 아리랑의 어원은 '메아리'라고 한다. '메'는 '山'의 우리말이고, '아리'는 '소리'라는 뜻이다. 그래서 '메아리'는 '산의 소리'를 말한다. 이는 다시 '뫼(山)'가 자연 탈락되면서 '소리'의 뜻인 '아리'만 남아 구전되다가 다시 모음의 첨가로 '아(라)리'로 정착한다. 그리고 다시 이것에서 'ㅇ'의 첨가로 '~랑'으로 첨삭·변화되어 '아리랑'이 되었다.(범우사, 정선 아리랑에서)

Ⅱ. 정선 산 이야기 ②

- 각희산

　*각희산은 정선군 동면, 임계면에 걸쳐있다. 수백 년 된 소나무와 굴참나무, 자작나무 군락지가 있다. 계절에 따라 피고 지는 꽃들과 산나물을 비롯하여, 흔히 볼 수 없는 약초도 자생한다. 또 이 산에는 화암동굴, 화암약수, 거북바위, 용마소, 화표주, 소금강, 몰운대, 광대곡 등의 화암팔경이있다.

　*화암동굴은 1922년부터 1945년까지 금을 캤던 천포광산(泉浦鑛山)으로 연간 순금 22,904g을 생산하는 당시 국내 5위의 금광이었다. 금광굴진 중 발견된 천연동굴과 금광갱도를 이용하여 '금과 대자연의 만남'이라는 주제로 개발한 국내 유일의 테마형 동굴이다. 관람길이는 1803m 이고, 끝부분에 100m 정도 천연 종류굴이다.

□ 산행기

이마에 솟는 땀방울은 왜 눈으로만 흐르는지, 수건을 혼곤히 적시면서 산을 올랐을 때가 엊그제 같은데 벌써 가을의 한 중간에 와있다. 아침에 동녘하늘이 붉고 흐려서 오늘 비나 오지 않을까 하면서 집을 떠났다.

　정선에 도착했을 때 하늘에는 먹구름이 덮였고 이따금 빗방울이 떨어졌다. 산행하기에 어정쩡한 날이다. 정선에서 59번 국도를 따라 동쪽으로 가다가 '화암'에서 421번 지방도를 따라가면 험준하고 높은 재가 나온다. 이곳이 해발 795m 되는 '벌문재'이다. 이 재 고갯마루에서 서쪽으로 산길이 이어진다. 처음은 경사진 산비탈 길을 힘겹게 올라가야 한다. 산중턱에는 소나무와 잡목들이 무성하고 올라갈수록 키가 낮은 활엽수가 산을 덮고 있다. 주능선에 올라서서 구불구불한 벌문재 고갯길을 보면 구렁이가 기어가는 듯 선명하다.

　능선 길을 한참이나 가면 '갈림길1'이 나온다. 낙엽이 떨어진 숲 사이로 파란하늘이 보이는가 싶더니 이내 곧 빗방울이 떨어진다. 간간이 떨어지는 빗방울을 맞으며 산길을 걸었다. 갑자기 어디서 날아왔는지 까마귀 떼들이 하늘을 돌면서 나를 공격할 듯이 지저귄다. 가을의 정취를 만끽하자면서 왔지만, 갑자기 하늘이 컴컴해진다. 검은 구름이 심상치 않다. 뛰어 가면서 걸었다. 시간이 얼마나 지났는지도 모르는 사이에 각희산 정상(해발1083m)에 도착했다. 주변에는 수백 년 된 소사나무와 굴참나무들이 많다. 다른 지역에서 쉽게 볼 수 없는 나무들이다. 오래된 절간에서 수백 년 묵은 느티나무 모습과 같다. 정상에서 바라보면 보이는 곳마다 겹겹이 산이고 그 사이에 개울이 흐르고, 도로가 보인다. 서쪽으로 함백산, 동북쪽으로 두위봉과 민둥산이 보인다.

　하늘은 검은 구름으로 점점 짙게 덮이면서 금방이라도 비가 올 듯하

석회석(CaCO₃)이 이산화탄소를 포함한 물에 녹아서 탄산수소칼슘(Ca(HCO₃)₂)이 되고,
이 탄산수소칼슘이 녹아 있는 물이 동굴의 천장에서 떨어지면서 굳어지면 종유석이 된다

다. 서둘러 급히 산을 내려왔다. 정상에서 조금 떨어진 곳에 '갈림길2' 가 나오고, 여기서는 화암동굴 방향으로 가야한다. 비스듬한 능선 길에 단풍나무에 단풍이 한참이다. 한식경 정도 가면 '1062봉'에 도착하는데, 이곳에서 갈림길이 나온다. 우측으로 가면 문재로 가는 길이고, 좌측은 동굴로 가는 길이다. 동굴방향으로 내리막길을 내려오다 보면 중간쯤에 '향목대'가 나온다. 오랜 세월 모진 비바람에도 바위를 가르며 끈질기게 살아온 향나무가 강한 생명력을 보여준다. 조금 더 내려오면 다음 봉우리로 이어지는 오르막 능선길이 나오는데, 이 능선 길은 암벽 경치가 좋다. 더 올라가면 신선이 다닌다는 화암문이 나온다. 화암문 절벽 위에 서면 시야가 확 터이고 조망이 좋다. 바위벽 옆으로 오래된 굴참나무들이 많다. 굴참나무 능선을 오르면 '갈림길3'이 나온다. 가파른 내리막길이 시작된다. 한 10분정도 내려오면 금광 발굴 흔적이 나오고 더 아래쪽에 화암동굴 입구가 나온다.

화암동굴은 금을 캐던 동굴이다. 굴진 중 발견된 천연 종류굴과 금광갱도를 이용하여 '금과 대자연의 만남'이라는 주제로 개발한 국내 유일의 테마형 동굴이다. 인공 금광동굴은 1600m 정도 인데 암벽 속에 금광의 맥을 볼 수 있고 자연 속에 금의 존재를 직접 볼 수 있어서 학습용으로 유용하다. 천연 종유굴은 인공 금광굴이 끝나는 지점에 있는데, 웅장한 석순이나 종유석을 볼 수 있다. 이 천연 동굴 속을 관찰해 보면 시간의 깊이를 짐작하는 듯한 느낌이 든다. 우리인간은 길어야 80, 90년 살지만, 종유굴은 몇 억년 단위의 세월에서 생성된다. 동굴은 어떻게 형성되는지 그 과정을 다음에서 알아보자.

화암동굴 주변은 정선의 명소가 많다. 정선 아리랑의 가사에도 "정선의 구명(舊名)은 무릉도원이 아니냐. 무릉도원은 어데 가고 산만 층층하네. 일강릉 이춘천 삼원주라 하여도 놀기 좋고 살기 좋은 곳은 동면 화암리로다."라고 명소를 자랑한다. 동굴을 관람하고 나오니 굵은 빗줄기가 쏟아졌다. (2006년 10월 21일)

☞ 벌문재 → 갈림길1 → 각희산정상 → 갈림길2 → 1062봉 → 향목대 → 갈림길3 →
　화암동굴입구 → 주차장 〈11.4km, 3시간〉

□ 동굴이 형성되는 과정

베트남의 하롱베이 지역, 중국의 계림, 장가계 등은 카르스트(Karst) 지형에 속한다. 카르스트 지형은 석회암〈$CaCO_3$〉이 물과 탄산가스에 녹아서 형성되는 지형 전부를 말한다. 석회암의 주성분인 탄산칼슘

〈CaCO$_3$〉이 이산화탄소를 포함한 빗물이나 지하수에 쉽게 용해되어 탄산수소칼슘〈Ca(HCO$_3$)$_2$〉이 되고, 수분이 증발해 버리면 여기에 독특한 석회암 지형이 나타난다. 이러한 지형이 독일의 아드리아 해(海) 연안의 카르스트 지방에서 전형적으로 발달했기 때문에 카르스트지형이라 부른다. 석회암은 퇴적물이 쌓여 생기고, 열대 지방에서 생성된다. 대륙이동설에 의하면, 현재의 각 대륙은 2억 년 전에는 거대한 한 덩어리 대륙을 이루고 있다가 고생대 말에 분열되기 시작하여 중생대, 신생대를 거쳐 서서히 이동하여 현제와 같은 대륙분포를 보이게 되었다고 한다. 그러니까, 계림이나 장가계는 2억 년 전에는 지구의 적도 부근인 열대 지방에 있다가 대륙이동에 의하여 6천 5백 만 년 전쯤 현 위치에 와서 석회석이 있는 부분은, 계속 이산화탄소가 녹아있는 빗물이나 지하수에 녹아 내렸고, 석회석이 아닌 부분은 그대로남아서 풍화작용만 받은 것이다.

$$CaCO_3 + CO_2 + H_2O \rightleftarrows Ca(HCO_3)_2$$

석회석 　　　이산화탄소 　　　물 　　　탄산수소칼슘

이 화학 반응식에서

→ 방향으로 진행되면? 석회동굴이나 계림, 장가계 같은 지형이 된다.

← 방향은 석순이나 종유석이 만들어 진다.

석회암 지역에는 여러 가지 모양의 지형이 발달한다. 우선 땅 표면 가까운 곳의 석회암이 녹아 깔때기 모양의 우묵한 곳이 생기는데, 이것을 돌리네(doline)라고 한다. 돌리네가 점점 넓어져서 옆에 있는 돌리네들과 합쳐지면 우발라(uvala)라고 하는 좁고 긴 계곡이 만들어진다. 우발라가 더욱 커져서 수 킬로미터에 이른 것을 폴리에(polje)라고 한다. 우리나라에도 평안남도와 황해도, 강원도 남부, 충청북도 북동부, 경상북도 북부지역에는 석회암이 분포하여, 카르스트 지형이 나타나고 있다. 석회암 지대에는 땅속으로 스며든 빗물과 지하수는 땅속에 석회굴을 발달시키는데 그 안에는 종유석, 석순 등이 자란다. 울진 성류굴, 영월의 고씨굴, 단양의 고수 동굴 등은 모두 석회암이 이산화탄소가 녹아있는 물을 만나서 생긴 것이다. 지질학적 특징인 카르스트 지형은 시멘트 산업을 발전시켰다.

12. 울릉도 성인봉 이야기

***울릉도**에 언제부터 사람이 살기 시작했는지는 기록이 없어 알 수 없다. 그러나 성터와 고분 등의 흔적으로 미루어보아 상고시대 사람이 살았던 것으로 추측되며, 신라 때에는 우산국(于山國)이란 부족국가를 이루고 이었다. 그러나 512년(신라 지증왕 13년)에 이사부(異斯夫)가 우산국을 평정하여 신라에 귀속 시킨 후 오랜 기간 동안 역사에 그 기록을 찾아볼 수 없다. 그런데 조선시대에 와서 울릉도에 거주민이 많아지자 치민(治民)에 어려움을 느끼게 되어 조정에서는 1416년(태종 16년)과 1438년(세종 20년)에 귀환령을 내려 주민을 본토로 이주시켰다. 그 후 고종 19년(1882년)에는 공도정책(空島政策)을 철폐하고 개척령(開拓令)을 공포하여, 농민 16가구 54명이 이주하였다. 또한 울릉도는 우릉(芋陵)·우릉(羽陵)·무릉(武陵)·울릉(蔚陵)등의 이름으로 불려왔는데, 1900년(광무 4년)에는 울도(鬱島)로 고치고 도감(島監)을 군수로 개정하여 강원도에 부속시켰다. 1914년에는 경북으로 편입되었다.

***형성과정**은? 울릉도는 거대한 화산활동으로 이루어진 섬인데, 140만~1만 년 전인 신생대 제4기에 뿜어져 나온 현무암·조면암·응회암

으로 이루어진 화산섬으로서 해안은 단조롭고 경사를 이루고 있다. 이렇듯 지형이 험준하고 날카로운 사화산(死火山)으로 형성된 울릉도는 해발 984m의 성인봉(聖人峰)이 섬 가운데 위치하였고, 성인봉 아래 나리동(羅里洞)분지가 조금 있고, 그 외는 거의 평지라고는 없다.

□ 산행기

바다는 옛날이나 지금이나 우리 인생을 상징하는 그림자라 할 수 있다. 또 인생은 고해(苦海, 괴로움이 끝이 없는 이 세상)라는 말도 있다. 바다가 바로 인간의 삶을 상징해 주고 있기 때문이다. 옛날에는 포항에서 울릉도까지 배로 8시간이나 걸렸으나 지금은 쾌속정으로 3시간이면 간다. 잔잔한 풍랑이 일고 있는 위를 쾌속정이 빠르게 질주한다. 바다란 고요할 때는 즐거운 장소다. 그러나 일단 바다가 흉흉해지면 그것보다 무서운 것은 없다. 항상 바다에서 생활하는 어부들도 이때는 두려운 바다가 된다. 우리인생도 잔잔한 바다도 있고, 작은 풍랑이 일어날 때도 있고, 큰 풍랑이 일어나서 사람이 감당할 수 없는 흉흉한 바다도 있다.

매실과 살구가 먹음식스럽게 익은 육지와는 달리 울릉도에는 이류 모를 들꽃들만 지천으로 피었다. 성인봉을 오르는 길은 도동에서 올라가는 길이 가장 멀다. 정상까지는 4.3km 거리로 2시간 40분정도 걸린다. 산길로 올라가는 콘크리트 포장길은 대원사를 지나면서 갑자기 가파른 비탈길로 변한다. 이정표가 길을 쉽게 안내한다. 해발 280m 정도 오르면 포장길은 없어지고 숲 속 길로 들어간다. 소나무와 활엽수가 섞이어 무성한 숲 속 길이다. 어디선가 새소리가 들린다. 처음 들어보는 소리다. 두뜬 두단 하면서 부르짖는다. 산허리 길이 길게 이어지는데 계속 오르막길이다. 몸은 땀으로 끈적거리고 이마에서 땅방울이 흘러내린다. 길옆 돌 위에 앉아서 물을 한 모금 마시고 땀을 닦았다. 큰 나무 아래에 는 고비가 빽빽하게 자라서 마치 푸른 융단 같다. 이따금 미풍에 향내가 실려 온다. 하늘도 푸르고 공기도 맑고 나무도 깨끗하다. 휴식도 잠시, 길을 걸었다.

한참 동안이나 비탈길을 올라서 순탄한 산허리 길을 만났다. 산속은 아주 이국적인 분위기다. 이따금 숲속향이 났는데, 이곳에서는 바람결 에 코끝을 간질이는 향내가 더욱 짙게 느껴진다. 숲 속에서 나는 향기는 딱히 어떤 냄새라고 말하기가 어렵다. 아카시아 꽃 향 같기도 하고 오렌 지 향 같기도 하고 혹은 더덕 향 같기도 한데, 그 향은 산행객들의 마음 을 사로잡는다. 허브는 그 종류도 많다. 나는 허브식물을 대단히 좋아한 다. 그 중에서도 자연에서 느끼는 소나무 향, 아카시아 꽃 향, 매화꽃 향, 궁기 향, 입안에서 씹을 때 생기는 당기 향 등이 좋고, 외래허브 식 물로는 로즈마리, 레몬버베나, 라벤더 등이다. 로즈마리라는 뜻은 '바 다의 이슬' 이다. 이 이름처럼 아침바람을 받는 바다에 면한 해안에서 많이 볼 수 있다. 지중해 연안이 원산지다. 이 잎의 향은 강하여 조금만 손에 닿아도 향기가 나고 또 건조한 잎의 향도 사라지지 않는다. 이 향 은 뇌의 기능을 높이고 기억력을 강하게 한다. 향기가 말할 수 없이 좋 은데다 차로 먹으면 맛도 좋다. 거기다가 해충도 쫓아준다. 그리스인들 은 로즈마리의 신비한 효능에 감탄하여 말하기를, 신들이 황금보다 로 즈마리를 더 좋아한다고 했다.

향기는 사랑과 영혼을 지배한다는 말이 있다. 동물들의 암수 간 만남에 있어서도 냄새물질이 중요한 역할을 한다고 한다. 이들은 냄새신호에 이끌려 사랑을 속사이고 때로는 천적이 있는지 경계하는 것도 소홀히 한 채 마법에 걸린 듯 황홀경에 빠져들기도 한다. 페로몬(pheromone)으로 불리는 이 냄새물질은 분비선에서 나와 피부를 통해 방출되는데, 특히 성적인 행동과 관련한 메시지를 전달하는데 쓰인다. 이 마법과 같은 냄새가 암컷과 수컷을 결합시킨다. 사람은 어떨까? 사람도 동물과 마찬가지로 페르몬의 향이 피부를 통해 발산된다. 이성 간에 서로 끌리는 것은 이 향 때문이라 한다. 이 사랑의 냄새는 사람마다 자기에게 더 느끼는 이성이 있다고 한다. 이를 '생물학적 궁합'이라고 한다.

길은 산허리 길에서 오르막길로 바뀌었다. 1km 정도 올라가니 비탈면의 한쪽에 '팔각정'이 나온다. 숲 속의 향내를 맡으면서 500m 더 올랐다. 주능선인 '바람등대'란 지점에 도착했다. 한결 바람결이 시원하다. 산속은 적막강산이다. 어디선가 뻐꾸기가 울더니 그 소리마저 끊어졌다. 산길을 걷는 동안 산행객 7, 8명이 지나갔을 뿐이다. 하루에 2천 명의 관광객이 울릉도를 찾지만 산을 오르는 사람은 극소수다. 몽골 속담에 "신(神)은 손에 여러 손가락을 주셨듯이 사람에게도 여러 길을 주셨다."라는 말이 있다. 고통 속에 즐거움을 찾는 자도 있고, 편안 속에 즐거움을 찾는 자도 있다. 사람들은 고통스러운 일이나 땀 흘리기를 싫어한다. 사람의 두뇌는 고통이나 문제를 느끼지 않으면 생각하지도 않고 지혜도 찾지 않는다. 지혜는 고난 중에 생각나기 때문이다. 이러한 지혜 속에 겸손이나 인욕(忍辱)하는 것을 배운다.

바람등대에서 800m만 오르면 정상이다. 능선 길이지만 숲 속이라 조망이 전혀 없다. 산은 언제나 이 마지막 부분의 오름이 힘이 든다. 한참

나리 분지에서 바라 본 성인봉

을 올랐다. 늙수그레한 부부가 힘들어 하는 나를 위로 하면서 정상이 바로 위라고 알려준다. 마침내 정상에 올랐다. 정상에는 울퉁불퉁한 바위들이 몇 개 있다. 이 바위 중 하나에는 장군발자국이라고 전하는 족적이 있다. 이 발자국은 왼발이고 본토 어딘가에는 오른쪽 발자국이 있다는 전설이 전해진다. 정상은 나무에 가려서 시야가 트이지 않았다. 정상에서 볼 수 없는 조망을 해결하기 위해, 정상에서 동쪽으로 20m 내려가면 전망대가 나온다. 맑은 하늘 아래서 이 전망대에 사방을 바라보는 행운은 얻은 것이다. 북서방향으로 미륵봉, 알봉, 송곳산, 송곳봉 들이 우뚝하게 솟아서 병풍처럼 막았고, 말잔등봉과 나리봉이 북동쪽을 둘러싸고 있다. 그 사이가 나리분지다.

정상에서 산행종점인 천부리까지는 7.1km이고 2시간 30분정도 걸린다. 성인봉 북쪽 산비탈로 내려가는 산행로가 있다. 급경사 내리막길이다. 태고의 신비를 고이 간직하고 있는 이곳 성인봉 원시림은 열대 우림을 연상케 한다. 특히 너도밤나무, 우산고로쇠, 섬단풍, 섬피나무, 섬벚나무, 두메오리 나무 등과 홍만병초, 섬말나리 등의 섬 특유의 나무들이 자생한다. 20분정도 내려오면 해발 875m 지점에 식수가 바위틈에서 나온다. 물을 한 쪽박 마셨다. 갈증을 느꼈던 때라 물맛이 감로수다. 호젓한 내리막길을 정신없이 내려오다가 한 묘령(妙齡, 여자 이십 전후의 나이)의 처녀를 만났다. 그녀는 천부리 쪽에서 오르는 산행객이었다. 급경사 내리막길이 끝나면 평탄한 길이 나온다. 평탄한 길을 걸을 때는 마음에 여유를 느끼면서 자연을 더 즐길 수 있다. 이런 산길을 걸으면 자연에 내 자신이 쌓여 모든 근심이 사라지고, 겸손해지면서 욕심이 사라지는 것 같다. 욕심이 적을수록 그 심력은 더욱 종교적이다.

다시 300m쯤 나무계단으로 내려간다. 이 나무계단이 끝나는 지점부터 나리분지가 시작된다. 나리분지는 울릉도의 유일한 평야 지대로서 동·서 약 1.5km, 남·북 2km 되는 이 분지는 화산 폭발할 때의 분화구에 형성된 고산분지(해발 400~480m)다. 분지 중앙으로 길이 나있는데, 이 길은 2km 숲 속 길이다. 하늘도 땅도 그 가운데 있는 공기도 모두기 맑고 깨끗하다. 가는 곳 마다 숲에서 나는 향기는 정신마저 맑게 한다. 발걸음을 천천히 옮기면서 걷는나. 울릉국화, 섬백리향 군라지를 지나고 '투막집'이 나온다. 이집은 울릉도 개척 당시(1882년)에 있던 집의 형태를 간직하고 있는 것을 보존한 것이다. 나리분지의 끝 지점에 나리마을이 나온다. 이 마을은 마치 풍진세상을 등진 듯하다. 마을 들판에는 섬초롱, 전호나물, 취나물, 부지깽이나물, 명이(산마늘), 더덕, 고비 등을 재배한다. 마을의 끝 지점에 '너와집'이 또 나온다. 이 집 역시 울릉도 개척당시 집 형태를 복원한 것이다. 투막집이나 너와집의 구조는 같으

나리 분지와 투막집

나 전자는 억새로 지붕을 만들었고, 후자는 나무판자를 몇 겹 포개어 지붕을 만든 차이다. 천부리를 갈려면 큰 고개를 굽이굽이 다시 걸어야한다. 고개 마루를 넘어 한참을 가니 산속 마을이 나오고 다시 또 얼마를 가서 천부리 주차장에 도착했다.

산속에서 사람을 만나 길을 묻고 이야기를 하고, 산길에 조심하라는 위로 말도 들었다. 사람의 인정은 도시거리에서보다. 한적한 산중에서 더 짙어지는 모양이다. 울릉도의 나그네 생활에서 손님대접 같은 친절함을 받아서 그 기쁨이 지금도 충만하다. 다음에는 단풍 든 울릉도를 보고 싶다. 나리분지의 단풍은 가히 놀랄 만큼 아름답다고 한다. (2007년 6월 5일)

☞ 도동 → 대원사 → 팔각정 → 성인봉 → 신령수 → 나리분지 → 천부 〈12.2km, 5시간〉

누구나 집을 떠나 다른 곳에 머물거나 떠도는 사람이 나그네다. 나도 울릉도에서 몇 일간 나그네 생활을 하면서 나그네의 심정을 느껴보았다. 나그네는 외로움과 두려움과 불안한 존재라는 것이다. 그래서 누구의 도움을 받아야 나그네 생활이 가능하다는 것도 알았다.

나그네에 대한 옛 시대의 글들이 전해진다. 기원전 900~800년에 생존한 그리스의 시인 호메로스는 오디세우스라는 작품 속에 이런 말을 했다. "나그네는 신이 보낸 사람이다. 그래서 선량한 사람은 누구나 나그네를 제우스가 보낸 사람으로 안다." 고대 그리스는 다신교 사회이었고 제우스는 그들의 주신(主神)이었다. 그러하니 이 말은 나그네를 만나는 사람은 누구든 제우스가 보낸 사람인 그를 잘 대접해야한다는 뜻이다. 이런 생각들은 나그네를 보호하는 풍습으로 내려왔다.

이러한 사상은 성서에도 있다. "이웃 사랑하기를 계속하고, 나그네 대접하기를 잊지 말라 이로서 부지중에 천사들을 대접한 이들이 있었느니라." 하였다. 나그네 사랑의 구체적 동작이 손님같이 대접하는 것이다. 여관 제도가 미비 된 고대사회에서 나그네를 집으로 초대하고 대접하는 것은 공통된 미풍이었다. 유대사회에서는 나그네 대접이 현세에서 복을 받고 내세에 들어 갈수 있는 여섯 조건 중의 하나였다. 성서에서 부지중에 천사들을 대접한 이들은 아브라함, 롯, 마노아 등이 있었다.

아라비아에서도 나그네에 대한 속담이 나온다. "나그네나 가엽은 자에게 잠자리를 주면 그 하룻밤의 잠자리가 마지막 심판의 날에 천국이 된다.”고 하였다. 나그네를 대접하다가 부지중에 하나님을 만난 이야기를 들어보자.

3세기에 크리스토퍼 라고 하는 유명한 성자가 있었다. 그는 중년의 나이에 회개하여 성자가 되었다. 내가 하나님의 은총 가운데 구원을 받았는데 무엇인가 봉사를 해야 한다고 생각했다. 어떤 봉사를 하면 좋을지 생각하다가 결국 이 육체를 가지고 봉사를 해야 하겠다고 마음먹었다. 그래서 물이 사납게 흐르고 있는 강가에 가서 길가는 나그네를 업어서 강을 건네주는 역할을 하였다.

그러다가 어느 날 한센 씨 병을 앓는 환자가 왔다. 그는 처음에는 마음에 시험이 들었다. 이 더러운 환자를 업으면 자기의 몸에 그 더러운 나환자의 균이 들어올 것이라고 생각해서 잠시 망설였다. 그러나 그 때에 예수께서 나를 위해 십자가에 돌아가셨는데 내가 못할 것이 있겠는가 하는 생각이 들어서 나환자를 업었다. 강을 건너가는데 그날따라 강물이 어찌나 세게 흐르는지 가다가 비틀비틀했다. 자칫하면 강에 빠져 죽을 위기도 있었지만 무사히 강 건너까지 건너서 나환자를 내려 주었다. 조금 후에 보니까 나환자는 간곳이 없어지고 찬란한 빛의 예수께서 거기에 서 계셨다는 유명한 일화가 있다. 사람의 일생 가운데 예수를 만난다는 것이 맨 처음에는 나환자처럼 보일 수 있다는 이야기다.

13. 울릉도 동쪽 해안길 걷는 이야기

＊동쪽 해안길 정보 : 울릉도 섬 둘레는 44km이다. 섬 일주 도로는 현재 40km가 완성 되었다. 미개설구간은 석포–내수전 사이 4km다. 이 지역은 바다에 절벽이 맞닿아 있는 곳으로 난공사 구간이다. 그러나 도로는 없지만 옛날 사람들이 다니던 산길이 남아있다. 이 산길은 지금도 잘 보존되어있다. 이 길을 사람들은 '내수전 옛길' 이라 부른다. 출발점은 도동항이다. 도동항에서 행남 해안산책로를 지나고 또 내수전 옛길을 지나고 또 석포를 지나고 또 선창을 지나고 또 죽암을 지나고 마지막은 천부리다. 이 구간은 풍광이 매우 아름다운 곳이다. 난대성 활엽수와 동백나무가 열대우림 같이 무성하고, 그 사이로 보이는 푸른 바다의 물빛은 맑다 못해 쪽빛으로 빛나고, 또 그 위에 떠 있는 죽도는 선경(仙境) 같다.

□ 걷기

쾌청한 6월 초순 하늘 아래 도동항은 관광객으로 북새통을 이뤘다.

탁 트인 바다에서 알맞게 불어오는 바람, 날씨는 더할 수 없이 화창하
다. 옛날 사람들이 먼 길을 떠날 때처럼 괴나리봇짐 대신에 작은 배낭
을 어깨에 메고, 짚신 대신 등산화를 신고, 지팡이에 몸을 의지해 길을
떠났다.

　도동항 여객선터미널 건물 뒤쪽 원형계단 위로 올라가면 '행남 해안
산책로'가 나온다. 이러한 산책로는 세상 어떤 곳에도 없는(?) 것이며
오직 이곳 울릉도에만 있다고 믿고 싶다. 깎아지른 절벽 허리에 간신히
만든 산책로를 걸으면 짜릿한 느낌과 처음 보는 세상 속으로 들어가는
것처럼 신비롭다. 이 길을 1km 걸어가면 바닷가에 집이 한 채있고 길은
막힌다. 그 집 위로 작은 계곡이 있는데 그 계곡 사이로 길이 이어진다.
길 따라 올라가면 오두막집 두 채가 또 나온다. 그곳을 지나 조금 오르
면, 길은 산죽사이로 이어지면서, 갈림길이 나온다. 바로 저동으로 간
다. 저동까지는 1300m다. 길 따라 올라가면 작은 산을 두 개를 넘어야
한다. 한 산을 넘고 두 번째 산을 올라 산마루에 올라가면 바다가 다시
나타나고 앞쪽으로 저동항이 보인다. 아침 바다 안개가 저동항 위로 올
라가는 광경은 비경이다.

　저동의 일주도로를 따라 '내수전 약수터'를 지나 산을 오른다. 산마
루 위에서 우측으로 300m쯤 가면 '내수전 전망대'가 나온다. 이 전망
대에서 사방을 조망하면 힘겹게 이곳에 올라온 보람을 느낀다. 다시
'내수전 옛길'이란 이정표를 따라 길을 걷는다. 도로를 따라 조금만 가
면 옛길이 나온다. 이 길은 바다와 접한 절벽 위로 길이 이어지기도 하
고 산속으로 들어가기도 하면서 4km 정도 이어진다. 주변에는 동백나
무와 소나무가 울창하고 아주 경치가 그만이다. 나무들 사이로 바다가

보이기도 하고, 또 어떤 지역은 바다와 맞닿는 절벽 위의 길이라 풍광(風光)이 뛰어난 산책로 이다.

죽도가 짤막한 나무토막같이 물 위에 떠있고 길 옆에는 야생화가 만발하고 그 향내는 바다 바람에 실려 와서 나그네의 가슴을 설레게 한다. 새소리 들으면서 굽이굽이 도는 산허리 길 가다보면 '정매화곡' 쉼터란 곳이 나온다. 이곳 쉼터는 토착민들 중에 '정매화'라는 사람이 살던 외딴집이 있었다고 하여 '정매화골'이라고 불렀다. 이 길로 섬 일주를 왕래하던 시절 군소재지 마을 도동에서 북면 천부마을로 가는 중간에 위치한 곳이다. 주민들이 노상에서 폭설과 폭우 속에 조난을 당하면 이곳에서 도움을 받았다고 한다. 쉼터를 지나면 꼬부랑 산길이 나오고 이 길을 오르면 나무숲은 더욱 두터워 햇빛은 차단되고 그늘은 더욱 짙다. 숲에서 나는 향기는 어디를 가나 날아오고 이곳이 천국이 아닌가하는 착각을 하기도 한다. 시간이 얼마나 지났는지 눈앞에 동네가 나오며 옛길은 끝나고, 포장된 도로가 나왔다. '석포'란 동네다. 반대쪽 일주도로가 이곳까지 완성된 셈이다.

이곳에서 도로를 따라가지 말고 능선을 따라 20분정도 가면 '석포 마을 쉼터'가 나온다. 이 쉼터에서 죽도를 바라보라. 면경 같은 쪽빛바다는 그림 같고, 그 물 위의 죽도는 갈매기와 함께 놀고 있다. 가만히 바라보면 바닷물은 푸르고 너무 맑아 현실이 아닌 듯 느껴진다. 눈이 닿는 곳마다 선경(仙境)이요, 비경(秘境)이다. 석포에서 볼거리는 아직 끝나지 않았다. '석포전망대'로 가야 한다. 길을 모르면 주민들에게 물어서 가야 한다. 석포전망대는 일주도로를 찾아 나가면 이정표가 길을 안내한다. 도로변에서 15분정도 오르면 나온다. 2층 전망대가 멋있게 서있다. 오른쪽으로 선창, 상선암 등이 보이고 왼쪽으로 죽암 몽돌해변, 삼

석포 마을 쉼터에서 바라 본 죽도

선암, 천부항, 송곳봉 등이 보인다. 다시 도로로 내려와서 20분정도 걸으면 '선창'이라는 해변이 나온다. 선창에서 오른쪽 도로로 걸어서 섬목과 관선터널을 지나고 섬목도선장낚시터까지 간다. 이곳까지 도로가 연결되어있다. 낚시터 주변도 경관이 매우아름답다.

섬목도 선장낚시터에서 '선창' 쪽으로 되돌아 나간다. 나오면서 볼거리를 다시한번보자. 선녀탕, 자연동굴, 삼선봉 등이다. 볼수록 아름답다. 선창을 지나서 해변도로를 따라 가면 '죽암 몽돌해변'이 나온다. 이곳에서 나는 괴나리봇짐을 내리고 마음에 점을 찍고, 동중정(動中靜)의 때를 타서 여유를 즐겼다. 파도가 쉬지 않고 밀려들고 다시 제자리로 돌아가고를 반복한다. 이렇게 해서 몽돌이 생기는가보다. 물이 밀려올라오면 몽돌도 굴러 올라오고 물이 내려가면 몽돌도 굴러 내려간다. 내려갈 때 그 소리가 쪼르르하면서 맑고 경쾌한 소리가 난다. 참으로 아름다운 소리다. 아름다운 한국의 소리가운데 다듬이질 소리도 있지만 몽돌 구르는 소리도 있다. 한참이나 그 소리에 매혹되어 자리를 뜰 수 없었다. 죽암에서 천부리로 왔다. 울릉도에서 가장 아름다운 해변은 섬목도 선장낚시터에서 코끼리바위(공암)가있는 추산리 사이다.

우물 안 개구리는 우물 속의 세상 밖에는 모른다. 우물 안의 어떤 곳을 보고 이 세상에서 가장 아름다운 곳이라 말한다. 그러나 실은 우물밖의 아름다운 세상은 얼마든지 많이 있다. 아름다운 경치는 산중에 가득하다. 그러니 산길을 걸어야 한다. 울릉도의 동쪽해안 산길을 걸으면서 이곳에 이토록 아름다운 자연경관이 있는 줄 몰랐다. 걷는 것은 최고의 독서다. 걸음을 통한 체험 학습에서 얻는 지식이 독서를 통하여 책속에서 얻는 지식과 마찬가지다.

논어에 관해 송대(宋代)의 유학자 정이천(程伊川)은 다음과 같이 말한바가 있다. "논어의 독자는 세상 곳곳에 있다. 어떤 자는 읽어도 그 즉시로 잊어버리며, 어떤 자는 한두 줄만 읽어도 즐거움을 느끼고, 또 어떤 자는 부지중에 손뼉을 치면서 기뻐 춤춘다." 이와 마찬가지로 어떤사람은 '도동항'만 보고 별로구만 하는 사람도 있고, 또 어떤 사람은 '내수전 전망대'만 보고 작은 기쁨으로 돌아간 사림도 있고 '전체'를다 보고 큰 기쁨을 얻은 자도 있다. 산길 걷는 것은 독서와 같다. 산길걸으면서 지식도 얻을 수 있기 때문이다.(2007년 6월 6일)

☞ 도동 → 행남해안산책로 → 행남등대 → 저동 → 내수전 → 내수전전망대 → 정매화곡쉼터 → 석포 → 석포마을쉼터 → 석포전망대 → 선창 → 섬목 → 관선터널 → 섬목도선장낚시터 → 선창 → 죽암 → 천부리 〈12km, 6시간〉

□ 독서론

독서가 무엇인가를 가장 적절하게 말한 글이 있다. 선인들의 글에 의하면, 송대(宋代)의 시인으로 소동파의 친구였던 황산곡(黃山谷)의 이야기다. 그는 말하기를 "사대부가 사흘을 독서를 하지 않으면 스스로 깨닫는 언어가 무미하여 거울에 비친 자기 얼굴을 바라보기가 가증(可憎)스럽다."라고 말했다. 이 말의 뜻은 독서는 책을 읽는 사람에게 언어 감각과 어휘의 구사력이 뛰어나게 해주고, 또 품위와 품격을 준다는 것이다. 묵은 땅에 농부들이 땅을 파 일구어서 흙덩어리를 부드럽게 하여 식물을 심의면 잘 자라는 것처럼, 사람의 마음 밭도 독서를 통하여 부드러워지면 심성이 좋아진다. 독서가 정신에 미치는 영향은 운동이 육체에 미치는 영향과 같다. 독서에 관한 이 항목은 독서의 효과에 대한 내용인 격몽요결과 독서의 즐거움을 가장 아름답게 표현한 글이다.

(1) 독서의 필요성

〈***격몽요결**의 독서장에서〉

木之就規矩(목지취규구)하니 在梓匠輪輿(재재장윤여)하니라 人之能爲人(인지능위인)은 由腹有詩書(유복유시서)이니라 詩書勸乃有(시서권내유)면 不勤腹空虛(불근복공허)니라 欲知學之力(욕지학지력)…….

"나무가 둥글거나 모나게 만들어지는 것은 모두 목공들의 손재주에 달

---

* 격몽요결(擊蒙要訣)은 율곡선생이 선조 10년(42세), 즉 1577년에 해주에서 쓴 책으로, '격몽'은 몽매한 자들을 교육한다는 의미이고, '요결'은 그 일의 중요한 비결이란 뜻이다. 이는 스승이 제자를 기리치는 지침서였다. 이 내용은 율곡 선생이 격몽요결을 저작할 때, 한퇴지의 장시(長時) 부독서성남(符讀書城南)을 인용한 것이다.

려있다. 사람이 사람 구실하는 것은 뱃속에 '시서(詩書)'가 있는 까닭이다. 시서에 부지런히 하면 얻음이 있고 부지런하지 않으면 뱃속이 빈다 했다. 학문의 힘을 알고 싶은가? 사람이 어질고 어리석은 것은 처음에는 모두 같았다. 그 사람이 배우지 않아서 어리석은 것이다. 두 집에서 각각 자식을 낳았더니, 어려서는 그 웃는 모습이 비슷했다. 그러나 점점 자라면서 놀기만 하면, 떼 지어 노는 물고기와 그 무엇이 다르리. 나이가 12, 13세에 이르면 그 행동이 차츰 다른 사람과 달라진다. 20세가 되면 점점 차이가 나서 마치 맑은 도랑물과 흙탕물의 차이와 같다. 30이되면 골격이 이루어져서 하나는 용(龍)이 되고 하나는 돼지(豚)가 된다. 준마(駿馬)는 빨리 뛰어가서 둔한 말이 오는 것을 돌아보지도 않는다. 하나는 말 앞에 가는 말 종(卒兵) 되어 등에 매만 맞는다. 하나는 공상(公相)이 되어 깊고 먼 부중(府中)에 명예롭게 산다. 이것은 무슨 연유일까? 오로지 배우고 배우지 않는 차이이다. 문장이 어찌 소중하지 않으랴? 경서(經書)의 가르침에 따라 살아라. 흙탕물은 원래 근원이 없는 것, 아침에 가득하다가도 저녁이면 마른다. 사람이 고금의 일을 알지 못하면 마치 말이나 소가 사람의 옷을 입는 것과 같다."라고 하였다.

(2) 독서의 즐거움을 가장 아름답게 논한 글

〈*임어당의 생활의 발견에서〉

독서의 즐거움을 가장 아름답게 논한 글을 나는 중국 최대의 규수시인(閨秀詩人) 이청조(李淸照)의 자서전 속에서 발견하였다. 그녀의 남편

---

* 임어당(1895~1976)은 작가, 문명비평가. 중국 복건성에서 목사의 아들로 태어났다. 상해의 세인트 존스 대학을 졸업하고, 하버드 대학에서 언어학을 전공하였다. 북경대 교수, 1936년 미국으로 건너왔다. 저서로 북경 호일, 폭풍우 속의 나뭇잎, 생활의 발견 등의 작품이 있다.

이 국립학교 선생으로서, 매달 월급을 받는 날은 반드시 고서(古書)나 척본(拓本)을 판매하는 절을 부부동반으로 찾아간다. 집으로 돌아오는 길에 약간의 과일을 사들고 와서는 그 과일을 벗기면서, 그 날에 사 온 척본을 부부가 함께 조사하며 차를 마시거나 판본의 이동(異同)을 대조 하거나 한다. 금석록발문(金石綠跋文)이라는 그녀의 자서전에 다음과 같 은 글이 있다.

나는 기억력이 좋은 편이다. 저녁 식사를 끝낸 뒤 우리 부부는 조용히 귀래당(歸來堂)에 앉아서, 차를 끓여 놓고 책상 위에 높이 쌓여 있는 책 을 가리키며, 이러한 구절이 어떤 책의 몇째 권, 몇 면, 몇 행에 있는가 를 알아맞히는 사람은 차를 먼저 마실 수 있는 것이다. 알아맞혔으며 첫 잔을 높이 치켜들고 떠들썩하게 웃어댄다. 너무 흥겨워하다가 차가 옷 에 쏟아져 마시지 못하는 일도 흔히 있다. 이러한 분위기 속에서 인생을 즐기며 나이를 먹어갔다. 살림살이는 가난하여 슬펐지만 기(氣)만은 꺾 이지 않고 앙연(怏然)한 기분으로 생활하였다. 그러는 동안에 수집한 서 화나 척본이 점점 많아져서 책상에도 탁상에도 심지어는 침대에까지도 수북이 쌓이게 되었다. 우리 부부는 그것을 눈과 마음으로 즐기면서 앞 으로의 계획에 대해서 이야기를 주고받고 하였다. 그것은 개나 말 등의 동물을 기르는 것이나, 음악에 비해 훨씬 즐거운 일이었다.

이 글은 그녀의 부군이 세상을 떠난 후 그 만년에 집필한 것으로 그 당 시 그녀는 이곳저곳으로 옮겨 다니면서 의지할 곳을 찾아다녀야만 했다.

14. 설악산 이야기 ①
오색 — 대청봉 — 천불동 계곡

　＊**설악산**은 강원도 동북부의 금강산과 동남단의 오대산이 서로 만나 산간유곡을 이룬 산이다. 산행 진입로는 설악동, 오색약수, 백담사, 장수대 등에 있다. 설악산에 대한 불가의 기록에 의하면 설산(雪山) 또는 설봉산(雪峰山), 설악산(雪嶽山) 등으로 불려 왔다. 설악산은 천불동 계곡, 수렴동 계곡, 십이선녀탕 계곡 등의 이름난 계곡과 토왕성 및 대승 등 7개소의 폭포, 울산바위 등 9개의 기암괴석, 눈잣나무의 숲과 약초 등으로 형성되어 있다. 또 주봉인 대청봉(大靑峰, 1708m)을 중심으로 북쪽은 마등령, 미시령을 이루고 서쪽은 한계령을 거쳐 오색약수에서 남으로 이어지는 능선을 이루는데 이 서부 일대를 내설악이라 하고, 동부 일대를 외설악이라 한다.

　＊**오색동**이란 이름은 옛날에 한 나무에 오색 꽃이 피었다하여 이곳을 오색동이라 한다고도 하고, 사기(史記)에는 오색석사라고 하는 절이 있어서 이곳 지명을 오색리(五色里)라고 불렀다 한다. 대청봉과 점봉산의 만첩중봉이 삼면에 둘러 있어 옛 선인들의 말을 빌리자면 무릉도원이다. 맑은 물, 청자 빛 같은 하늘, 늙은 노송의 기품, 기암괴석의 봉우리

들이 모두가 연합하여 산수미의 극치를 이루는 곳이기도 하다.

□ 산행기

　오색리의 밤하늘 맑은 별들은 더 많이 돋아나고 그 반짝임은 한층 싱그러운 생기로 빛났다. 5월 하순이지만 야기(夜氣)가 싸늘하게 등줄기를 파고든다. 밤 10시에 대구를 출발해서 다음날 3시에 이곳에 도착했다. 버스가 도착하자마자 사람들은 어두움 속에 산행준비로 분주하였다. 매표소를 통과하여 산을 올랐다. 산길 걷기에 알맞도록 간편한 차림으로 떠난다고 왔지만, 배낭 속은 두 번 먹을 음식과 물과 옷으로 가득 찼다. 우리 일행들은 그래도 산을 탄다고 자부하는 일가견이 있는 사람들이라, 손전등을 들고 빠른 걸음으로 산길을 걸었다. 그들은 모두가 역발산기개세하는 항우의 모습이였다. 힘이 부족한 사람은 계속 뒤로 밀려났다. 뒤처진 몇 사람이 있었는데 그 중 나도 포함되었다. 대청봉 올라가는 길은, 이곳 오색에서 올라가는 것이 가장 짧은 거리다. '거리가 짧다'는 것은 곧 '경사가 심하다'라는 뜻이다. 이곳에서 대청봉 까지는 5km이고, 보통 3시간 반 걸린다.

　어둠 속에 손전등 불빛만 선명한 윤곽을 나타낼 뿐, 모두가 말없이 산길을 걷는다. 산의 모습은 아직까지 어둠 속에서 쉽사리 엿보일성싶지 않았고, 다만 길 옆의 아름드리 나무들만이 어둠 속에서 활개를 쭉쭉 뻗고, 하늘을 찌를 듯이 솟아있다. 그 모습들은 얼핏 보아 괴물 형상들이다. 바람이 불고 있다. 5월 하순 산바람은 쌀쌀하다. 오르막길이라 몸에서 열기가 나서 한기(寒氣)와 교차한다. 오르막길은 계속되고, 나무사이를 지나는 바람 소리가 요란하다. 시간이 좀 지났다. 문득 하늘을 쳐다보니 별들의 현란한 반짝임이 사라지고 주위는 어둑하다. 날이 곧 샐 모양이다. 그러나 길은 더욱 어둡다. 산티아고(연금술사)는 자기 고향의 오랜 속담하나를 떠올린다. '가장 어두운 시간은 바로 해뜨기 직전'이라고. 이제 몸이 충분히 워밍업이 되었던 듯 새로운 힘이 발생한다. 마음의 즐거움은 육신의 상태에서 나오는지, 얼굴에 닿는 바람이 상쾌하고 그 바람결에 산의 향기가 전하여 온다. 멀리서 물소리도 들려온다.

시커멓고 거대한 먹물이 퍼진 것 같은 산봉들은 점차 그 먹빛을 풀면서 새벽이 드러나기 시작한다. 얼마를 걸었는지 땅거미(薄暮)가 사라지고 있다. 사방을 돌아보니 아래쪽으로 몇 겹의 산봉우리가 우리 있는 곳을 에워싸고 있다. 정상이 가까운 모양이다. 길옆의 널찍한 바위가 보인다. 그 자리에 풀썩 주저앉았다. 물을 마시고 잠시 여유를 가졌다. 바다는 조용하게 하루를 시작하는 듯 거울 면과 같다. 동녘 수평선이 곱게 물드는가 싶더니, 붉고 장엄한 태양이 솟아올랐다. 아침의 바다는 조용하고 햇살은 눈부셨다. 산행객들은 아침바다를 보고 모두가 즐거운 표정이다. 지자(知者)는 요수(樂水)하고, 인자(仁者)는 요산(樂山)하다 했는데 사람들의 무게 중심은 산인가 바다인가? 이렇게 산속을 걷다보면 생활 속의 고뇌를 잊고, 마음의 평정을 찾는다. 마음의 평정은 곧 행복하다는 말과 통한다. 마음은 지옥을 천국으로 천국을 지옥으로 만들 수 있기 때문이다.

대청봉이 손에 잡힐 듯한 영(嶺)마루에 도착했다. 이따금 몸을 바로하지 못할 정도의 강한 바람이 분다. 춥다. 한기를 느낄만한 찬바람이 옷깃 속으로 파고든다. 봄은 산을 타고 오르고, 가을을 산을 타고 내려온다더니 이곳은 겨울이다. 봄과 겨울이 함께 공존하는가 보다. 찬바람 속에서도 나뭇잎이 애기 젖니같이 나오고, 진달래꽃이 피었다. 높은 지역의 진달래꽃은 그 빛깔이 너무도 선연(鮮姸)하다. 어린 아이를 보면 마냥 즐겁듯이 꽃을 보면 마음이 좋아 진다. 꽃은 성서에서 하나님의 은혜의 미를 상징한다. 대청봉이 가까울수록 나무들은 키가 작고 왜소하다. 바람 속에서 생존을 위한 방편인 모양이다. 마침내 대청봉에 올랐다. 겨울바람 같은 세찬바람이 휘몰아친다. 몸을 가누기도 힘이 든다. 옛말에 "엄동설한 다보내고 꽃바람에 중늙은이 얼어 죽는다."는 말이 있듯이, 한기가 전신을 파고든다. 사방을 바라보면서 성취감을 느꼈다. 대청봉 정상을 중심으로 사방에 험준한 산이 뻗고 그 사이로 준령이 펼쳐진다. 북쪽은 마등령과 미시령, 서쪽은 한계령을 거쳐 남으로 이어지는 능선을 이루는데, 이 서부 일대를 내설악이라 하고, 동부 일대를 외설악이라한다. 좀 더 설명을 부연한다면, 공룡능선은 설악산을 지나는 백두대간의 등줄기이므로 설악산을 남북으로 가르는 이 능선을 기준으로 내설악산과 외설악산으로 나눈다.

돌무더기 정상을 뒤로하고 산을 내려왔다. 대청봉에서 설악동 주차장까지는 14.3km의 거리로 7시간은 걸린다. 돌길을 30분 정도 내려오면 중청대피소가 있고, 그 대피소를 지나면 다음 대피소는 희운각(喜雲閣)이다. 소청봉에서 희운각까지는 가파른 내리막길이다. 울퉁불퉁한 바위돌 내리막길을 힘겹게 내려올 때 태양은 벌써 하늘 높이 떠있다. 설악산 상상봉(上上峰)에서 내려오는 이 길은 천산만악(千山萬嶽) 중에 가장 아름다운 암봉을 볼 수 있는 곳이다. 산을 내려올수록 나뭇잎은 무성하고 푸름이 더했다. 한참을 내려오니 철 계단이 나타났고, 그 아래쪽에 초라한 작은 건물이 희운각이다. 희운각에 도착하여 숲 속의 개울가에서 조

천불동 계곡의 천당 폭포

반을 먹었다. 이 대피소 옆으로 맑은 물이 흐르고, 앞쪽은 깎아지른 암벽이 앞을 가로막고 있다.

봄이 무르익은 희운각 주변의 활엽수들은 햇빛을 받아 더욱 싱그럽다. 많은 산행객들이 북적댔다. 이 희운각 앞쪽으로 길이 이어지는데, 300m정도 가면 '갈림길'이 나온다. 좌로 가면 공룡능선 길이고 바로 가면 천불동계곡 길이다. 희운각에서 양폭산장 구간을 천화대(天花臺)라 한다. 이는 외설악에서 가장 험한 봉우리가 모여 있는 곳이며, 봉우리가 꽃밭같이 모여 있는 형상이므로 천화대라 불린다. 물 따라 이어지는 천불동계곡 길은 깎아지른 절벽과 그 위에 서 있는 소나무, 광대한 반석에 쫙 깔려 흐르는 수렴폭(水簾瀑), 바위 절벽의 요화(妖花)같은 꽃, 지저귀는 새소리 등이 아울러져서 조화를 이루는 곳이다. 이 세상에서 이 계곡만큼 아름다운 곳이 있을까? 사람마다 경이로운 경관에 감탄한

다. 구곡양장의 길고 긴 설악골 계곡을 바라보면, 기기묘묘한 이 자연현
상에 놀라지 않을 수 없다.

소나무는 품격이 있는 나무다. 그러나 평지의 소나무는 노송이라도
품격이 낮다. 바위틈에서 고생하면서 자라서 생명력을 유지하는 소나무
는 보는 사람으로 하여금 강한 자극을 준다. 바로 이 천불동 계곡의 소
나무가 그러한 나무다. 이 계곡 바위절벽에 붙어서 구천(九泉)에 뿌리내
리고 사는 소나무를 보고 느낌이 없는 사람이 있겠나? 사시장철 눈서리
를 모르고 홀로 푸르게 서있는 모습은 가위 영물(靈物)이 아닐 수 없다.
소나무는 어떠한 시련과 고통이 닥쳐온다 해도 그 꿋꿋한 푸르름을 지
키겠다는 선비의 기개를 상징적으로 표현하고 있다. 소나무는 한국 사
람이 가장 좋아하는 나무다. 소나무 씨앗이 자라서 노거송이 되기까지
는 수백 년의 세월이 걸린다. 그 동안 나무는 모진 세월의 풍상(風霜)을
겪게 된다. 이 시련을 이겨나가는 놀라운 생명력, 완벽한 자기실현, 소
나무 특유의 고품격의 운치 등을 감안할 때 소나무는 우리조상들이 살
아온 모습이요 거레의 혼의 상징이다.(2005년 5월 20~21일)

☞ 오색매표소 → 대청봉 → 중청 → 소청 → 희운각 → 양폭산장 → 천불동 계곡 →
  비선대 → 설악동주차장 〈19.3km, 10시간 소요〉

□ 소나무 이야기

시골 마을 뒷산에 올라가면 쉽게 볼 수 있는 나무들이 있다. 다박솔이
나 키가 큰 소나무들이나 잡목들이다. 소나무는 사계절 한결 같은 모습

으로 이 땅을 지키면서 우리민족의 생활 속에 친숙해진 나무다. 우리민족은 소나무로 지은 집에서 소나무 땐 연기를 맡으며 살다가 소나무 관에 담겨 솔밭에 가 묻힌다. 소나무와 함께 살아온 셈이다.

솔바람처럼 청아하고 솔향기처럼 냄새가 신선하고 향긋한 향기를 지닌 나무는 없을 것이다. 그래서 그 소나무의 덕성은 잘 알고 있는 것이다. 소나무는 꽃에서부터 뿌리까지 우리민족의 음식문화에도 영향을 끼쳐왔다. 송홧가루 다식, 송기떡, 솔잎차, 송엽주, 송하주(松下酒)며 소나무 뿌리에서 얻는 복령(茯笭)과 식용의 송이 등 다양하다.

소나무는 특히 술을 빚는데 많이 이용되고 있는데, 이를테면 송엽주(松葉酒), 송순주(松筍酒), 송하주(松下酒), 송실주(松實酒) 등이 있다. 송하주는 동짓날 밤에 솔뿌리를 넣고 빚어서 소나무 밑을 파고 항아리를 잘 봉하여두었다가 그 이듬해 낙엽이 질 무렵에 먹는 술이다. 은은한 솔향이 대단한 매력이라고 한다.

옛날에 우리가 어려운 시절에 기근이 들면 농가의 절반 이상이 초근(草根) 목피(木皮)로 연명을 했다. 구황(救荒)작물에는 쑥이나 송기(松肌)가 있었다. 소나무 어린가지의 겉껍데기를 벗겨 내고, 허옇게 드러난 속껍질을 찬찬히 벗겨서 말린다. 이것은 딱딱하고 질긴데다 송진이 묻어서 그냥 먹을 수 없었으니, 잿물에 삶아서 방망이로 탕탕 두드려 빨아, 물에다 오래 담가 우려 낸 다음, 혹 있다면 쌀하고 섞어서 밥도 지어먹고, 아니면 밀가루와 섞어 비벼 솥에 넣고 찌거나, 그런 여유도 없으면 그냥 멀뚱하게 죽을 쑤어 먹기도 하였다.

소나무는 다양한 환경조건에 적응하며 살아갈 수 있다. 소나무는 토양의 종류를 가리지 않고 자라지만 특히 모래가 많이 섞여서 물이 잘 빠지는 토양에서 잘 자란다. 소나무는 생육환경 조건이 좋지 않은 암석지대나 척박한 곳은 물론이고, 하천 가에서도 자란다. 그러나 다른 활엽수와 경쟁하지 않는 조건이면, 토질이 좋은 산기슭이나 계곡에서 훨씬 더잘 자란다. 소나무 생육에 가장 크게 영향을 미치는 것은 햇볕이며, 그다음으로 토양이다. 소나무는 건조하며, 척박한 장소에서도 잘 살아갈수 있지만, 이러한 장소가 소나무 생육에 적합한 곳이라는 의미는 아니다. 소나무는 고상하면서도 기품이 있는 나무이고, 우리 민족이 가장 좋아하는 나무다.

15. 설악산 이야기 ②
- 대승령을 넘었더니 12선녀탕이

    ***장수대**는 무성한 숲이 우거진 속에 자리 잡고 있다. 한계령에서 인제 쪽으로 고개를 거의 다 내려온 곳에 있다. 옛날 한계사가 있던 장소로, 이 근처에는 볼거리가 많다. 장수대 휴게소와 산책로, 주걱봉, 가리봉, 대승폭포, 소승폭포, 대승령, 옥녀탕과 십이선녀탕 등 명소가 많다.

    ***십이선녀탕**은? 인제~고성 간 국도변 남교리에서 북천을 건너면 안산을 향해 올라가는 계곡이 있다. 이 기나긴 계곡을 탕수동 통수골이라 부른다. 안산(1430m)에서 비롯되는 이 골짜기는 8km에 달하며 굽이굽이 폭포와 담소(潭沼)를 이루는데, 우거진 숲들이 가을이면 만산홍엽으로 덮여 더할 수 없이 아름답다. 우선 남교리에서 40분쯤 올라가면 첫 번째 보이는 승소, 구선대를 보고 응봉 아래 있는 응봉폭을 지나야 비로소 하나씩 탕이 나오기 시작한다. 여기서 나오는 첫 탕이 옹탕, 둘째가 복숭아탕, 셋째가 무지개탕……. 마지막 것이 용탕이다. 더욱이 주변에 돌단풍이 많이 있어 온통 붉은 색깔이 탕 속에 비쳐들면 그 경치는 더욱 장관이다.

장마를 앞두고 있는 초여름이다. 햇볕은 점점 뜨거워지고 길거리 가로수는 초록이 더욱 짙다. 맑은 하늘에는 상쾌한 공기가, 연못에는 연잎이 가득하다. 보리가 여물고, 비온 뒤 매실이 더욱 굵어지고 알차다. 오늘은 음력 오월 초닷새 단오절이다. 단오절하면, 신윤복의 '단오풍정' 그림이 생각난다. 아름답게 차려입고, 그네 타는 아낙네와 머리 빗질하는 아낙네, 창포에 머리감고 멱을 감는 아낙네의 모습도 있고. 그리고 바위 뒤에 숨어 훔쳐보는 어린 동자스님들의 모습도 있다. 그래서 이날은 창포를 삶은 물에 머리를 감으면 머리에 윤기가가 돌고 소담해 진다고 해서 부녀자들은 즐겨 머리를 감는다. 남자들은 씨름대회도 열었다. 우리 조상들의 아름다운 풍속 중에 하나였는데, 지금은 사라지고 있어 안타깝다.

장수대는 숲 속에 있다. 나무들은 여름의 뜨거운 열기를 받아 왕성하다. 햇빛이 눅진하게 녹아내리고 있는 숲에는 풀벌레들이 울고 있었다. 오전 10시 반이 조금 지났을 무렵 매표소를 통과해서 산을 올랐다. 초입부터 가파른 오르막길이다. 산기슭에서 불어오는 습기를 먹은 바람이 열기를 더한다. 대승령을 지나고 안산갈림길까지는 5.3km 거리로 3시간은 족히 걸리는 거리다. 언제나 오르막길은 힘이 든다. 한식경이나 오르니 얼굴에 땀이 줄줄 흐른다. 사람들은 소매 끝으로 이마의 땀을 닦는다. 길옆 평평하고 넓은 안반 같은 바위에 걸터앉았다. 끈끈하게 땀이 배어 옷이 피부에 달려 붙는다. 다리도 아프고, 숨도 차며, 볼일 생각도 난다. 올라오는 산행객들은 힘이 빠졌는지 몸을 휘청 거리면서 걷는 모습이 나와 별반 다르지 않았다.

대승폭포(大勝瀑布)에 도착했다. 이 폭포는 하늘 벽 같은 깎아지른 낭떠러지를 이루고 하늘을 엎어 버린 듯한 위용을 가진 폭포다. 이 폭포는 신라 경순왕이 더위를 피하기 위하여 이곳에 자주 왔다는 역사 기록이 있다고 한다. 이는 개성의 박연폭포, 금강산의 구룡폭포와 함께 우리나라 3대 폭포 중의 하나이다. 높이는 88m에 달하여 오색무지개와 물보라가 날리는 광경은 보는 이를 무아지경에 이르게 한다고 하나 떨어지는 물이 적어서 그 아름다움을 놓치고 말았다. 이 폭포 이름의 유래에 대한 애틋한 전설이 전해지고 있다.

잠간 여기서 대승폭포의 전설을 들어보고 가자. 옛날에 부모를 일찍 여읜 대승이라는 총각이 이 고장에서 살았다. 집안이 가난한 대승은 버섯을 따서 근근이 끼니를 이어갔다. 어느 날 지금의 폭포가 있는 돌기둥 절벽에 동아줄을 매고 내려가서 석이를 열심히 따고 있었다. 그때 문득 꿈인지 생시인지 모르게 이미 세상을 떠난 어머니의 다급한 목소리가 절벽 위에서 "대승아!, 대승아!" 하고 들려왔다. 돌아가신 어머니의 외침에 소스라치게 놀란 대승은 동아줄을 타고 올라가 보니 어머니는 온데간데없고 동아줄에는 신짝만한 지네가 매달려 동아줄을 쏠고 있었다. 동아줄은 거의 끊어져 가고 있었다. 황급히 오르느라, 대승의 몸은 온통 땀으로 젖었으나, 무사히 살아 날수 있었다 하여, 후세 사람들은 죽어서도 아들의 위험을 가르쳐 준 어머니의 외침이 메아리친다 하여, 이 폭포를 대승폭포라고 부르기 시작했다고 한다. 또 폭포 위에는 대승암이라는 절이 있었다고 한다.

푸른 6월의 하늘 밑의 소나무와 잡목이 무성한 대승령 영마루를 향하여 산길을 걸었다. 이지점부터는 경사는 완만하고, 나무들이 숲의 바다를 이루고 있다. 이곳의 나무들은, 사람의 손길이 닿지 아니한 원시림 같다. 나무들은 사람의 간섭을 받지 않고 마음껏 자랐다. 짙푸르고 울창한 초록색 숲을 바라보면 눈이 시원스럽다. 고요한 산속을 지저귀는 새소리를 들으면서 걷는 걸음은 가뿐하고 산뜻하다.

같이 온 지인은 우리가 몇 번이나 들은 우스갯소리를 또 한다. 자기는 이런 힘든 산행 길에 그런 이야기가 격에 맞는다고 생각하는 모양이다. 그 이야기를 듣고 메밀꽃 필 무렵의 얼금뱅이요 왼손잡이인 허 생원 생각이 난다. 그는 함께 다니는 조 선달에게 몇 번이나 들려준 이야기를 또 하기 때문이다.

"달밤이었으나 어떻게 해서 그렇게 됐는지 지금 생각해도 도무지 알 수 없어. 달밤에는 그런 이야기가 격에 맞거든." 허 생원과 조 선달과 동이는 지금 긴 산허리 길을 가고 있다. 밤중을 지난 무렵인지 죽은 듯이 고요한 속에서 짐승 같은 달의 숨소리가 손에 잡힐 듯이 들리며, 콩 포기와 옥수수 잎사귀가 한층 달에 푸르게 젖었다. 산허리는 온통 메밀밭이어서 피기 시작한 꽃이 소금을 뿌린 듯이 흐뭇한 달빛에 숨이 막힐 지경이다. 이러한 주위의 풍정(風情)속에, 허 생원은 말을 이어 다시 한다.

"장 선 꼭 이런 날 밤이었네. 객주 집 토방이란 무더워서 잠이 들어야지, 밤중은 돼서 혼자 일어나 개울가에 목욕하러 나갔지. 봉평은 지금이나 그제나 마찬가지나, 보이는 곳마다 메밀밭이어서, 개울가가 어디 없이 하얀 꽃이야. 돌밭에 벗어도 좋을 것을 달이 너무도 밝은 까닭에 옷을 벗으러 물방앗간으로 들어가지 않았나. 이상한 일도 많지. 거기서 난데없는 성 서방네 처녀와 마주쳤단 말이네. 봉평서야 제일가는 일색이었지."

대승폭포에서 북쪽으로 작은 계곡을 따라 한참을 걸어야 설악산 서북 능선에서 유일한 고개의 갈림길이 나온다. 이곳이 대승령이다. 왼쪽 길은 안산과 치마바위를 지나서 12선녀탕 계곡 가는 길이고, 오른쪽으로 가면 귀때기청봉을 거쳐 대청봉을 가는 길이다. 대승령을 지나 서쪽으로 한식경 가면, 안산과 12선녀탕 계곡으로 가는 안산 갈림길(the fork in the road)이 나온다. 이곳에서 남교리 매표소까지는 8km의 거리로 4시간 걸린다. 분기점의 숲 속에서 마음의 점을 찍고(點心), 앉은 자리에서 그대로 미끄러지듯 드러누웠다. 숲 속이라 머리 위에 뚫린 하늘이 채반 한 장 넓이지만 푸르다. 지친 육신으로 푸른 하늘을 처다 보니 심령에 생기가 돈다.

하산 길이 시작되었다. 가파른 내리막길을 한참 내려오니 계곡이 나온다. 이 계곡 길은 울퉁불퉁한 돌길이라서 걷기가 힘들었다. 이 계곡도 하늘이 보이지 않을 정도로 활엽수가 무성하다. 큰 나무 밑에는 이끼, 고사리로 푸르고, 이름도 알 수 없는 들꽃들이 피어 있었다. 계곡물은 수정같이 맑고, 물맛이 감로수(甘露水)라 정신이 번쩍 들었다. 이곳은 희귀한 자생 식물들이 많이 자랐고, 특히 야생 라일릭, 야생 목련 꽃 등이 내 뿜는 향기는 등산객을 취하게 한다.

두어 시간 내려왔다. 두문 폭포를 지나 좀 더 내려오니 용탕 폭포가 가는 물줄기를 흘리면서 그 모습을 드러냈다. 여기서 십이선녀탕이 시작된다. 용탕 폭포 아래의 탕을 용탕(龍湯)이라고 하고, 제일 아래쪽 탕(남교리쪽)을 '옹탕(甕湯)', 둘째가 '복숭아탕', 셋째가 '무지개탕', 넷

'복숭아 탕' 이라 부르는 12선녀탕

째 탕……. 이렇게 해서 탕이 8개가 줄줄이 겹쳐 흘러내리고 맨 위쪽의 것이 앞에서 말한 용탕이다. 흔히 탕이 12개나 된다고 하여 12선녀탕이라고 하나 실제로는 8탕밖에 없다. 이곳이 바로 신비경(神秘境)이다. 어떤 이는 말하기를 "신선이 사는 신비로운 도원경 같다." 하기도 하고, 또 어떤 이는 "12선녀가 내려와서 목욕하는 장소"라 하기도 하고, 또 혹자는 "12천사가 내려와서 목욕하는 곳"이라고도 하였다. 이중 특히 모든 사람의 감탄과 찬사를 나타내는 탕은 '복숭아탕'이다. 이는 탕 모양이 복숭아를 닮았고, 또 복숭아탕 뒤쪽에 복숭아(또는 하트 모양) 모양의 구멍이 더욱 신비감을 준다. 탕의 물은 맑기가 수정 같기도 하고, 빛이 반사되어 청옥같이 푸르기도 하였다. 이 12선녀탕은 아직까지 사람들의 왕래가 적어서 비교적 깨끗하게 보존되어 있다. 그러나 이 지점에서 하산 길은 여간 불편한 것이 아니다. 깎아지른 절벽의 벽면에 안전장치를 해 두었지만, 그 난간을 잡고 조심스럽게 발길을 옮겨야한다. 지루하고 긴 계곡 길을 석양빛이 이마에 닿을 무렵 남교리 매표소에 도착했다. 피로가 엄습하였다.

사람의 마음은 하루에도 열두 번 변한다고 한다. 파스칼의 말 가운데 '사람은 똑같은 사정에서 울기도 하고 웃기도 한다.' 는 것이다. 똑 같은 사정인데 한 사람은 그 마음이 행복하고 한 사람은 그 마음이 불행하다는 것이다. 사람은 한없이 선할 때도 있고 한없이 악하게 될 때도 있다. 선하면 천사 같기도 하고 악하게 되면 짐승보다 못하다. 어떤 일이 닥칠 때 어떤 경우에는 내가 할 수 있다고 생각이 되고 어떤 경우에는 안 된다고 생각이 된다. 나는 설악산 쪽 산행에는 항상 미리 겁부터 난다. 그 구간을 다른 사람과 같이 갈 수 있을까 하는 걱정 때문이다. 그러나 해 보니 힘은 좀 들어도 할 수 있다는 것을 알았다. 마음먹기에 따라 어떤 일도 할 수 있다. 육체의 능력은 마음에서 나온다. (2005년 6월 11일)

☞ 장수대 매표소 → 대승령 → 안산 갈림길 → 십이선녀탕 계곡 → 남교리 매표소
〈13.3km, 6시간 50분〉

□ 사람의 마음

사람의 마음은 참으로 신비하다. 코끼리같이 큰 동물은 그 몸을 가지고 작은 동물을 제압한다. 그러나 사람은 그렇지 않다. 몸은 가지고 있어도 그 마음에 따라 그야말로 천태만상으로 변한다.

옛날 중국에 이광이라 불리는 명궁이 있었다. 그는 활을 잘 쏘았다.

어느 날 그는 저녁놀이 질 무렵에 집을 향해 걸었다. 얼마 후 해가 지고 사방이 어두워질 무렵이었다. 산기슭을 돌아서니까 저만치 떨어진 거리에서 무서운 호랑이가 앞발을 들고 자기를 향하여 돌진해 오는 모습을 보았다. 놀란 이광은 힘껏 활을 당겨 그 호랑이를 향해 화살을 쐈다. 호랑이의 가슴에 화살이 명중했다. 그런데 가만히 보니 호랑이가 화살을 맞고 넘어져 죽는 것도 아니고, 도망을 가는 것도 아니고, 달려오는 것도 아니었다. 그냥 화살을 맞고 가만히 우두커니 서 있는 것이다. 이상하다 생각하여 가까이 접근해 보았다. 가보니 호랑이가 아니라 호랑이처럼 생긴 큰 바위덩어리였다. 그 바위 한 가운데 자기가 쏘았던 화살이 깊숙이 박혀 있었다. 이것을 보고 이광은 깜짝 놀라 '내가 과연 천하의 명궁은 명궁이구나! 내가 이렇게 바위를 뚫을 수 있었단 말인가!' 하면서 자신의 힘에 놀랐다. 그래서 다시 원래 쏘았던 장소에 돌아와 화살을 활에 매어서 또 한 번 쏘아 보았다. 그러나 바위에 박히지 않는다. 아무리 쏘아도 화살이 바위에 박히지 않고 불똥만 땅에 떨어졌다.

호랑이로 생각하여 쐈을 때는 화살이 바위에 박혔는데 호랑이가 아니고 바위라고 느낀 후에는 아무리 화살을 쏘아도 박히지 않더라는 것이다. 그래서 이 사실을 가리켜 그것은 이광의 육체의 힘이 아니고 그의 마음의 힘이었고 평가했다. 사람의 마음의 힘이란 것은 육체 힘의 6배라고 누군가 말했다. 6배인지 몇 배인지는 알 수 없으나 사람은 마음먹기에 따라 강해지기도 하고 약해지기도 하는 것만은 사실이다.

16. 설악산 이야기 ③

- 주전골

*주전골**은 오색약수와 남설악의 절경들을 수두룩하게 지닌 골짜기이다. 점봉산 능선에서 발원한 내(川)가 여심폭포, 십이폭포, 용소폭포, 선녀탕 등의 명소를 만들고, 오색약수를 지나 남대천으로 이르는 계곡을 말한다. 조선중기 승려를 가장한 도적들이 몰래 가짜 엽전을 만들었다는 곳으로 알려져 있다, 이후로부터 이곳을 주전골이라 불렀다.

□ 산행기

주전골을 가기 위해서는 오색리(五色里)도 가야한다. 오색리는 아름다운 마을이다. 몇 겹의 산봉우리가 우뚝우뚝 솟은 채 마을을 에워싸고 있는데 그 중 높은 봉우리가 대청봉과 점봉산이다. 사방이 기암괴석의 봉우리들을 떠오려 놓고 있어 산수가 극히 아름다운 곳이다. 오색에서 설악을 다 보았다고 발길을 돌려 돌아간 사람이 있을 정도로 그 자연 미가 빼어났다.

공원관리 사무소로 올라가는 길옆 개울가 너럭바위의 암반에 약수가 솟아오르는 샘이 몇 군데 있다. 이것이 오색약수다. 수질은 탄산수이며 철분이 많다. 엊그제 청명(淸明)도 지나고 나뭇잎들이 나오기 시작한다. 솔숲 사이에 진달래 피고, 산비탈에 자생종 복숭아꽃이 부푼 망울을 자지러지게 터뜨린다. 매표소를 통과해서 계곡을 따라 흐르는 물을 따라 계곡을 올라가면 오색석사란 조그마한 암자가 언덕 위에 있다. 암자를 지나고 다리를 건너서 들어가면 계곡의 양쪽은 깎아지른 절벽이다. 암벽에 붙어사는 소나무가 멋있다. 사람들은 여기서부터 계곡의 아름다움에 눈이 휘둥그레진다. 조금만 올라가면 선녀탕이 나온다. 옥같이 맑은 물이 암벽을 곱게 다듬어 청류(淸流)로 흐르는 곳에 아담한 소(沼)가 선녀탕이다.

깎아지른 봉우리들 햇빛을 가리고 들쑥날쑥 솟아있고 그 사이 개울물이 흐른다. 한참을 오르면 '금강문'이란 돌구멍을 통과하는 지점이 나오고, 이 지점에 갈림길 있다. 오른쪽으로 400m 정도 떨어진 계곡에 용소폭포가 나온다. 계곡의 바위들은 물에 깎여 부드러운 명주 천과 같고, 물이 고여 있는 바닥은 옥같이 영롱하다.

다시 돌아 나와서 금강문을 통과해서 계곡을 올라간다. 길은 점점 가파른 오르막길로 바뀌고 힘도 던다. 길옆의 큰 바위에 한 무리의 상춘객들이 앉아서 쉬고 있다. 가파른 바위면 비탈이 나오는 지점에서 조금 오르면, 바위 면에 맑고 맑은 계곡물이 띠같이 둘려서 높고 낮은 물소리를 지어 그윽하게 흘러내린다. 12폭포다. 다시 오르면 등선폭포가 나오고 또 그 위쪽에 여심폭포가 나온다. 여기서 비탈길을 1km 쯤 가면 흘림골 매표소가 나온다. 이 주전골에는 야생 복숭아나무와 산벚꽃나무가 많다. 그래서 진(晉)나라 도연명(陶淵明)의 글 도화원기(桃花原記)에 나오는 도원경(桃源境)을 연상케 한다.

　어느 한날, 무릉(武陵)의 어부가 골짜기 물살의 흐름을 타고 가다가 그만 길을 잃고 말았는데, 뜻밖에도 복사꽃 만발한 숲속의 동굴을 지나서, 평화로운 별천지 도원경을 발견하였다. 그 도화 핀 마을에는 진나라의 난리를 피하여 이곳으로 왔다는 사람들이 세월도 근심도 모두 잊고, 평화로이 소박하게 살고 있었다. 여기서 어부는 마을 사람들한테 극진한 대접을 받으며, 며칠 동안 아무걱정 없이 머물다가 집으로 돌아온 후 잊지 못하여 다시 그곳을 찾아가려고, 어부가 표시해 둔 길을 따라갔으나, 끝내 그 이상향은 나타나지 않았다. 그곳에는 왜 복사꽃이 아득히 피어 있을까? (2006년 4월 7일)

☞ 오색매표소 → 선녀탕 → 금강문 → 용소폭포 → 12선녀탕 → 여심폭포 → 홀림골

　〈5.6km, 2시간 소요〉

□ 복숭아나무 이야기

　예전에 선비들은 마당에 지나치게 고운 꽃은 심지 않았다 하는데, 그 중에서도 특히 복숭아나무는 들이지 않았다. 어쩌면 그 까닭은 복숭아꽃의 요기스러운 자태가 글 읽는 선비의 마음에 색정을 돋우어 음탐하게 될까 보아 두려워한 것 아니던가. 혹은 그 꽃 진후에 무르익은 열매의 탐스러운 형상이 영락없는 음성(陰性)을 띄우고 있어, 보는 눈을 미리 삼갔는지도 모른다. 흔히 도색(桃色)이라 하면, 글자그대로 복숭아꽃 같은 분홍빛을 가리키기도 하나, 사실은 남녀 간에 색정으로 얽히는 일

을 나타낼 때 쓰이는 말이니, 복숭아꽃과 열매의 본질이 원래 음란하고 방탕한 것일까. 하기는 분홍이나 백황색 아니면 노랑복숭아 열매가 물 많고 달면서 살이 부드러워 입안에 녹아들며, 과육 푸짐한 맛이 육덕 있는데다 풍요롭고 관능적인 생김새 역시 여성성을 드러내매. 예로부터 이를 생산과 생명력에 결부시켜 한 상징으로 삼기도 했다.

그런데 굳이 선비의 조촐한 뜨락이 아니라 민간에서도 이 나무가 집 안에 있으면 좋지 않다고, 복숭아는 으레 울 밖에다 심곤 하였다. 귀신이 붙는다는 것이다. 하지만 복숭아나무에 귀신이 붙는다고 꺼리는 것은, 오히려 이 나무가 옛날부터 마(魔)를 쫓는 힘을 가진 신비스러운 선목(仙木)이라 전하여 오는 속설이, 역으로 적용한 금기일 것이다. (최명희의 혼불에서)

운동광은 오래 살까?

① 운동 중독증이란?

요즈음 운동광(運動狂)이 많이 보인다. 하루라도 운동을 안 하면 온 몸이 찌뿌듯하고 마치 죄책감에 빠진 듯한 감정을 느낀다. 마라톤 풀코스(42.195km)에 도전하는 것도 모자라 아예 철인 3종 경기 같은 '익스트림(extreme ; 극한)' 스포츠에 빠져드는 사람도 흔히 볼 수 있다. 돌산(惡山)인 북한산을 거의 빨치산 수준으로 올라 다니는 전문 산 꾼들 사이에서 '불수사도북'이라는 자기들끼리의 전문 용어가 있다고 한다. 이 말은, 하루 동안에 불암산–수락산–사패산–도봉산–북한산을 원주하는 코스를 말한다. '불수사도북'은 지상거리로 45km라고 한다. 이 거리를 하루 만에 주파한다는 것이다. 등산 중독증에 걸린 사람들만이 도달할 수 있는 속력이다. 빠른 사람은 10시간, 그 다음이 12시간이요, 산을 자주 타는 산행객은 20시간 정도가 걸린다고 한다. 그야말로 '익스트림 스포츠'이다.

운동을 열심히 하는 사람들 거의 모두가 운동 중 또는 운동 후에 기분이 매우 좋아진다고 말한다. 특히 달리기가 그렇다. 마라톤을 30분 이 상 하면 '최상의 행복감'에 젖게 되는데, 이를 '러너스 하이(Runner's High)'라고 한다. 이는 마치 마약을 하는 사람에게서 나타나는 비슷한 의식 상태나 행복감에 비유된다. 실제로 이런 현상은 운동 시 증가하는 '베타 엔도르핀'의 영향 때문이다. '베타 엔도르핀'은 우리 몸에서 생 성되는 신경물질로 마약과 화학구조가 유사하다. 베타 엔도르핀은 운동 시에 일반적으로 5배 이상 증가하는 것으로 조사되며, 그 효과는 일반 진통제 수십 배에 달한다. 운동을 하면 그 외에도 다양한 체내 마약 성 물질들이 증가 한다. 이 같은 현상은 운동 시 생성되는 젖산 등 피로 물 질의 축적과 관절의 통증을 감소시키기 위한 체내 보상작용인 셈이다. 그러나 문제는 이런 '최상의 행복감'에 중독성이 있다는 데 있다. '베 타 엔도르핀' 등이 최고조에 이른 상태를 경험한 사람들은 이런 희열을 다시 느끼기 위해서 운동에 빠져들게 되는 것이다.

② 운동중독의 특징은?

　운동중독에 빠지면 우선 금단증상을 느끼게 된다. 바빠서 하루라도 운동을 못하면 불안하거나 자신에게 죄책감을 느끼기 시작한다. 또 희 열감을 느끼기 위해 지칠 때까지 운동을 하게 되고 계속적으로 운동량 을 늘려나간다. 더 나아가서는 운동 중 심한 통증이 발생하거나 질환이 나타났는데도 무리하게 운동을 지속하게 된다. 나중에는 스스로 운동을 중단하거나 운동량을 줄이려고 해도 뜻대로 되지 않게 된다. (단국대 강신 욱 교수 연구 자료에서)

③ 건강의 적은 활성산소이다

육신의 건강은 정신의 건강과 연관된다. 물론 운동은 건강을 증진시키고, 생명을 연장시킨다. 그리고 쾌적한 정신 상태를 유지시켜준다. 그러나 운동은 이 같은 긍정적인 효과도 '적당할 때' 가능한 것이다. 지나친 운동은 득보다 실이 된다. 관절이나 근육 등 몸을 직접 상하게 하는 것은 물론이고, 세포를 노화시키고 생명을 단축시킨다. 지나친 운동이 안 좋은 직접적 이유는 '활성산소' 때문이다. 우리가 달리기를 하거나, 등산을 하면 산소를 들어 마시고 이산화탄소를 내뿜는데, 산소가 이산화탄소로 바뀌는 과정에서 유해산소인 '활성산소'라는 물질이 발생한다. 이것이 세포노화를 촉진시키고, 암을 유발시키는 인자로 등장하는 것이다. 그런데 운동을 하면 활성산소의 나쁜 작용을 막아주는 인체의 항산화력(抗酸化力)도 어느 정도 증강된다. 따라서 적당히만 운동하면 세포 손상 없이 운동의 좋은 효과만 나타난다. 그러나 운동이 지나쳐서 우리 몸이 감당할 수 없을 정도의 많은 활성산소가 만들어지면 득보다 실을 가져오게 된다.

땀은 왜 냄새가 날까?

　사람의 몸에는 에크린 땀샘과 아포크린 땀샘 등 두 가지 종류가 있다. 에크린 땀샘은 손, 발, 얼굴, 몸통, 다리 등 우리 몸 전체에 분포하며, 땀이 배출 되는 별도의 통로(땀구멍)가 있다. 이곳에서 나는 땀은 99%가 수분이며, 맑고 투명하며 냄새가 없다. 그러나 땀이 차서 피부 각질층을 적시고, 적셔진 각질층이 세균에 의해 분해, 변성되면 냄새가 나게 된다. 발 냄새가 대표적인 경우이다. 아포크린 땀샘은 출생 당시 온몸에 분포하나 자라면서 점점 퇴화돼 성인이 되면 겨드랑이, 유방, 배꼽 주변, 항문 주변, 외이도(귓구멍), 눈꺼풀 등에만 존재한다. 그러나 겨드랑이 이외에 아포크린 땀샘은 땀 분비가 그리 많지 않다. 이곳에서 나는 땀은 모공(毛孔)을 통해 배출되며, 지방과 단백질이 섞여있어 끈적끈적하다. 색깔은 우윳빛으로 흰 옷에는 노랗게 착색된다. 분비 당시에는 냄새가 없지만, 1시간 이내에 체모 근처 기생균에 의해 지방산과 암모니아로 분해되어 지독한 냄새를 일으킨다.

체취(體臭)는?

사람의 체취는 향수(香水), 화장품, 담배, 음식, 약, 특정질병 등에 의해 결정된다. 피부는 끊임없이 땀을 통해 대사과정의 노폐물을 체외로 배출시키므로 평소 먹는 음식냄새가 땀구멍을 통해 배출될 수 있다. 일반적으로 동양인에게선 마늘 냄새가 나며, 육류를 많이 먹는 서양인에게는 땀구멍으로 지방산이 방출돼 노린내가 난다. 또 젖이나 우유를 먹는 아기에게선 젖, 우유, 냄새가 난다.

남성 장수 10계명

(a) 타조 증후군?

남성이 여성보다 사망률이 높고 생존연령이 낮으며 질병에 걸릴 확률이 높고, 여성만큼 오래 못사는 가장 큰 이유는 자신의 건강에 대해 관심을 갖지 않기 때문이다. 남성이 장수하려면 다음 10가지를 지켜야한다. 남성들은 심리적으로 건강에 전혀 문제가 없는 것처럼 행동하는 '존 웨인 증후군'이나, '타조 증후군'이 있다고 한다. 타조 증후군은 타조가 위기 시에 머리를 모래에 처박는다는 통념(痛念)에 기초해, 위기가 마치 존재하지 않는 것처럼 외면하는 심리를 빗된 표현이다. 이에 반하여 여성이 더 오래 사는 이유는 여성은 건강에 대한 관심이 크고, 건강검진 등 예방에도 열심이라는 것이다

(b) 남성의 장수 비결 10가지

① 담배와 마약을 금할 것.

② 운동을 주기적으로 할 것.

③ 잘 먹을 것.

④ 마른 체형을 유지할 것.

⑤ 음주는 하루 한두 잔으로 제한 할 것.

⑥ 과도한 스트레스를 피할 것.

⑦ 운전할 때 안전벨트를 착용하고 안전하게 운전할 것.

⑧ 자외선 · 방사능 · 화학물질 · 환경오염물질 등에 대한 노출을 피할 것.

⑨ 성병을 예방할 것.

⑩ 신체에 이상이 생기면 곧바로 의사를 접촉할 것.

(뉴스위크지가 하버드대 연구보고서를 인용한 글에서, 2006년 8월 18일)

17. 팔공산 이야기

 ＊팔공산은 신라시대에는 부악(炎岳), 중악(中岳), 또는 공산(公山)이라 했으며, 고려시대에는 공산으로만 불렸고, 조선시대에 들어와서는 지금의 팔공산(八空山)이라는 이름으로 불리어졌다. 팔공산은 최정상인 비로봉(1,192m)이 중앙에 우뚝 솟아있고 좌우로는 동봉(1,167m)과 서봉(1,150m)이 마치 날개를 편 새처럼 높이 솟아 웅장한 모습을 보인다. 팔공산의 동쪽에는 은해사, 남쪽에는 동화사, 서쪽에는 파계사가 있다. 관봉에는 관봉석조여래좌상이 있고, 이를 일명 갓바위부처라고 불리고 있다.

 ＊갓바위부처는 부처머리 위에 갓모양의 자연 판석을 올려놓고 있어 붙여진 이름이다. 이 부처에게 지기의 소원을 정성껏 빌면 한 가지 소원은 꼭 이루어진다고 한다. 이 석조여래좌상은 원광법사의 수제자인 의현대사가 그의 돌아가신 어머니를 위하여 조성했다고 한다.

□ 산행기

　검푸르게 우거진 여름 숲이 이제 퇴색을 시작한다. 그래도 처서를 지난 날씨는 덥기만 하다. 팔공산 산행을 하기위해 갓바위 유스호스텔 뒤쪽 산길을 들어섰다. 숲 속에서 벌레 소리가 들린다. 귀뚜라미인가, 가을이 온다고 알리는 신호 같다. 산길은 호젓하다. 이 길로 '등산로 6번 지점' 까지 올라야한다. 바람이 소나무 숲 사이로 분다. 그러나 더위를 물리쳐주기에는 부족하다. 등에 땀이 젖어 올 무렵에 가까운 절에서 목탁소리와 염불소리가 들린다. 이 소리는 때에 따라 좋을 수도 있고, 정적을 깨뜨려 기분을 상하게도 한다. 이 길은 평소에 자주 다니는 곳이다. 어느 곳에 어떤 나무와 바위가 있는지도 아는 곳이다. 쉬지 않고 걸었다. 1시간 정도 지나서 6번 지점에 도착했다. 능선에 오른 셈이다.

　이곳부터는 주능선을 따라 가야한다. 능선 길이라 시야가 확 터여서 볼거리가 많다. 오르고 내려가는 것을 몇 번하기도 하고, 암릉 길에는 줄을 잡고 가기도 한다. 20번 지점인 능선재까지 왔다. 아무도 없는 잿마루에는 고추잠자리가 어지러이 날고 있다. 다시 걷기 시작했다. 신령재 부근에서 더위에 지친 젊은 산행객 한 사람이 지나간다. 억새 이삭이 패어 올라 바람에 흔들리고 있다. 바위틈새에 자라난 구절초가 이제 막 피기 시작했다. 구절초는 국화과의 여러해살이풀로, 가을에 흰 꽃이나 불그스름한 꽃이 줄기 끝에 피고 잎은 약재로 사용된다. 구절초 꽃은 가을꽃의 대명사다. 구절초 꽃이 피면 가을이 오고, 구절초 꽃이 지면 가을이 간다. 바람소리를 들으면 소나무 아래서 흘린 땀을 말린다. 팔공산은 나에게 어머니 품속과 같은 포근한 산이다. 우리가 사람을 만나도 포근하고 친근감이 가는 사람이 있듯이 산도 그렇다.

산행도 수행이다. 산행은 살을 빼고, 심폐기능을 좋게 하고, 심신을 단련시켜 주는 최상의 운동이라고, 등산 예찬론자들은 말한다. 찌든 속된 세상 속의 온갖 더러움 속에 사고(思考)되는 악념(惡念)이 하루에도 몇 번이고 찾아온다. 심신을 닦아 지덕(知德)을 개발하는 수양(修養)에서 이보다 더 좋은 것은 없으리라. 다시 오르고 내리기를 몇 차례 반복하고는 병풍바위까지 왔다. 동봉에서 동쪽으로 300m 지점에 위치한 병풍바위는 높이가 약 80m의 수직 암벽으로 웅장한 위용을 뽐내고 있어 암벽 등반 애호가 들이 즐겨 찾는 팔공산의 명소이다. 한 무리의 산행객들이 평평하고 넓은 암반 같은 바위 위에서 쉬고 있었다. 그들은 중노인들이었다. 세상살이 이야기로 떠들썩하였다. 병풍바위 부근에서 내려다보면 멀리 능선이 겹겹이 굽이쳐서 출렁거린다. 이 부근의 능선 길은 암벽길이다. 바위 면을 걷고 바위틈새를 지나서 가야한다. 한참을 가서 가파른 바위 면을 올라야 동봉이다. 비로봉은 통제구역이라 이곳이 팔공산에서 가장 높은 지점이다. 사방으로 시야가 좋아서 풍광이 좋다.

동봉을 지나서 서봉으로 가는 길에는 바위가 많다. 널찍한 바위위에서 마음에 점을 찍고 잠시 쉬었다. 동봉과 서봉 사이 길에는 많은 사람들이 오고가고 있었다. 서봉을 지나서 '112번 지점'에서 성지골로 내려왔다. 가파른 내리막길을 한참이나 내려오면 삼성암지란 옛 절터가 나온다. 이 절터를 지나고도 더 내리막길을 내려오면 계곡의 산비탈에 초라한 삼성암이 있다. 열기를 뿜어내던 해는 서쪽 멀리 기울어지면서 붉은 노을을 흘리며 오늘 생을 마감할 준비를 하고 있다. 산들바람에 반쯤 희어진 억새 이삭이 머리를 흔드는 계곡은 평화스럽게 보인다. 땀이 나서 마르고 다시 땀이 나기를 거듭하면서, 몸에서 나쁜 냄새가 난다. 암자 앞을 지날 때 암자에 있는 한 아낙이 가을 채소밭을 손질하고 있었다. 가을 채소가 손가락 길이 만큼 자랐다. 산자락 기슭에 해묵은 밤나

낙타봉에서 바라 본 동봉

무에 밤송이가 주렁주렁 달렸다. 떨어진 송이에 밤알이 쩍 벌어졌다. 한 식경이나 걸어서 쉼터에 도착했다. 그곳에는 약초 수집꾼들 5, 6명이 오늘 산채(山採)한 약초들에 관한 이야기로 열을 올리고 있다. 대개가 초로(初老)의 흰 머리털까지 얼핏 비치는 모습을 보아 이순은 넘어보였다. 팔공산에는 옛날부터 약초가 많이 자생하였다. 산마늘, 개머루, 겨우살이, 구기자나무, 꾸지뽕나무, 노간주나무, 느릅나무, 두릅나무, 멧대추나무, 사철쑥 등은 지금도 눈에 잘 뜨인다.

활엽수가 무성한 성지골을 지나면, 계곡의 물소리와 함께 소나무 숲이 펼쳐지는 수태골로 이어진다. 팔공산에는 특히 소나무가 많다. 소나무는 한국인이 가장 좋아하는 나무다. 소나무는 장수의 상징이고, 선비의 상징이기도 하다. 눈서리를 이겨내고 항상 푸른빛을 띠는 장엄한 노목은 곧은 절개와 굳은 의지를 상징하고, 애국가에도 나온다. 사람의 나이도 이순(耳順)은 돼야, 소나무가 제대로 시야에 들어온다 하였다. 산길을 가다가 우연한 곳에서 뛰어난 운치가있는 늙은 소나무를 만나면 절로 옷깃이 여미어진다. 부자나 가난한자나 유명(有名)한자나 무명(無名)한자나, 늙어간다는 것은 서럽다. 그러나 이 서러움을 위로해 주는 나무가 있다. 그게 바로 소나무이다. 소나무는 늙어갈수록 품격이 깊어지고, 그 자태가 아름답다. 사람도 나이가 들수록 긴 세월동안 사용한 물건같이 낡아지지 말고, 품격 있는 소나무같이 늙어가자. 나이가 든다는 것은 낡아지는 것이 아니고 늙어지는 것이다. (2005년 8월 31일)

☞ 갓바위 → 정상 등산로 6번 → 능선재 → 신령재 → 66번(폭포골) → 84번 지점 →
동봉(98번) → 오도재 → 서봉(112번) → 성지골 → 수태골 정류장 〈14.7km, 7시간〉

□ 늙고 병들고 죽고 하는 것은?

사람은 세월이 지나면 늙지 않으려 해도 늙는 법이고, 죽지 않으려 해도 죽는 법이다. 그러므로 옛 시에도 이르기를 "한손에 막대 잡고 또 한손에 가시 쥐고, 늙는 길 가시로 막고 오는 백발 막대로 치렀더니, 백발이 제 먼저 알고 지름길로 오더라." 하였다. 늙고 백발되는 것은 그 누구도 막을 수가 없다. 인간의 능력으로는 불가항력이다. 잠언에 보면 "젊은 자의 영화는 그 힘이요, 늙은 자의 아름다운 것은 백발이니라." 했다. 젊은 사람의 힘은 자랑이 될는지 모르지만, 늙은 사람은 흰머리는 자랑이 되겠으며 이 말을 누가 받아들이겠나. 그것은 늙음을 억지로 미화하려는 생각이 아닌가 싶다.

늙는다는 것은 누구나 싫어한다. 사람이 늙으면 젊을 때의 아름다움도 사라지고 모습도 추하게 된다. 희어진 머리카락은 봉두난발이 되고 살이 빠져 피부에 주름이 생기고 뼈는 노근(露根)처럼 되고 눈은 움푹 들어가고 피부는 누에 같다. 이와 같이 육체가 어그러지면 정신도 어그러진다. 그래서 생각이나 사고하는 능력이 떨어져 어린아이 같이 되다가 나중은 정신도 흐려진다. 늙은 육신 속에 거하는 정신은 맑지 못한다. 정신은 육신의 지배를 받기 때문이다.

그러나 늙고 병들고 하는 것을 내가 싫다고 그것을 막을 수가 있을까? 가을에 나뭇잎이 단풍들어 떨어지는 것을 나무가 싫다고 거부할 수 있나? 봄에 싹이 나서 여름철에 무성하던 푸른 풀이 가을에 서서히 푸른 기운을 잃어 마침내 황갈색으로 변하여 죽는 것을 풀이 한탄할 수 있겠나? 가을에 나뭇잎이 단풍들고 풀이 푸른색을 잃듯이 사람도 백발이 되고 주름이 생기고 얼굴에 노근이 나타나고 하는 것은 사람의 단풍이 아니겠나? 그러하니 이것도 자연현상임에 틀림이 없다. 늙고 병드는 것도 자연 현상이다. 우리는 그렇게 받아들여야 한다. 원래 사람의 일생이란 신비한 것이고 또 죽음은 더욱 신비한 것이다. 이 세상 생명체가 영원한 것은 없다. 그래서 석가도 생자필멸이라 하지 않았나.

우리는 늙어지더라도 낡아지지는 말자. 낡아지는 것은 우리 몸이 오래되어 닳아지고 헐고 너절해지고 추해지는 것이다. 늙어지면 지혜롭고 마음의 눈은 더 밝아진다. 영국 속담에 "노인은 머리, 청년은 손(Old head and young hand)"이란 말이 있다. 청년은 손의 힘으로 일하지만 노인은 머리에 지혜가 가득하다는 말이다.

죽음에 대하여

사람이 죽은 후에 어떻게 되는 것인지에 대해서는 세 가지로 생각해 볼 수 있다. 첫째는 죽으면 끝이라는 사상이다. 이것은 고대 그리스(헬라)인들의 사상이다. 헬라인들은 소크라테스나 플라톤이나 아리스토텔레스나 모두가 영혼이 죽지 아니한다는 영혼불멸설을 믿었다. 이는 사람이 불멸의 영혼과 썩어질 육체로 구성되어 있다고 믿었다. 인간의 진정한 실체는 영혼이고 그 영혼은 죽지 않는 불멸의 본성을 가진데 반해 육체는 저급하고 천박해서 반드시 썩어버리고 만다고 생각했다. 지금도 대부분의 사람들은 이 사상을 그대로 믿는다.

둘째는 불교의 윤회사상이다. 죽은 후에 다시 태어나는데 자기의 업에 따라서 동물도 되고 사람도 된다는 내세관이다. 이런 사상은 힌두교, 북방불교, 남방불교 모두가 받아들인다. 힌두교와 불교에서는 사람은 단 두 번의 삶이 아니라 무수한 삶을 반복한다고 한다. 윤회(삼사라)라고 부르는 이 탄생과 죽음의 사이클에서 해방되지 않으면 모든 존재는 끝없이 삶을 되풀이할 수밖에 없다고 한다. '삼사라'는 말 그대로 '방황'이라는 뜻이다. 이 방황을 멈추고 대자유를 얻으려면 도덕과 헌신과 참다운 지식을 통해 무집착의 마음에 이르러야만 한다. 집착이야말로 생과 사를 반복하게 만드는 원인인 것이다. 이때의 대자유란 공(空), 열반, 또 그밖의 여러 이름으로 불리는 궁극의 상태를 실현하는 것이다. 공(空)을 깨닫는 것은 최고의 위대한 목적이다. 왜냐하면 이것을 깨닫는 것은 어떤 조건에도 얽매이지 않는 법신(法身)이라고 불리는 '진리의 몸'을 얻는 것이기 때문이다. 열반(涅槃)은 도를 완전히 이루어 모든 중고(衆苦)와 번뇌가 끊어진 해탈의 경지를 말한다. 또 입적(入寂)이란 뜻도 있다. 특히 티베트 불교는 오체투지(五體投地)의 예배를 한다. 오체란 팔과 다리의 사지(四肢)와 이마를 가리킨다. 그들은 이마에 상처가 나고 혹이 나도록 마음과 몸을 기울여 몇 달 동안 오체투지를 행한다. 이것도 윤회의 고리에서 벗어나는 방법 중 하나다.

셋째는 기독교의 부활사상이다. 이 사상은 고린도 후서에 있는 내용인데, 두 가지 사실이 네 가지 조건에서 아주 강하게 대조된다. 첫째, "우리가 이 보배를 질그릇에 가졌으니"란 말이 나온다. 여기서 '질그릇'이란 말과 '보배'란 말이 대조된다. 질그릇이란 나약하고 가장 천한 우리 인간의 육체를 말하고, 보배란 예수 그리스도의 교훈을 말한다. 둘째, "그러므로 우리가 낙심하지 아니하노니 겉 사람은 후패하나 우리의 속은 날로 새롭다."고 하였다. 여기서는 '겉사람'과 '속사람'이 대조가 된다. 이는 영육의 대조에서 하는 말이다. 겉사람은 육체인 육적자아를 가리키고, 속사람은 영적자아로서 하나님을 믿는 자의 심령이다. 비록 육신은 쇠퇴하고 현세의 생활에도 마지막이 오나, 영은 날로 새롭고 영원의 세계가 다가온다. 그러므로 낙심할 필요가 없다는 뜻이다. 셋째, "우리가 돌아보는 것은 보이는 것이 아니요 보이지 않는 것이니"에서 '보이는 것'과 '보이지 않는 것'의 대조다. 보이는 것은 현세이고, 보이지 않는 것은 영원한 미래의 것이다. 넷째, "땅에 있는 우리의 장막집이 무너지면 하나님께서 지으신 집 곧 손으로 지은 것이 아니요 하늘에 있는 영원한 집이 우리에게 있는 줄을 아나니"에서는 '땅의 장막집'과 '하늘에 있는 영원한 집'의 대조다. 땅에 있는 장막 집은 사람의 육체를 가리키고 그 나약성, 임시성 및 무가치성을 지적한다. 하늘에 있는 영원한 집은 육신에 대조되는 영체인 부활체를 말한다.

이렇게 뚜렷한 두 가지 세계를 계속해서 네 가지 조건하에서 대조시키는 것에 어떤 의미를 가진다. "우리 겉 사람은 후패하나." 사람은 세월이 지나면 육신은 낡아진다는 것을 누구나 느낀다. 그래서 옛날부터 늙어가는 것을 한탄해 왔다. 성경은 겉사람이 후패하고 늙는다는 사실을 조금도 부정하지 않는다. 똑같이 인정한다. 여기서 한 가지 다른 점이 있다. 성경에서는 늙어가는 것만 보는 것이 아니고, 늙어가는 것의 반대편에 다른 세계가 있음을 강조한다. 그 다른 세계가 속사람이란 것이다. "속사람은 날로 새롭도다."라는 사실을 말한다. 이것이 성경 진리와 일반 세상 생각과 차이점이다. 이것이 유신론자와 무신론자의 차이점이기도 하다. 사람이 나이를 먹으면 육신이 늙는다는 사실을 부정하는 것이 아니고 그 사실에 집착하여 후회한다거나 괴로워한다거나 하지 않고 오히려 다른 또 하나의 세계를 바라보면서 '속사람은 날로 새롭도다.'라는 여기에 소망을 걸어서 마음에 위로를 받는다. 이것이 겉사람이 늙어가는 것을 이겨 나가는 근본 원동력이 될 수 있다는 것이다.

18. 비슬산 이야기

＊**비슬산**은 달성군과 청도군에 걸쳐 남북으로 길게 뻗어 있다. 해발 1,084m의 비슬산 주봉인 대견봉(大見峰)은 넓은 바위표면으로 나무한 포기 없다. 정상 남쪽의 2.5km 지점의 조화봉에 오르면 이 산의 웅장한 자태를 실감하게 된다. 비슬산(琵瑟山)은 정상에 있는 바위의 모양이 비파(琵)나 거문고(瑟)의 모양 같다하여 붙여진 이름이라고도 하고, 또는 불교에서 온 말이라고도 한다. 이 산에는 '진달래 밭'과 천연기념물인 '암괴류'로 유명하다. 이 산의 남쪽 기슭에는 유가사, 소재사가 있고 북쪽에는 용연사가 있다.

＊**암괴류**(block stream)린 큰 자갈 내지 바위 크기의 둥글거나 각진 암석덩어리들이 집단적으로 산 사면이나 골자기에 아주 천천히 흘러내리면서 쌓인 것을 말하는데 비슬산 암괴류(岩塊流)는 지금으로부터 약 1만 년 전~10만 년 전인 주 빙하기 후대에 형성된 것으로 추정하고 있으며 중생대 백악기 화강암의 거석들로 구성되어 특이한 경관을 보여줄 뿐만 아니라 그 발달규모가 대단히 큰 것으로 화강암 지형에서는 보기 드물고 가치가 매우 높은 지형이다.

비슬산 암괴류는 대견사지 부근과 등산로 건너편의 해발 약 1,000m 부근에서 시작하여 등산로를 중심으로 양쪽 사면에서 2개의 암괴류가 각각 다른 곳에서 시작하여 해발 750m부근에서 합류하여 내려오다가 450m 지점에서 끝이 나며 길이 2km, 최대 폭 80m, 두게 5m에 달하고 암괴들의 크기 또한 직경 1~2m에 이르는 것으로 국내 분포하는 여러 개의 암괴류 중 가장 큰 규모의 암괴류다.

□ 산행기

비슬산 자연휴양림 진입로를 따라 들어가면 입구에 큼직한 돌에 요산요수(樂山樂水)란 글귀가 있다. 전국 각지에서 진달래축제에 맞추어 많은 산행객들이 비슬산을 찾아왔다. 계곡을 따라 넓은 콘크리트 포장길을 산행객들이 줄지어 오르고 있다. 정상인 대견봉 까지는 7.5km로 3시간 정도 시간이 소요된다. 산의 아래쪽은 활엽수립지대로 이제 잎들이 제법 그늘을 만들어준다. 연못을 지나면 포장길이 끝나고, 길 위에 크고 작은 바위가 있는 길로 접어든다. 이 지역부터 소나무 숲이다. 그늘진 바위에 이끼가 덮이고 소나무가지에 청설모가 뛰어다닌다. 산행객들은 오르막 산길에서 힘들어 하면서 숨을 가쁘게 몰아쉰다. 길 좌우에 암괴류가 흘려내려 특이한 지형을 이루고, 소나무 숲 사이에 분홍 진달래꽃이 피었다.

90분간은 족히 걸어서 '대견사지'에 도착했다. 대견사지는 고려 초기에 지은 절터인데, 지금은 삼층석탑만 남아있다. 대견사지의 넓은 바위 안반에는 30, 40명 정도의 사람들이 모여서 왁자지껄하다. 단체 산

비슬산 암괴류

행객들 같다. 산 아래를 바라보면 암괴류의 흐름이 산사태 난 것처럼 보인다. 이곳에서 한 100m 거리의 계단을 오르면 능선이 나오고, 능선의 북쪽으로 넓은 산비탈은 전부 진달래 밭이다. 해발 950m 정도인 이곳에는 진달래나무만 빽빽하게 있는 곳이다. 정상의 진달래꽃은 색깔이 유난히 붉다. 빨간 진달래는 바람에 꽃잎을 흔들면서 빤작 그렸고, 멀리 보이는 진달래꽃은 마치 요원(燎原)의 불길같이 퍼져나가는 듯하다. 눈이 닿는 곳 마다 불타고 있다.

이 능선에서 북쪽으로 우뚝 솟은 봉이 비슬산의 주봉인 대견봉이다. 대견봉까지는 4km거리로 능선길이다. 오르고 내리고를 몇 번 반복하면 능선의 안부가 나오는데, 이지점을 '마령재' 라 한다. 이곳에서 유가사로 내려가는 길도 있다. 어떤 산이나 정상을 오르는 부분은 경사가 심하다. 가파른 오르막길을 얼마를 가면 비스듬히 올라가는 길이 나오고

비슬산 진달래 축제 모습

그 너머가 정상이다. 이 정상부근은 바위면이라 나무는 자라지 않고 풀만 자란다. 그러나 정상의 북쪽 면은 진달래 군락지로 이곳도 장관이다. 전국에 진달래 명산이 여러 곳 있지만, 비슬산만큼 위압적인 산세와 화려한 진달래 꽃밭이 한데 어우러지는 산은 드물다.

  정상에서 용연사로 내려가는 길은 8km이고 3시간 걸린다. 굽이굽이 이어지는 능선 길이다. 한 굽이 능선 길을 내려가고 또 오르막길을 오르고 하면서 산길을 걷는다. 연노란 나뭇잎은 햇볕을 받아 빤짝이는 가운데 상쾌한 바람이 분다. 눈 아래 보이는 산들은 푸른빛이 더욱 푸르다. 능선 길을 두 시간 정도 걸으면 소나무 숲길이 나온다. 이 능선 길의 안부에서 용연사로 내려간다. 200m 내려가면 약수터 건물이 나오고, 이 건물 앞으로 길이 이어진다. 이 계곡에는 노송의 소나무 숲이 울창하다. 노란 송홧가루가 바람에 날리기도 한다.

흔히 계곡에 흐르는 물을 우정에 비유한 말들이 있다. 이 산의 산비탈 아래에는 길고 깊은 계곡이 있는데 물이 흐르지 않는다. 마른 계곡에는 모래와 돌들만 있다. 이 계곡은 비가 올 때만 물이 잠시 동안 흐르다가 말라버린다. 또 누군가 우정을 산길에 비유한 말도 있는데, 우정이란 산길과 같아서 자주 오고 가지 않으면 산길이 막히듯이 우정도 끊어진다. 산길에 사람 다니는 것이 얼마간 뜨음하면 그 길은 숲으로 덮여 끊어진다는 말이다.

우리가 이 세상을 살면서 많은 사람과 접촉하게 되고, 그 가운데 사귐을 가지는 친구도 있다. 그런데 친구는 잠시 사귀었다가 멀어질 수도 있고, 오래갈 수도 있다. 어떤 글에 "친구라는 것은 물이 흐르다가 마르고 말랐다가도 흐르는 개울과 같다."고 하였다. 이는 친구의 우정을 아라비아 지방에 흔한 건천(wady)에 비한 것이다. 아라비아의 개울들은 우기에는 물이 흐르고, 물소리도 내지만 건기에는 물이 마르고 자갈과 모래만 개울바닥에 보인다. 친구 간의 우정이란 이 건천처럼 변덕스럽다는 것이다. 그러나 좋은 친구에 대한 이런 말도 있다. "진정한 친구는 아무 때나 변함없이 사랑하고, 형제는 위급할 때를 위하여 있는 것이다."라 하였다. 이를 "참된 친구는, 재앙 가운데서도 도와주는 형제와 같다."라고 해석하는 사람도 있으나, '친구'와 '형제'란 말을 다른 구(句)로 해석해서, 언제든지 사랑을 계속하는 친구는 쉽지 않다는 뜻으로 본다. (2007년 4월 28일)

☞ 휴양림 → 연못 → 대견사지 → 진달래 군락 지능선 → 비슬산 정상 → 능선 길 →
   용연사 〈15km, 6시간〉

□ 친구란

옛날 중국 제(齊)나라 환공(桓公)시대의 관중(管仲)과 포숙(鮑淑)의 친교는 후세에 모본이 된다. 그 두 사람이 함께 장사를 하여 이(利)를 나눌 때에 관중이 더 많이 차지하였다. 그때에 포숙은 아량 있게 관중을 이해하여 말하기를, "관중이 저렇게 행한 것은 너무 가난한 까닭이라"고 하였다. 그 후에 관중이 전쟁하다가 세 번씩이나 패하여 도망하였을 때, 포숙은 그를 겁쟁이라고 하지 않고 좋게 말하기를, "관중이 전쟁에 패하여 도망한 것은 늙은 어머니가 계셔서 어머니를 봉양해야 하기 때문이라"고 하였다. 공자는 춘추시대의 제(齊)나라 경공 때의 대부였던 안평중(晏平仲)을 칭찬하기를, "안평중은 사람 사귀기를 훌륭히 했도다. 오래도록 변함없이 공경했나니(晏平仲善與人交 久而敬之)." 공자의 이 같은 말은 친교의 원리를 가르침에 있다.

그런데 친교가 오래 계속되게 하는 비결은 무엇일까? 성서적으로 보면, 그것은 남의 죄를 덮어 주워야 하고, 원수나, 나를 핍박하는 자를 사랑하는 마음이 생길 때만 가능하다. 원수를 사랑한다는 것은 보통사람으로는 어려운 일이다. 고도의 신앙심이 있거나, 신적이라야 가능하다. 내가 남에게 무엇을 얻으려고 남과 사귀면 안 된다. 그런 사귐은 그 기대대로 이루어지지 않는 때는 깨어지고 만다. 그러나 원수 사랑의 소유자는 그런 난관도 극복한다. 유교적 교훈에도 이런 말이 있다. 우교(友交)가 계속 되려면, "친구를 사귐에 있어서 마음을 청백(淸白)하게 가져야 한다."는 것이다. 곧 명심보감은 "군자의 사귐은 물과 같이 맑고, 소인들의 사귐은 단술과 같이 달다.(君子之交淡如水 小人之交 甘如醴)"라고 하였다. 이것은 친구를 사귐에 있어서 단술과 같이 상대방을 기쁘게만

하려고 아부하지 말고, 청백하게 행하여야 된다는 뜻이다. 이것은 매우
중요한 교훈이지만, 죄를 용서함과 원수 사랑함을 강조한 성경 말씀과
는 차이가 크다.

19. 가야산 이야기

　***가야산**을 일명 우두산(牛頭山)이라고도 하는데, 이 산은 소백산맥의 지맥인 대덕산 줄기이다. 합천군과 거창군에 속한다. 산세가 웅장하고 수려하기 이를 데 없어 예부터 명산으로 손꼽혔다. 주봉은 상왕봉(象王峰, 1,430m)이다. 바로 옆의 3m 더 높은 칠불봉(1433m)도 있다. 그러나 상왕봉을 주봉으로 한다. 가야산의 〈가야:伽倻〉라는 이름은 인도의 '부다가야(Buddha gaya)' 근처에 있는 가야산에서 따왔다는 설도 있고, 또 한편으로는 이 지역에 대가야국이 있었으므로 그 국명에서 유래 되었다고도 전한다. 가야산 국립공원 관리사무소에서 해인사 경내까지 이르는 약 4km의 계곡을 홍류동(紅流洞)계곡이라 하는데, 맑은 계곡물에 가을의 붉은 단풍이 물든다고 하여 붙여진 이름이다. 이 계곡에 들어서면 신라 말기의 석학 고운(孤雲) 최치원이 바둑을 두었다는 농산정(籠山亭)이 있다.

　***해인사**는? 법보종찰 해인사는 불보종찰 통도사, 승보종찰 송광사와 더불어 우리나라 3대 사찰의 하나로 802년(신라 애장왕 3년)에 건립되었다. 해인사는 합천, 거창, 산청, 함양, 진양 5개 군 내의 수십 개 말사를

관할하고 있는 대가람이기도 하다. 경내에는 국보 제32호인 팔만대장경판과 국보 제52호인 장경판고 등이 있다.

□ 산행기

풀잎이 가을을 만나면 빛을 바꾸고 나무가 가을 만나면 잎이 떨어지는데, 지금은 풀잎도 바르고 나뭇가지는 앙상하다. 가을이 깊어가는 모양이다. 오늘은 절기로 입동(立冬)이다. 청명한 하늘이다. 가을은 하늘에서 내려오는지 높푸른 하늘에서 가을을 보는 것 같다. 수륜면 백운리쪽에서 산을 올랐다. 산허리 동네인 백운리의 아침은 맑은 공기 속에 고요하기만 하다. 길 옆의 모과나무에 몇 개의 모과가 노랗게 익어서 처다보기만 해도 입에 군침이 생긴다. 어느 집 모퉁이 단풍나무에는 아직까지 잎이 붙어서 핏빛으로 타오르고, 늘어선 은행나무 밑에는 은행잎이 바람에 날린다.

산속은 적막강산이다. 매표소를 지나서 백운4교에 도착할 때 까지 아무도 없다. 이곳까지는 약간 비스듬한 경사여서 산책 길과 같다. 길에는 낙엽이 쌓여서 어느 곳이 길인지 분간이 없다. 발이 바위구멍에 빠지기도 한다. 잎이 떨어진 활엽수들은 앙상한 모습으로 서있다. 맞은편 산허리에서 갑자기 푸드덕 날아가는 꿩 소리가 산속의 고요함을 깨트리면서 사람을 놀라게 한다. 백운4교를 지나면 서성재까지는 점차 돌길과 나무계단이 번갈아 이어진다. 능선의 안부인 서성재에 도착했다. 한 무리의 산행객들이 쉬고 있었다. 나무토막 의자에 앉아 그들과 말벗이 되었다.

서성재에는 바람이 불고 있다. 바람도 다니는 길이 있는 모양이다. 산 속에서만 들을 수 있는 바람소리가 들린다. 나무를 흔들고 지나가는 바람소리는 공포심마저 준다. 바람이 제법 차갑다. 올라올 때 덥다고 벗은 겉옷을 다시입고 젊은 사람들 뒤를 따라 상왕봉 쪽을 향하여 걸었다. 여기서 정상 까지는 1.4km이지만 가파른 오르막길이라 시간이 많이 걸린다. 돌길이 나오고, 철 계단을 오르고 울퉁불퉁한 바윗길을 오르기도 해야 한다. 힘겹게 한참동안 올라서 뾰족한 암봉인 칠불봉에 도착했다. 세찬 바람이 분다. 능선을 타고 다시 상왕봉에 올랐다. 상왕봉은 평평하고 넓은 안반 같은 바위다. 앉아서 내려다보면 조망이 좋다. 보이는 것은 사방에 겹겹이 산이며, 산과 산 사이에는 집들이 모여 있다. 예로부터 사람이 모여 사는 마을은 비산비야(非山非野)가 명당이라 하였는데, 그런 곳에 집들이 옹기종기 모였다. 내려다본 산은 한겨울이다. 활엽수들은 잎이 모두 떨어져서 적신(赤身)으로 서있고, 회색의 지표면이 그대로 들어나 보인다. 바람도 차고 세차게 분다. 봉천대에 내려와서 바위 옆에 붙어 마음에 점을 찍었다.

봉천대에서 가파른 내리막길을 조심스럽게 잠시 내려오면 왼편으로, 큰 바위 밑에 우비정(牛鼻井)이라는 샘이 있다. 이 샘은 가뭄이 아무리 들어도 물이 마르지 않는다는 샘이다. 물은 조금 고여 있으나 먹을 수는 없었다. 이곳에서 토신골 갈림길까지는 1.2km 거리로, 가파른 내리막길을 내려 가야한다. 돌계단이 잘 정돈 돼 있어서 불편함은 별로 없다. 늦은 오후 시간인데 올라오는 산행객들이 많았다. 이곳으로 오르는 객들은 해인사 쪽에서 올라온 사람들이다. 토신골 갈림길을 지나서 마애불 갈림길 사이에는 산죽이 사람 키 만큼이나 자라있다. 산죽은 땅속줄기로 무리지어 번식되고 자라기 때문에 다른 나무가 자라는 것을 방해

한다. 옛날에는 산 아랫자락에서만 볼 수 있었는데 온난화로 점점 산 위로 번식 되어가고 있다. 이 산죽은 아열대 지방 식물이다. 산죽이 무성한 이 길을 토신골 이라한다.

이 길을 가면서 나는 백련암이니, 퇴설당이니 하는 말이 생각났다. 바로 그와 관련된 분이 옛 성철 스님이시다. 세상을 떠나고 무엇이 남았던가? 누더기 장삼 한 벌, 검은 고무신 한 켤레, 누더기 양말, 투박한 돋보기안경 한 개 뿐이었다. 그 스님도 아마 이 토신골을 수없이 다녔을 것이다. 검소하고 담박(淡泊)한 생활을 하신 것을 세상사람 모두 안다. 지금 혼란스럽고 속된 세상에 사는 우리들의 모습을 성철 스님의 거울에 한번쯤 비추어보았으면 하는 생각이다.

산길은 곳에 따라 지루하기도 하지만, 오늘은 지루함 없이 절 뒤쪽의 계곡에 도착했다. 계곡에는 늦은 단풍이 그 마지막 아름다음을 보여주고 있었다. 어느 절 입구도 마찬가지지만, 해인사에서 도로까지 길은 늙은 나무숲으로 덮여진 길이다. 고목나무의 세월 흔적이 보이는가 하면, 고목(枯木)의 모습도 보인다. 많은 사람들이 이 길을 지나고 있다. 그들은 무엇을 얻고자 이곳을 올까? (2005년 11월 7일)

☞ 백운동 매표소 → 백운4교 → 서성재 → 칠불봉 → 상왕봉 → 봉천대 → 토신골 갈림길 → 마애불입상 → 마애불 갈림길 → 해인사 〈8.8km, 4시간〉

□ 성철 스님의 발자취

이 글의 내용은 성철스님을 20년간이나 시봉(侍奉) 하면서, 혹독한 행자 생활을 거쳐 계를 받고 성철 스님으로부터 〈원택〉이라는 법명을 받고 비로소 성철 큰스님의 상좌가 된, 원택 스님이 큰스님을 떠나보내고 난후 성철 스님의 글을 모아 함께 엮은 책인 '해탈의 길'에서 발췌한 것이다.

(1) 성철 스님이 생각한 절속(絶俗)

세속(世俗)은 윤회(輪廻)의 길이요. 출가(出家)는 해탈(解脫)의 길이니, 해탈을 위하여 세속을 단연히 끊어버려야 한다. 부모의 깊은 은혜는 출가수도로써 보답한다. 만약 부모의 은혜에 끌리게 되면 이는 부모를 지옥으로 인도하는 것이니, 부모를 길 위의 행인과 같이 대하여야 한다. 황벽 희운 선사가 수천 명의 대중을 거느리고 황벽산에 주석(主席)하였다. 그때 노모가 의지할 곳이 없어서 아들을 찾아갔다. 희운 선사가 그 말을 듣고는 대중들에게 명령을 내려 물 한 모금도 주지 못하게 하였다. 노모는 하도 기가 막혀 아무 말도 못하고 돌아가다가, 대의강(大義江) 가에 가서 배가 고파 엎어져 죽었다. 그리고 그날 밤 희운 선사에게 현몽(現夢)하여 "내가 너에게서 물 한 모금이라도 얻어먹었던들, 다생(多生)으로 내려오던 모자의 정을 끊지 못해서 지옥에 떨어졌을 것이다. 그러나 너에게 쫓겨나올 때 모자의 깊은 애정이 다 끊어져서 그 공덕으로 죽어 천상(天上)으로 가게 되니, 너의 은혜는 말할 수 없다."고 말하며 절하고 갔다고 한다. 부처님은 사해군왕(四海君王)의 높은 지위도 헌신짝같이 벗어 던져 버렸으니, 이는 수도인의 만세모범(萬世模範)이다. 그러므로 한때의 환몽(幻夢)인 부모처자와 부귀영화 등 일체를 희생하여

전연 돌보지 아니하고 오직 수도(修道)에만 전력하여야 한다. 또 수도에
는 인정(人情)이 원수다. 인정이 두터우면 애욕(愛慾)이 아니더라도 그
인정에 끌리어 공부를 못하게 된다. 아무리 동성(同性)끼리라도 서로 인
정이 많으면 공부에는 원수인 줄 알아야 한다. 서로 돕고 서로 생각하는
것이 좋은 것 같지만 이것이 생사윤회(生死輪廻)의 출발이니 "공부하는
사람은 서로 싸운 사람같이 지내라."고 고인도 말씀하였다.

(2) 성철 스님이 생각한 금욕(禁慾)

욕심 가운데 제일 무서운 것이 색욕(色慾)이다. 색욕 때문에 나라도
망치고 집안도 망치고 자기도 망친다. 이 색욕 때문에 나라를 다 망쳐도
뉘우칠 줄 모르는 것이 중생이다. 그러므로 수도하는 데에도 이것이 제
일 방해 된다. 부처님께서 말씀하셨다. "이런 것이 하나뿐이기에 다행
이지, 만약 색욕 같은 것이 둘만 되었던들 천하에 수도할 사람이 하나도
없을 것이다." 이처럼 색욕이란 무서운 것이니, 이 색욕에 빠지게 되면
수도는 그만두고 지옥도 피하려야 피할 수 없으니, 도를 성취하고 실패
하는 것은 색욕을 이기느냐 지느냐 하는데 달렸다 하더라도 지나친 말
이 아니다. 이 무서운 색욕을 근본적으로 끊고자 한다면 도를 성취해야
만 한다. 그리므로 부처님도 "도를 성취하기 전에는 네 마음도 믿지 말
라."고 하셨다. 만약 "색욕을 끊지 않아도 수도하는데 관계없다."고 하
는 사람이 있다면, 이는 자기가 색욕에 이끌리어 남까지 지옥으로 끌고
가는 큰 악마인 줄 깊이 알고 그 말에 절대로 속지 않아야 한다. 영가(永
嘉)스님 같은 큰 도인도 항상 경계하였으니 "차라리 독사에게 물려 죽
을지언정 색은 가까이 하지마라. 독사에게 물리면 한번 죽고 말지만 색
에 끌리면 세세생생 천만겁토록 애욕의 쇠사슬에 얽매여 말할 수 없는

고통을 받게 되니 피하고 또 멀리하라."하였다. 이 얼마나 지당한 말씀인가? 만약 이것을 끊지 못하면 항상 애욕만 머리에 가득 차서 도는 절대로 들어가지 않는다. 그리하여 무한한 고의 세계가 벌어지는 것이다. "색욕을 끊지 못하고 도를 닦으려 한다는 것은 모래를 삶아 밥을 지으려는 것이다."라고 부처님께서 항상 말씀하셨다. 예로부터 참으로 수도하는 사람은 자기의 생명을 버릴지언정 색을 범하지 않는 것은 이 때문이니, 남자는 여자를, 여자는 남자를 서로서로 멀리 하여야 한다. 만약 가깝게 하면 결국은 서로 죽고 마는 것이니 서로 서로 범과 같이 무서워하고 독사같이 피하여야 한다.

20. 북한산 이야기

　*북한산(北漢山)은 서울 강북구, 은평구, 성북구, 종로구와 경기도 고양시에 걸쳐있는 산이다. 일명 삼각산(三角山), 화산(華山)등으로도 불렀다. 주봉인 백운봉(白雲峰, 836m), 인수봉과 만경봉 등 3개의 봉우리가 삼각을 이루고 있다고 하여 흔히 삼각산으로 많이 불렀다. 또한 백운봉을 위시하여 염초봉, 원효봉, 영봉 보현봉 등 화강암으로 이뤄진 암봉들의 모습이 웅장 수려하여, 다양한 암벽 코스가 있다. 주위에는 백제 때 축조한 북한산성과 또 신라가 이 지역을 지배할 때 세운 북한산신라진흥왕순수비가 국보 제3호로 지정되어 있고, 역사적 유물도 산재되어 있다. 평일에도 수만 명이 찾는 서울 최고의 명소이다. 연평균 산을 찾아오는 사람들이 300만 녕이라고 한다. 이 숫자는 기네스북에 가장 많은 탐방객을 가진 산으로 기록되어 있다고 한다.

□ 산행기

　집 모퉁이에 서있는 성류나무에 성류가 빨갛게 익는 계절이다. 쩌억 벌어진 석류 속에 보석이 가득하다. 한낮에 따갑게 내리쪼이는 햇볕을 받으면 아직은 여름 같다. 하늘은 회색 구름과 엷은 안개로 덮였다. 일기 예보는 남부 지방에는 밤에 약간의 비가 온다고 했지만 중부지방은 비가 온다는 말이 없었다. 이따금 구름 사이로 동쪽 하늘이 붉다. 일기 속담에 저녁 하늘이 붉으면 날이 좋겠다 하고, 아침에 하늘이 붉고 흐리면 날이 궂겠다 한다. 하늘에 붉은 빛을 바라보니 비나 오지 않나 조바심이 난다.

서울에 사는 아이들 집에 가면 나는 항상 서울에 있는 산을 오른다. 북한산도 몇 번이고 도선사 방향으로 올랐다가 같은 방향으로 내려왔다. 오늘은 효자동 밤골매표소를 통과해서 숨은벽 능선을 타고 백운봉을 오를 예정이다. 밤골매표소에서 백운봉까지는 3km이고 2시간 30분 걸린다. 밤골이라는 이름에 걸맞게 밤나무가 길가에 많이 서있다. 나무 밑에는 산행객들이 타고 온 승용차가 가득하다.

하늘은 점점 구름이 짙어지고 빗방울도 한두 방울 떨어진다. 산행객들은 대개가 젊은 사람들이다. 단체로 온 팀도 있고 부부 간에 오기도하고 연인들 사이도 있는 모양이다. 공룡같은 이 큰 도시에 이렇게 쉽게 접근할 수 있는 산이 있다는 것은 서울 시민의 큰 축복이다. 짧은 시간에 산행을 할 수 있기 때문이다. 산길로 들어선 산행객들은 빠른 걸음으로 걷는다. 산길은 언제나 처음은 이렇다. 산의 초입의 나무들은 잡목 활엽수이고 좀 더 오르면 소나무로 바뀐다. 황토 흙길을 따라 30분 정도 오르면 작은 언덕에 오른다. 북한산 모습이 보인다. 북한산은 바위가 험하게 노출되어있는 산이다. 바위 면을 밟기를 좋아하는 산꾼들은 흥미로운 산이다. 북한산은 경관이 빼어났지만 장엄하지는 못한 산이다.

북한산을 오르는 사람은 금방 그 아름답고 신비한 바위산의 위용에 놀란다.

이 언덕에서 북한산을 바라보면 좌측으로 인수봉이 우측으로 백운대가 보이고 그 사이에 송곳같이 날카로운 암봉 하나가 서있다. 이 암봉의 앞쪽으로 암벽능선이 연결되어있는데, 이 암벽 능선이 '숨은벽 능선'이다. 도선사 쪽에서 올라오면 백운봉과 인수봉에 가려서 보이지 않기 때문에 붙여진 이름이다. 이 숨은벽 능선 길이 북한산에서 가장 경치가 좋은 곳이다.

언덕에서 백운봉까지는 1.4km이다. 언덕에서 내려갔다가 숨은벽 능선이 시작되는 지점까지 올라가야 한다. 이 올라가는 구간은 가파른 오르막길이고 일부 구간은 길이 바위 면이다. 도로의 병목 구간에 차가 밀리는 것같이 이 구간에는 산행객들로 밀려있다. 마치 비탈길에 사람들이 개미가 줄지어 가는 행렬 같다. 고약한 날씨는 빗방울을 점점 많이 떨어지게 한다. 인수봉이나 백운대의 험준한 산세가 보기에는 경치가 좋다. 어디서나 좀처럼 보기 드문 산봉이다. 보는 즐거움이 세상 시름을 모두 잊게 하는 것 같다. 시간이 지나서 숨은벽 능선에 도착했다. 좌측에는 날씬한 인수봉, 우측으로는 코끼리 같은 백운대가 서있고 그 가운데가 숨은벽 능선이다. 이 능선은 한 300m 정도 된다. 어떤 곳은 폭이 3m 정도 있데 좌우가 천인단애다. 그것을 인식하면 오금이 저리다. 앞만 보고 걸어야 한다. 얼마를 가면 큰 바위가 능선 위에 산같이 가로막는다. 그 위를 지나서 내려가면 길이 갈라진다. 계속 능선을 타고 가면 '해골바위' 가나오는 험준한 길이다. 암벽타기에 능한 사람은 가도 된다. 보통 사람은 오른쪽으로 우회한다. 우회 길은 비탈면을 사정없이 내려갔다가 바닥을 치고 다시 산비탈을 올라야한다. 힘이 드는 험난한 돌길이다. 우회 길을 들어서자마자 하늘은 더 이상 참아주지 않고 비를 퍼부었다. 아침의 붉은 놀이 날씨의 상항을 알려준 셈이다.

산행객의 2/3는 이 계곡 길로 온다. 쏟아지는 비를 맞으면서 긴 산행 행렬이 이어졌다. 시간이 지날수록 낙오자도 생겨 나무 밑에 서있다. 한 아낙은 발목을 다쳐서 어쩔 줄을 모른다. 비는 계속 내렸다. 힘든 시간이 많이 흐르고 난 뒤, 호랑이 굴 입구까지 왔다. 호랑이 굴 입구 바위 밑에는 처마처럼 비를 맞지 않는 곳이 있다. 그곳에 사람들이 옹기종기 모였다. 호랑이 굴 입구에서 능선의 안부까지는 지척의 거리다. 빗방울이 약해지자 다시 걸었다. 안부를 지나서 조금 내려가면 오른쪽으로 가는 산비탈길이 나온다. 그 길을 따라 가면 위문이 나온다. 위문은 바로 북한산성 12대문 중의 한 곳이다.

여기서부터는 나무판자 계단을 한참 올라가야 한다. 그러다 보면 눈앞에 우뚝 선 백운대가 가슴을 꽉 누른다. 백운대 정상을 오르는 구간에는 안전시설이 설치돼 있지만, 바위 면이 미끄럽고 급경사라 보기만 해도 두렵다. 비는 계속 내리고 안개마저 자욱하다. 빗물에 바위벽이 미끄럽다. 그러나 많은 사람들이 바위벽을 타고 오른다. 꽤나 겁을 주는 암벽이다. 다른 사람들의 뒤를 따라 올랐다. 행동이란 하기 전이 문제이지 시작하면 누구나 하는 법이다. 줄을 잡고 올라서서 다시 반원을 돌아 올라가면 정상이다. 아무것도 보이지 않는 정상에서 사람들은 말없이 돌아서 내려왔다.

위문 앞을 지나서 백운산장에 도착했다. 이름만 산장이지 식당이다. 식당 홀에는 발 놓을 틈도 없이 사람들로 북적됐다. 빗줄기는 더욱 굵어

숨은벽 능선 길

지고 사람들은 자꾸 모인다. 어디 비를 피할 만한 공간이 없다. 식당 처마 밑에 서서 비가 그치기를 기다렸다. 시간이 좀 지나자 사람들은 비를 맞으면서 내려가기 시작했다. 그 행렬은 길었다. 나도 그 중간에 끼여서 내려갔다. 행렬의 앞뒤에서 산행객들이 하는 이야기를 듣기도 하고 가끔 가다가 그들의 말에 내가 끼어들기도 했다. 비는 계속 내렸다. 하루재를 지나서 내리막 비탈길을 내려갈 때는 이 우중 산길에서 함께 가는 산행객들에게 인간적인 포근함을 느꼈다. 그것은 함께하는 산행객이라는 소속감 때문이다. 세상살이에는 소속감도 중요하다. 소속감 없는 것은 어떤 의미에서 비참한 일이다. 이솝 우화에 이런 내용이 있다. 박쥐가 살았다. 새처럼 날아가기도 하고 쥐처럼 기어가기도하는 그런 동물이다. 새들이 많은 곳에서는 '나는 새다' 하면서 날아다니면서 새의 자태를 보이고, 쥐가 많이 있는 곳에서는 '나는 쥐다' 하면서 행동을 했다. 그러다가 새에게도 미움을 받고 쥐에게도 미움을 받아서 양편에서

다 쫓김을 받았다. 결국은 캄캄한 동굴에 매달려 살면서 밤에 활동하는 그런 동물이 되었다는 이야기다. 함께 내려온 산행객들이 백운대 정상을 올랐다는 한 집단의 소속이 된 것이다. 만약 이 빗길을 나 혼자 내려왔다면 얼마나 고통스럽고 지루했을까? 다른 사람과 함께 하는 즐거움도 크다는 것을 알았다. 도선사 주차장에 도착하니 사람들은 안개처럼 모두 사라졌다. (2008년 9월 20일)

☞ 효자동 밤골매표소 → 숨은벽 능선 → 오른쪽 우회 길 → 능선안부 → 산비탈길 → 위문 → 백운봉 → 위문 → 백운산장 → 하루재 → 백운대 탐방센터 〈5.1km, 4시간〉

□ 소망을 가지고 살자

오늘 많은 사람들이 북한산을 올랐다. 등산을 하는 사람들은 산을 오르면 목표점이 그 산의 정상이다. 정상에 도달하고자 하는 욕구에는 몇 가지가 있다. 어떤 산이던 정상에 오르면 기분이 좋다. 높은 곳에서 아래를 내려다보는 것은 일상생활에서 흔한 기회가 아니다. 기회도 기회지만 높은 곳에서는 보면 볼 수 있는 면적이 엄청나게 넓다. 눈으로 넓은 공간을 보는 것은 즐거운 일이다. 둘째는 내 힘의 능력을 표시한다. 일종의 정복욕이다. 셋째는 나의 인내력을 보여준다. 어떤 산이던 산을 오르는 것은 고통스러운 일이다. 이런 고통은 한두 시간에 끝나는 것이 아니다. 무한히 참는 인내력이 필요하다. 넷째는 성취욕이다. 성취욕 같이 사람의 마음을 흐뭇하게 하는 것도 없다. 그래서 산꾼들은 산을 오르면 그 산의 정상을 꼭 오른다. 이것이 산행객들의 그날 산행의 소망이다.

우리는 소망을 가지고 살아야 한다. 그러면 소망이 무엇인가? 소망이란 어떤 일을 바라는 것이다. 우리는 평생 동안 살면서 소망을 바라보고 산다. 건강하게 사는 것도 소망이고 부자 되는 것도 소망이고 명예를 얻는 것도 소망이다. 이와 같이 좋은 소망은 손쉽게 얻어지는 것이 아니다. 소망이 이루어지려면 무한한 고통과 인내와 연단이 있고난 후다.

소망 얻기가 얼마나 어려운 것인가를 성서에 나오는 구절을 인용해서 설명해 보고 싶다. 그리스도인들은 '믿음으로 구원 받는 것'이 최대의 소망이다. 그래서 그 소망을 이루기 위해서 고난이 많다. 그 고난 속에서도 그들은 즐거워한다는 것이다. 왜냐하면 고난은 인내를 낳고 인내는 연단을 낳고 연단은 소망을 낳기 때문이다. 인내라는 것은 괴로움이나 어려움을 참고 견디는 것이나, 성서에서는 인내라는 낱말은 짐을 지고 짐 속에서 눌려 있는 모습을 나타낸 말이다. 어떤 무게에 눌리는 상태에서 계속 머물러 있는 것이 바로 인내다. 나는 무거운 배낭을 지고 산을 오를 때 이 말을 떠올려 본다.

인내라는 것은 고대 로마사회에서는 무시를 당하는 덕목이었다. 그러나 성경에는 인내가 언제나 미덕으로 간주된다. 그 다음 인내 속에서 연단을 빚는다 했다. 이 연단이란 말의 뜻도 의미가 있다. 연단이란 뜻은 제련소에서 금을 뽑아내는 과정을 이야기 한다. 금광석에는 온갖 불순물이 들어있다. 이 광석이 불 속에 들어가서 제련과정을 거쳐서 마지막에 순수하게 남는 것이 바로 정금이다. 이와 같이 금광석이 불 속에서 연단을 받아서 모든 불순물이 다 제거되고 순금이 남는 것처럼, 그리스도인들도 고난과 인내와 연단이 순수한 믿음을 가지게 한다는 것이다. 곧 순수한 믿음이 그리스도인들의 소망이다. 나는 성경의 이 구절을 성경밖에서도 언제나 연관시켜 본다. 특히 산을 오를 때 고통스럽고 괴로울 때 이 말보다도 더 위로를 주는 말은 없다고 믿는다. 괴로움을 참고 걷다 보면 산행객들이 소망하는 정상을 볼 수 있기 때문이다. 물론 성서에 나오는 어미와 산행에서 생각하는 것은 같은 내용이 될 수 는 없다. 그러나 그 말의 뜻은 같다고 믿는다.

　우리는 소망을 가지고 그 소망이 이루어지도록 무단이 노력하면서 살아야 한다. 영국 격언에 "생이 있는 곳에 소망이 있다."는 말이 있다. 사람이 어머니 뱃속에서 나오는 순간부터 인간은 소망 속에서 산다. 그래서 그 소망이 죽을 때까지 인간을 끌고 가면서 지배한다. 아프리카의 성자인 슈바이처는 "생의 비밀이 무엇이냐? 바로 소망이다."라는 말을 했다. 또 웨트 라는 학자는 "소망을 가지면 모든 일이 쉬어지고 실망을 가지면 모든 일이 어려워진다."라고 했다. 셰익스피어의 말 가운데에도 "비참한 사람을 고치는 약은 하나 밖에 없다. 바로 그 약은 소망이다."라는 것이다.

리. 도봉산 이야기

　　＊도봉산은 서울의 북단 도봉구와 경기도 양주시 · 의정부시의 경계에 있는 산이다. 북한산 국립공원의 일부로 산 전체가 하나의 큰 화강암으로 이루어져 있으며, 절리(節理)와 풍화작용으로 박리(剝離)된 봉우리들이 연이어 솟아 기암절벽을 이루고 있다. 우이령을 경계로 북한산의 북동쪽에 있으며, 주봉인 자운봉(紫雲峰, 740m)의 남쪽에 만장봉, 선인봉이 있고 서쪽에는 오봉이 있다.

□ 산행기

　　지금은 장마기간이다. 그러나 비는 찔끔찔끔 오다가도 그치고 한다. 더위는 점점 더하여간다. 덥다가도 한 번씩 비가 쏟아지면 나무들은 더욱 푸르고 무성하여진다. 도봉역 유원지 입구에는 더위에는 아랑곳없이 장사꾼들과 산행객들로 북적거렸다. 매표소를 통과해서 많은 사람들이 산을 오르고 있다. 불로불소한 산행객 한 무리가 요란한 잡담을 하면서 산을 오른다. 나도 그들의 일행같이 뒤를 따라 걸었다. 한 시간정도 걸어서 도봉대피소 부근을 지났다. 도시 근교의 산들이 흔히 그러하듯이 도봉산에도 등산로가 거미줄같이 연결되어 있다. 신선대 가는 길이 이쪽에도 저쪽에도 있다. 어느 쪽을 따라가도 정상을 오른다고 한다. 도봉산도 북한산과 같이 바위산이라 길도 울퉁불퉁한 돌길이다. 서울시민들이 이용하기 좋은 산이다. 이웃집에 놀려가듯이 손쉽게 갈 수 있다. 많은 사람들이 탐방하는데 자연이 훼손이나 안 되는지 의문이다. 사람이 많이 다니는 산길에는 돌도 닳아서 미끌미끌하고 길에는 풀 한포기 나지 않는다. 사람같이 자연에 독소를 품어내는 그 무엇도 없을 것이다.

만월암을 지나서 얼마를 가면 암벽을 타고 오르는 곳이 있다. 수직암벽에 안전장치는 설치되어 있다. 위를 처다 보니 섬뜩 무서운 마음이 들었다. 오르기 위해 차례를 기다려야 하고, 또 위쪽에서 내려오는 사람도 있어 통과하는데 시간이 많이 걸렸다. 내 차례가 되어 난간의 고정 손잡이 잡고 암벽 위쪽까지 올랐다. 절벽을 오르다가 무망 간에 아래쪽을 내려다보니 겁도 났다. 암벽을 타고 오르면 그 위쪽이 포대능선이다. 포대능선 길도 절벽에 줄을 잡고 이동하는 구간이 많다. 암봉 뒤를 돌아 나가면 주능선 상에 이어지는 신선대(만장봉)가 나온다. 이곳이 일반산행객들의 마지막 도달점이다. 도봉산 정상인 자운봉은 독립 암봉으로 전문 등반장비와 암벽등반 기술이 없으면 오를 수없는 곳이다.

산이란 누구도 받아준다. 젊은 사람도 늙은 사람도 산을 가고, 무명(無名)한 사람도 유명(有名)한 사람도 산을 간다. 마음이 평화로워 행복한 사람도, 몹시 다투고 화가 난 사람도 산을 찾는다. 산은 누가와도 받아주고 천연(天然)의 힘으로 그 사람을 알아준다. 그래서 많은 사람들이 산을 찾는 모양이다. 산을 오를 때는 정상에 대한 기대와 긴장감이 있지만, 내려 올 때는 기대감의 성취 후에 이완된 마음을 느끼게 한다. 신선대에서 가파른 내리막길을 한동안 내려오면 산비탈에 마당바위란 큰 화강암으로 이루어진 바위가 나타난다. 마당같이 넓지만 비탈진 바위라 앉아서 쉬기도 불편하다. 오목한 홈이나 나무 옆에 많은 사람들이 앉아 있다. 대개가 쌍쌍이다. 젊은 부부도 있고, 흰 머리털 날리는 늙은 부부도 가끔 보인다. 마당바위를 지나서 천축사를 옆으로 두고 내려왔다. 천축사 아래쪽에는 군데군데 사람들이 모여서 놀고 있다.

오늘 도봉산은 산행객들로 문전성시를 이루었다. 후텁지근한 날씨에도 산길마다 산행객으로 붐볐다. 산행객들은 대개가 남녀 간에 짝지어 왔다. 혼자 산다는 것은 무엇이 항상 부족하기 때문에 그 부족함을 채우기 위해 배필을 찾는다. 조물주는 먼저 남자를 지으시고(to form) 나서, 남자가 독처(獨處)하는 것이 좋지 못함을 아시고, 남자를 돕는 배필인 여자를 지으셨다. 부부가 연합하여 사는 것을 둘이 한 몸이 된다 하였다. 이는 육체적으로 또 정신적으로 한 몸이 되는 것인데, 이는 부부의 신비를 말한다. 남자가 여자를 좋아하고 여자가 남자를 좋아하는 것은 참으로 신기한 일이다. 이 세상천지 만물이 다 서로 음양의 조화로 지탱한다. 낮이 양이면 밤이 음이고, 나비가 양이면 꽃이 음이라야 열매를 맺는다.

음양의 조화로 남녀가 사랑에 빠지는데, 사람이 사랑에 빠지면, 세상의 모든 것이 아름답게 보이고 마음이 즐겁다. 사랑에 빠진 세상은 천국과 같다고도 한다. 그러나 천국과 같은 그 세상은 오래 지속되지는 않는다. 로미오가 처음 사랑한 여자는 로잘린 이었다. 그러나 그는 줄리엣을 보는 순간 로잘린을 까맣게 잊어버렸다. 로미오는 순식간에 줄리엣이 쏜 큐피드의 화살(Cupid's arrow)에 심장을 맞았기 때문이다. 사랑의 신

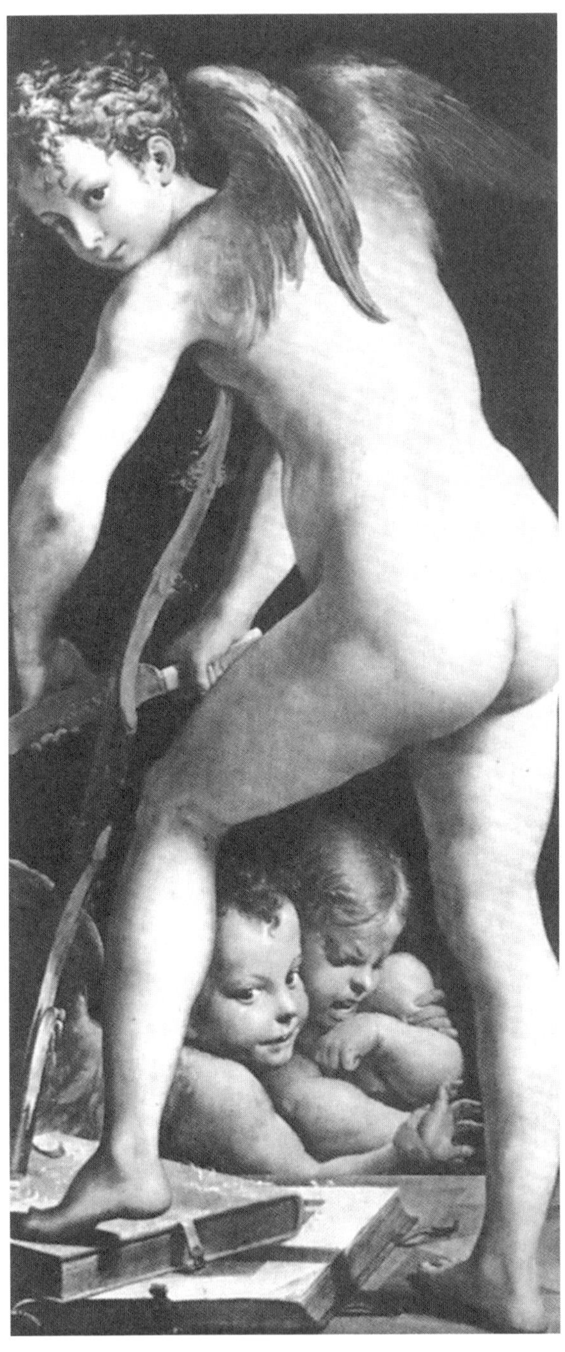

큐피드(Cupid, 그리스
어로는 에로스)는 그리
스 신화에 나오는 미와
사랑을 관장하는 여신
아프로디테(영어로는 비
너스)의 아들로서 연애
의 매개신이다. 날개가
달린 나체의 미소년이
활과 화살을 가진 자태
로 그려져 있다.

인 큐피드가 쏜 화살에 맞으면 이성도 사리분별도 죄도 썩어버린다. 옛 말도 있지 않는가? 그 착하고 착한 흥부도, 박속에서 나온 천하일색 양 귀비를 첩으로 삼았다는데, 그것은 금은보화 다 좋지만 흥부한테는 그 것이 일등선물이었다 한다. 남녀관계는 기묘(奇妙)한 것이라 누구도 그 속을 알 수 없다. (2002년 7월 2일)

☞ 도봉매표소 → 도봉산장 → 만월암 → 포대능선 → 신선대 → 마당바위 → 천축사
　　 → 도봉매표소 〈10km, 3시간 30분〉

□ 사랑의 여신

　호머의 시에 나오는 유명한 고전장(古戰場)은 트로이(Troy)였다. 지금 은 그곳을 알렉산드리아 드로아로 부른다. 그 옛날 트로이는 인간들의 도시 가운데 가장 위대한 곳이었다. 이 도시는 반은 신이고 반은 인간 일 때 건설되었다. 그 성벽이 단단하고 높아, 적이 부수지도 기어오르지 도 못했다. 트로이의 왕은 프리아모스였다. 왕은 이제 나이가 많았으나, 그의 수하에 훌륭한 장수인 아들이 여럿이 있었다. 그 가운데 으뜸은 헥 토르였나. ㅗ는 용삼한 트로이의 사령관이었다. 그러나 프리아모스에게 는 장수로 꼽히지 못하는 아들이 하나 더 있었는데, 그의 이름은 파리스 였다. 파리스가 갓난아기였을 때, 어떤 예언자가 프리모아스 왕에게 이 아이가 장차 트로이에 엄청난 화를 가져올 것이라고 말했다. 프리아모 스 왕은 화를 면하기 위해 아기를 도시 밖으로 멀리 보냈다. 파리스는 시골 사람들 사이에서 자라면서 양 떼를 돌보았다.

아테나는 지혜의 여신이었는데, 어떤 때는 어리석은 짓을 하는 경우도 있었다. 한때 그녀는 헤라 및 아프로디테와 자신의 아름다움을 경쟁한 일이 있었다. 그것은 다음과 같이 해서 일어났다. 프티아의 왕 펠레우스와 강의 요정 테티스의 결혼 때 불화(不和)의 여신 에리스를 제외한 모든 신들이 초대를 받았다. 자기만을 제외한 데 격분한 에리스는 손님들이 앉아있는 연회석 가운데에다가 황금사과를 하나 던졌는데, 그 사과에는 '가장 아름다운 여신에게' 라고 적혀 있었다. 그곳에 있던 세 여신, 즉 사랑을 불러오는 '아프로디테', 지혜를 주는 '아테나', 가장 위대한 신 제우스의 부인 '헤라' 가 있었다. 그런데 이들은 모두가 자신이 가장 아름답다고 알려지기를 원했다. 그래서 황금사과가 자기 것이라고 서로 우겼다. 그러나 결혼식에 참석한 어느 누구도 감히 앞으로 나서서 그 가운데 어느 여신이 가장 아름다운지 결론을 내려 주지 못했다. 제우스는 이러한 미묘한 문제에 판결을 내리기를 원치 않아서 여신들을 이데 산으로 보냈다. 그곳에는 아름다운 양치기 파리스가 제우스의 양떼를 돌보고 있었는데, 파리스에게 그 심판을 맡겨졌다. 여신들은 저마다 파리스 앞에 나타났다. 각기 자기에게 유리한 판결이 내려지게 하기위하여, 헤라는 파리스에게 권력과 부를, 아테나는 전쟁에서의 영광과 공명을, 아프로디테는 가장 아름다운 여자를 얻어 주마고 약속했다.

파리스는 아프로디테의 편을 들어 그녀에게 황금사과를 주었다. 이리하여 다른 두 여신은 그의 적이 되었다. 그 후에 파리스는 아버지 집으로 돌아와서 살다가, 아버지의 심부름으로 티루스에 갔다가 돌아오는 길에 그리스에 들렸다. 그즈음 세상에서 가장 아름다운 여자는 그리스에 있었다. 그녀는 메넬라우스왕의 부인 헬레네 이었다. 파리스는 그녀를 보는 순간 그 아름다움에 반했다. 그러자 아프로디테(큐피드의 어머니)

사랑의 여신 아프로디테(영어로는 비너스)

가 헬레네의 마음을 움직여 파리스를 사랑하게 했다. 파리스는 메넬라오스의 집에서 헬레네를 빼내 트로이에 데리고 왔다. 이로부터 유명한 트로이 전쟁이 일어나게 된 것이다.

메넬라오스는 그리스의 족장들에게 공약을 이행하여 자기의 처를 탈환하는데 협력해 주도록 요구했다. 그들은 대부분 이에 응해서 출정했다. 그러나 오디세우스는 페넬로페와 결혼하여 처자와 행복하게 지내고 있었으므로, 이와 같이 귀찮은 일에 손을 댈 생각이 없었다. 그래서 그는 주저했으므로 오디세우스의 친구인 팔라메데스가 이타카에 도착하자, 오디세우스는 미친 것처럼 꾸미고 있었다. 그는 나귀와 황소를 쟁기에 매고 종자 대신 소금을 뿌리기 시작했다. 필라메데스는 그를 시험하기 위하여 그의 어린 아들 텔레마코스를 쟁기 앞에다 놓으니, 그는 쟁기를 옆으로 비켰다. 이로서 그가 광인이 아니라는 것이 증명되었으며, 따라서 일찍이 맹세했던 약속을 거절할 수 없게 되었다. 이제는 자기 자신이 그 일에 참가하게 되었으므로, 오디세우스는 참가하기 싫어하는 다른 족장들, 특히 아킬레우스를 참가시키는 데 조력했다. 아킬레우스는 에리스가 분쟁의 황금사과를 연회석에 던져 넣었던 바로 그 결혼식의 주인공이었던 테티스의 아들이었다.

22. 소백산 이야기

***소백산**은 경상북도와 충청북도의 경계를 이루면서 경북의 풍기읍과 충북의 단양군 일대에 걸쳐 뻗어있는 산이다. 겨울철 비로봉에 흰 눈을 이고 있다고 해서 소백산(小白山)이란 이름이 붙여졌다. 매년 6월 초순에는 '소백산 철쭉제'가 열린다. 소백산은 정상인 비로봉(1,439m), 국망봉(1,421m), 연화봉(1,394m) 등이 주능선을 이루는데, 부드러우면서도 웅장한 산세가 한 폭의 동양화를 연상케 할 만큼 수려한 경관을 보여준다. 소백산 줄기의 남쪽 자락에 희방사가 있고, 절 밑의 계곡에는 희방폭포가 볼만하다.

□ 산행기

어제가 절기로 망종이다. 망(芒)은 보리를 수확하고 종(種)은 벼를 심을 때라는 것이다. 망종에 비가 흠뻑 내렸다. 풍기읍 삼가리 탐방지원센터에는 소백산 철쭉을 보기위해 많은 산행객들로 붐볐다. 삼가리에서 소백산 정상인 비로봉까지는 6km 거리다. 2시간 30분은 족히 걸린다.

콘크리트 포장길이 계곡을 따라 이어진다. 구름으로 덮여있는 하늘에 한두 방울의 빗방울이 떨어지기도 한다. 30분정도 걸어가면 비로사와 비로봉으로 가는 갈림길이 나온다. 비로봉 쪽으로 가야 한다. 안개 속의 나뭇잎들은 물이 흠뻑 묻어있다. 조금 올라가면 길은 울퉁불퉁한 돌들이 길바닥에 깔려 있는 산길로 바뀐다. 돌길에 노근(露根)이 노인의 손등에 핏줄이 불거진 것 같다. 숲 속 어디선가 찔레향이 난다.

바람이 불면 나뭇잎에 맺혀있는 물방울이 떨어진다. 갈지자 같은 굽은 비탈길을 지루하도록 올랐다. 고도가 높아질수록 안개는 더욱 짙게 덮였다. 가시거리가 10m도 안된다. 망종 날 내린 비가 산속에 물기를 흠뻑 품고 있다가, 밤사이 온도가 내려가서 수증기가 응결하여 안개가 된 것이다. 산중은 그야 말로 오리무중이다. 산행객들은 독안에 갇힌 쥐 신세다. 놀란 쥐처럼 주위를 두리번거렸다. 그러나 보이는 것은 안개뿐이다. 그래도 사람들은 불평 한마디 없다. 통나무계단과 철계단을 한참을 오르니 주능선이 나왔다. 주능선에서 비로봉까지는 2km다. 이 능선길은 한동안 평탄한 길로 이어지다가 점차 가파른 오르막길로 바뀐다. 가파른 오르막 계단 길을 오를 때는 안개비마저 내렸다. 안개비를 맞으면서 비로봉을 오른다. 300m 정도의 비로봉 오르는 길은 민둥하다. 민둥산 정상 모양은 삼각뿔처럼 생겼다. 겨울철에 이 삼각뿔에는 흰 눈이 덮인다. 흰 눈이 덮인 비로봉은 아름답다. 그래서 소백산이라 한다.

정상에 올랐다. 궂은 날씨다. 북서쪽에서 불어오는 바람이 세차다. 눈을 뜰 수 없을 정도로 안개 섞인 바람이 분다. 그 바람이 얼굴에 닿으니 겨울바람같이 시리다. 산행객들은 배낭 속의 바람막이 옷을 끄집어 내어 입었다. 황급히 연화봉 쪽으로 발걸음을 재촉했다. 비로봉에서 연화봉까지는 4.5km의 능선 길이다. 1시간 30분 정도 걷는 거리다. 이 구간을 소백평원의 철쭉능선이라 부른다. 경치가 아름답고 길 좌우로 철쭉꽃을 많이 볼 수 곳이다. 퇴계 선생의 유소백산록(遊小白山錄)에서도 이 일대 철쭉꽃 화원을 극찬하고 있다. 소백산의 철쭉은 무리지어 피어있지는 않지만, 드문드문 서있는 철쭉나무에 핀 꽃들은 윤각이 선명하고 자지러지게 피었다. 그러나 오늘은 이 아름다운 철쭉능선 길이 아득하고 짙은 안개 길이다. 앞이 내다보이지 않는 안개다. 그러나 길은 계속 걸었다. 언제 이 안개 길이 끝날까? 짐작도 가늠할 수 없는 불안한 생각이 든다.

살다보면 인생길에도 앞이 보이지 않는 안개 길이 나온다. 한 치 앞도 보이지 않는 길이다. 앞이 보이지 않는 인생길은 삶의 의욕이 생기지 않는다. 생에 대한 의욕은 희망에서 생긴다. 희망이 없는 앞길은 근심과 불안이 마음을 지배하기 때문에 좌절을 꺾기가 어렵다. 앞이 보여야 희망을 가지는 법이다. 앞이 보이지 않는 곳에는 언제 위기가 닥쳐올는지 모른다. 그러나 죽을 것만 같은 그 길을 전전긍긍(戰戰兢兢)하다 보면 갑자기 인생의 안개가 걷히고 푸른 하늘(희망)이 보인다. 부지불식간(不知不識間)에 보는 푸른 하늘이다. 죽을 것만 같았던 마음이 다시 새 희망을 품게 된다. 이래서 삶이 이어지는 법이다.

시간이 되어 연화봉에 도착했다. 연화봉에서도 안개는 여전하다. 연화봉 북쪽으로 천문대가 안개 속에 희미하게 보인다. 연화봉에서 희방사를 지나서 주차장까지는 5km, 2시간이나 걸린다. 연화봉 남쪽으로 비탈길을 내려간다. 가파른 내리막길이다. 1시간정도 내려가면 지맥능선의 잘록한 안부가 나온다. 이 안부에 쉼터가 있다. 이제 하늘은 조금씩 맑아지고 나뭇잎 사이로 햇살이 비친다. 이 쉼터에서 희방사까지 1km는 급경사 내리막길이다. 이 길을 내려오면 오르는 산길보다 다리에 더 충격을 준다. 가파른 내리막길을 힘겹게 내려오다 보면 풍경소리와 염불소리가 들린다. 희방사가 가까이 다가온 것이다. 희방사 절 밑 개울에는 맑은 물이 흐른다. 냇물에 손을 담구니 생기가 돈다. 여기서 3km를 더 걸어야 주차장이 나온다.

주차장 쉼터에는 산행객 이삼십 명이 모여 왁자지껄하다. 광우병 이야기다. 사람마다 생각이 십인십색이라, 주장도 설왕설래(說往說來)한다. 광우병은 정부 정책을 걸고넘어지는 것이다. 실제로 미국에 광우병 환자가 많다. 우리나라가 가장 비싼 쇠고기를 먹는 국가다 등 의견이 분분하다. 사람들은 "쇠고기 파동이 쇠고기 대란"이 되었다고 한다. 40일간 끌어온 미국산 쇠고기 수입반대가 색깔이 다른 촛불로 변하여, 쇠고기 문제에서 정부정책 일관반대로 전환했기 때문이다.

순수한 촛불집회는 국민 여론을 나타내지만, 촛불집회 가운데 나타나지 않는 밑바닥에 다른 생각이 깔려있다면 이는 무섭고 끔직한 일이다. 계속 이어지는 촛불집회는 무엇라고 정확히는 말할 수 없지만 미심쩍은 부분이 바닥에 깔려있다. 그러나 정부의 실수와 성급함이 더 컸기 때문에 그 미심적은 부분이 드러나지 않고 있다. 촛불집회를 주도하고 광우병 쇠고기 전면 수입을 반대하는 '국민대책회의'는 재협상이 일루어지지 않으면 '정권퇴진 국민항쟁도 할 것'이라고 말했다. 따지고 보면 이는 보수정권에 대한 진보 단체의 정치저항이다. 메트로(Metro, 진보)와 레트로(Retro, 보수)의 대결 싸움은 다른 나라에도 있지만, 우리의 이 싸움은 더 지독하다. 우리는 지금 분단국가가 아닌가. (2008년 6월 6일)

☞ 풍기읍 삼가리 탐방지원센터 → 비로사 → 비로봉 → 소백평원의 철쭉능선 → 연화
봉 → 희방사 → 주차장 〈15.5km, 6시간〉

□ 광우병은 하나님의 섭리를 어긴 것이다

1980년대 영국에서 일어난 사건이다. 온순하던 소들이 갑자기 주인
을 걷어차고 광포하게 날뛰다가 결국 쓰러져 죽는 일이 생겼다. 소가 미
친 듯이 사나워지고, 그 후에 거동 불안 등의 증세를 보였다 해서 '광우
병(狂牛病)'이라 불렀다. 이 광우병이 영국전역을 휩쓸었다. 이 광우병
이 발생하는 동안, 쇠고기를 먹고 감염된 사람들이 죽었다. 역학 조사
결과 고기와 젖을 더 많이 생산하기 위해 초식동물인 소에게 폐사된 가
축으로 만든 사료를 먹인 것이 원인으로 밝혀졌다. 그리고 광우병으로
죽은 사람도 많이 생겼다. 그 후에 미국과 캐나다에서도 광우병에 걸린
소가 발견되기에 이른다.

소는 초식동물이다. 풀을 먹고 살도록 조물주가 창조한 것이다. 소에
게 풀이 아닌 동물질 사료를 먹도록 소에게 강요했던 것이다. 이는 곧
인간의 탐욕이 저지른 죄악에서 나온 행위였다. 한국에서는 소의 내장,
머리, 혀, 꼬리, 뼈 등도 먹지만, 외국에서는 일체 먹지 않는다. 소를 도
축하고 버려야하는 이런 것들을 사료로 만들어 풀과 함께 소들에게 주
었다. 그 결과 놀라운 결과가 발생했다. 젖소는 우유를 더 많이 생산했
고, 육우는 짧은 기간에 체중이 갑자기 증가했다. 이로 인하여 축산업자
들은 더 많은 돈을 손에 쥐게 되었다.

그러나 짧은 기간에 손쉽게 돈을 벌수는 있었지만, 소 몸속에는 무서운 물질이 생겨나고 있었다. 정상적인 몸 조직이 아닌 '변형 단백질'이 생긴 것이다. 그런데 이 변형 단백질을 사람들은 '살인 단백질'이라고 불렀다. 이는 '프리온'이라는 물질이다. 프리온은 세균도 아니고, 바이러스도 아니다. 이미 존재하는 감염성 병원체와는 달리 소 몸속에서 단백질이 변한 것이다. 이 변형된 단백질은 열을 가해도 변하지 않는다. 어떠한 외부조건에도 굴하지 않는 '살인 단백질'의 본성을 지닌다. 그래서 광우병에 걸린 쇠고기를 먹는 사람도 광우병에 걸린다. 광우병이 인간에 옮아 최대로 잠복하는 기간은 10년 정도이다.

영국 격언에 "너는 욕심을 제어하라. 그렇지 않으면 욕심이 너를 제어할 것이다."라는 말이 있다. 사람이 욕심을 제어하지 못하면 마지막에 욕심의 종이 되어 욕심이 시키는 대로 행동을 해야 한다. 스웨덴의 격언에는 "욕망은 맨 처음에는 거미줄처럼 가늘지만 마지막에는 밧줄처럼 너를 동여맨다."라는 말도 있다. 축산업자들의 그릇된 욕망은 처음에는 하찮은 일로 생각했을 것이다. 그러나 이것이 엄청난 사건이 되어 온 세상이 시끄럽게 되었다. 축산업자들의 탐욕의 죄가 밧줄에 묶여 있는 모습을 볼 수 있다. 바로 이것이 인간이 하나님의 섭리를 어긴 죄에서 온 형벌인 것이다.

국제수역(獸疫) 사무국에 의하면 전 세계에서 소 광우병이 발병한 사례는 지난 1989년부터 2008년 4월 까지 모두 19만 409건이다. 이 가운데 18만 4641건이 영국에서 발생했다. 이어 아일랜드 1618건, 포르투갈 1029건, 프랑스 984건 등으로 유럽국가에서 주로 발생했다. 이 밖에 일본이 34건, 캐나다가 13건, 미국이 3건 발병한 사례가 있다.

　　인간 광우병은 현재 11개국에서 207명의 감염 사례가 보고돼 있고
이 가운데 7명만 생존하고 나머지 200명은 사망한 것으로 집계돼 있다.
영국이 166명으로 가장 많고, 이어 프랑스 23명, 아일랜드 4명, 미국·
스페인 3명 등이다.(자료:OIE, 2008년 4월 기준)

23. 홍천 백암산 이야기

　***백암산**은 강원도 홍천군 내촌면에 있다. 백암산이란 이름은 흔하다. 울진의 백암산, 내장산 백양사에 있는 백암산도 있다. 홍천 백암산(白岩山, 1099m)은 원시림 같은 나무들이 우거진 산이다. 특히 산의 6부 능선 일대는 늙은 소나무가 많다. 아직 산행객들이 많지 않아 깨끗한 자연 그대로 보존되어있다. 이 산에는 볼만한 폭포가 하나 있다. 가령폭포(可靈瀑布)다. 웅장한 모습은 없지만 가령 폭포는 가히 가장 아름다운 폭포라고 말하고 싶다.

□ 산행기

　장마가 소강상태로 접어들면서 고온다습한 북태평양 기단이 한반도를 덮고 있다. 이로 인하여 낮에는 폭염(暴炎), 밤에는 열대야로 밤낮없이 푹푹 찌고 있다. 기온이 높아도 공기 중에 습기가 없으면 그늘에서는 시원하고 견딜만하다. 인간에게 가장 불쾌감을 주고 견디기 어렵게 하는 것이 고온다습한 기단(氣團)이다. 이러한 기단이 나타내는 날씨는 후텁지근한 날씨다.

홍천읍에서 44번 일반국도를 따라 인제 방면으로 가다가 분기점 451
인 지점에서 우회전 한다. 분기점에는 '가령 폭포' 길이란 큼직한 안내
판이 서있다. 451지방도를 따라 차로 20분정도 달리면 백암산 들어가
는 입구가 나온다. '집골' 이라는 곳이다. 이곳에서 산행이 시작된다.
도로변에는 식당이 한 집 있고, 그 집 앞에는 큰 느티나무가 서 있다.

차도와 같은 포장된 넓은 진입로를 따라 들어간다. 연화사 방향 계곡
을 따라 길은 이어진다. 그늘 없는 길에는 한여름의 태양빛이 무자비하
게 내리쬐고 있다. 피부를 잠시 노출시켜도 벌겋게 익는다. 집골에서 백
암산 정상까지는 5.7km이고, 2시간 30분 걸린다. 연화사를 지나면 길
은 곧 산길로 바뀐다. 그늘이 좋은 산길에 들어서면 싱그러운 풀 냄새가
난다. 집골에서 2.2km 떨어진 곳에 가령 폭포가 있다. 계곡 벼랑 끝 낭
떠러지 위에서 한 줄기의 물이 바위 면을 적시면서 길게 흐른다. 물줄기
가 바로 곧게 내려오는 것이 아니라, 왼편으로 굽었다가 다시 오른쪽으
로 돌아와서 떨어진다. 폭포 아래는 푸른 소에 맑은 물이 가득하다. 소
에서 한 30m 떨어진 개울바닥에는 웅장한 자태를 뽐내는 오래된 참나
무 한 그루가 서있다. 물가에 서 있는 나무는 확실한 생명의 보장을 받
는다. 개울가로 뿌리를 뻗어 아무리 볕이 따가워도 두려워하지 않고 잎
사귀는 무성하며, 아무리 가물어도 걱정 없이 줄곧 열매를 맺는다. 참나
무의 푸른 잎 사이로 폭포를 보면, 흐르는 물줄기는 흰 명주천이 바람에
휘날리는 것 같다. 아름다운 폭포다.

폭포 오른쪽으로 조금 올라가면 '삼거리' 가 나온다. 삼거리에서 오

른쪽 길로 오른다. 비탈길을 한참동안 오르면 능선이 나온다. 이 능선 주위에는 아름드리 소나무가 드문드문 보인다. 그래서 '노송능선'이라고 부른다. 오래되고 쫙 뻗은 소나무들이다. 거북이 등처럼 생긴 소나무껍질이 긴 세월의 흔적을 남긴다. 활엽수 속에 모습을 보이는 소나무는 군계일학 같은 존재다. 이 나무를 찍어다가 불타버린 숭례문이라도 새우고 싶다. 그런데 띄엄띄엄 서 있는 소나무는 세력이 강한 참나무 숲에 의해 죽어가는 중이었다. 소나무는 활엽수와 함께 공존하지 못한다. 성장속도가 빠른 활엽수가 소나무 가지를 덮어 햇빛을 차단하기 때문이다.

노송능선 길은 계속 오르는 길이다. 산속이라 공기는 좀 상쾌하지만 더위는 여전하다. 윗옷과 엉덩이 부분이 축축하다. 이마에서 흘러내리는 땀 때문에 눈을 뜰 수 없을 지경이다. 길은 촉촉한 부드러운 흙길이라 발바닥 감촉이 좋다. 노송능선을 한식경 정도 걸으면 능선삼거리가 나온다. 능선삼거리에서 정상까지는 2.1km의 거리다. 이 지역은 참나무 숲이 원시림 같다. 나무 밑에는 키가 한 뼘 정도 되는 산죽들이 보인다. 우리나라 남부지방에 살던 산죽이 이곳까지 북상했나 보다.

능선 길은 오르고 내려가기를 몇 번이고 반복하다가 큰 참나무 그늘 밑에서 망중한(忙中閑)을 즐겼다. 오이를 하나 먹었다. 산행 길에 오이만큼 좋은 식품도 없다. 갈증을 해소하고 오이 특유의 향이 정신을 번쩍 들게 하기 때문이다. 그때 마침 한 늙수그레한 산행객이 다가와서 말을 걸었다. 우리는 곧 말벗이 되었다. 다시 걸었다. 기대 속에 정상에 올랐다. 산세가 두루뭉술한 정상은 볼품없었다. 애써한 도전이 허무하다.

가령 폭포의 긴 물줄기

정상에서 서쪽으로 내려가는 능선 길이 있다. 능선 길 주변의 숲 속에는 산행객들이 점심을 먹고 있다. 말벗이 마음에 점(點心)을 찍자고 한다. 걸터앉기에 알맞은 바위에 앉아서 가볍게 점심을 때웠다.

정상에서 가령계곡을 지나서 종점 집골까지는 5.8km이고 2시간 정도 걸린다. 정상에서 10분정도 내려오면 '능선 삼거리'가 나온다. 왼쪽 길로 가야한다. 좀 가파른 내리막길을 30분 정도 내려오면, 또 소나무 숲이 나온다. 소나무는 어디에서나 늘 자기 모습 대로 서있다. 색깔도 곱지 않고 모양도 자연 그대로다. 그래도 소나무에서 품어져 나오는 품격은 고고하다. 더구나 바람 가운데 서있는 소나무는 그 진수가 최고다. 솔잎 사이로 지나가는 바람소리는 신기하리만큼 아름답다. 시인들은 그 소리를 송운(松韻)이라 한다. 송운만 아름다운 것이 아니다. 솔향도 있지 않은가? 송운과 솔향이 퍼지는 소나무 숲 길은 다른 나무길보다는 다르다. 소나무 숲길에는 나도 소나무에 걸맞게 품위를 지키고 싶다. 마음도 깨끗한가? 옷매무새도 흐트러짐이 없는가?

소나무 숲길이 끝나고 활엽수가 무성한 비탈길을 한참 내려오면 계곡에 물소리가 들린다. 산행객들은 개울에서 손과 얼굴을 닦고, 젖은 옷을 갈아입었다. 개울에서 지척(咫尺)지점에 '삼거리'가 나온다. 산을 오를 때 만난 지점이다. 그 아래 아름다운 가령 폭포는 여전히 물줄기를 떨어트리고 있다.

오늘 산행은 늙수그레한 산행객과 말벗이 되어 즐거운 시간을 보냈다. 그 산행객은 작년 가을에 상처(喪妻)하고 혼자 지내는 분이었다. 살아생전에는 서로의 중요성을 별로 느끼지 못했는데 지금은 뼈에 사무치도록 아내가 그립다는 것이었다. 자다가 잠이 깨면, 다시 잠이 오지 않아 평소에 아내가 하던 떨어진 단추를 달아보기도 하지만 시간이 안가고 쓸쓸함만이 몰려온다고 한다. 외지에 있는 자식들은 하루가 멀다 하고 안부전화가 오지마는 그런 것은 조금도 마음의 위로가 안 된다고 마음을 토해낸다. (2008년 7월 9일)

☞ 지방도 451호선(집골) → 연화사 → 가령폭포 → 삼거리 → 노송능선 → 능선삼거리 → 백암산 → 능선삼거리 → 가령골계곡 → 삼거리 → 가령폭포 → 연화사 → 집골 〈11.5km, 4시간 30분〉

□ 아내 이야기

(1) 결혼 생활이란?

음양의 조화로 남자와 여자가 만나서 결혼을 하고 자식을 낳는다. 생판 모르는 사람끼리 만나서 살게 된다. 그 만남이 좋으면 행복하고, 좋지 못하면 불행하다. 소크라테스의 말 가운데 "결혼이란 여하 간에 무엇인가의 소득을 가져온다. 양처를 얻는 자는 복을 얻을 것이고, 악처를 얻는 자는 철학자가 될 것이기 때문이다"라는 말이 있다. 그래서 사람들마다 행복한 사람도 있고 철학자가 되는 사람도 있다.

우리나라에서는 부부 간에 금슬지락(琴瑟之樂)을 천정배필(天定配匹)이라한다. 하늘에서 미리 정해준 부부로서의 짝이란 말인데, 얼마나 부부간에 사랑이 돈독하면 이런 말을 할까하는 생각을 해본다.

　나는 금년에 아내와 36년째 살고 있다. 필부필부(匹夫匹婦)로 만나 평범하게 살아온 셈이다. 그동안 자식은 남매를 두었다. 8남매의 마지인 나에게 시집온 아내는 고생도 많이 했다. 어느 날 아내가 손녀를 재우면서 '섬집 아기'라는 자장가를 불렀다. 아내는 옛날이나 지금이나 아이를 재울 때 이 노래를 자주 불렀다.

엄마가 섬 그늘에 굴 따러 가면

아기가 혼자 남아 집을 보다가

바다가 불러주는 자장노래에

팔 베고 스스로 잠이 듭니다.

아기는 잠을 곤히 자고 있지만

갈매기 울음소리 맘이 설레어

다 못 찬 굴 바구니 머리에 이고

엄마는 모랫길을 달려옵니다.

　이 동시의 배경은 섬마을이다. 엄마는 아기를 혼자 두고 굴 따러 바다에 나갔다. 집에서 칭얼대던 아기는 스르륵 잠든다. 아기가 잠든 것은 파도 소리다. 그 소리는 하나님이 만든 자장가다. 그러나 굴 따던 엄마는 집에 혼자 남아있는 아기가 걱정이 된다. 그래서 '다 못 찬 굴 바구니를 머리에 이고' 황급히 모랫길을 달려 집으로 간다. '섬집 아기'는 반세기 넘도록 어머니들이 부른 국민자장가다.

　아내는 자장가를 몇 번이나 되풀이해서 불러준 후에 손녀는 잠이 들었다. 아이 재울렸고 애쓰는 모습이나, 늙어가는 모습이며, 흘러간 세월 동안 삶의 대한 상처 등이 겹쳐서 손녀 재우는 아내 모습이 측은하게 보인다. 그러나 같은 자장가로 우리 아이들을 키울 때는 측은 한 마음을 느끼지 못했다. 그때와 지금은 세월이 그만큼 흘렀나 보다. 나는 손녀 돌보는 아내를 보기 전에는, 내 아이들은 저절로 자랐을 것같이 생각했다. 나도 모르게 남매를 성장시킨 아내가 고생을 많이 했구나 하는 생각이 들었다.

고희를 바라보는 현 시점에서 인생을 뒤돌아보니, 벌써 우리 내외도 해거름에 서있다. 어정어정 살다가 어느 날 갑자기 이곳까지 온 셈이다. 요즈음 길거리의 젊은 부부들이 아이들 손잡고 다니는 모습을 보면 저 때가 행복하구나 하는 생각이 든다. 그러나 내가 아이들 손잡고 다닐 때는 왜 행복하다고 느끼지 못했을까? 아마 그때는 우리 인생이 무한히 남았고, 또 행복은 무지개를 쫓는 소년같이 먼 훗날에 찾아올 것 이라 믿었기 때문이다. 그러나 인생은 날아가는 화살같이 빨랐고, 먼 훗날 믿었던 행복은 찾아오지 않았다. 저 고개 넘어 인생의 종점인 죽음이 기다리고 있을 뿐이다.

(2) 싸움은 사소한 일들로 생긴다.

부부싸움 안하는 부부가 어디 있을까마는 뒤돌아보면 우리부부도 남들보다 더 다투었다고 생각이 든다. 부부 사이의 싸움은 사소한 일들로 벌어진다. 예를 들면 이런 것들이다. 나박김치에 들어가는 무를 작고 얄팍하게, 미나리도 짧게 썰어 넣는 것을 나는 원한다. 그러나 아내는 무나 미나리를 큼직하게 썰어 넣는다. 그래야 보기가 좋다는 것이다. 내가 강력히 주장하면 한두 번은 내 의견대로 해 주다가 다시 아내의 본래 생각 되로 돌라간다. 아내가 자기 고집 대로 돌아가서 내 의견을 무시할 때 왜 그렇게 화가 났을까? 이래서 싸운다.

또 아내의 고정 관념은 음식은 무조건 뜨거워야 한다는 것이다. 밥도 뜨거운 밥, 국도 펄펄 끓인 국, 된장도 그렇다. 나는 정반대다. 음식은 따뜻하면 된다. 한번은 아내가 겨울인데도 찬 국을 내어놓았다. 아마 아내는 나를 반격하기 위해 취하는 행동 같았다. 내가 국이 너무 차갑다 하니 왜 찬 것이 좋다면서 하면서 핀잔을 놓는다.

아내는 커피를 마실 때 물을 적게 하고 커피와 크림과 설탕을 충분히 넣어서 진한 상태의 커피를 좋아한다. 그런 커피를 마시면 우선 목구멍에 넘어가는 감촉은 좋다. 그 대신 열량은 상당히 높다. 그러나 나는 아메리카식 커피를 좋아한다. 큰 컵에 물을 가득 붓고 커피 적당량을 넣고, 설탕 한 숟가락 정도 넣어서 마신다. 그러나 내가 커피를 요구하면 아내는 아내 식으로 커피를 만들어 준다.

어떻든 나박김치에 들어가는 무 조각이 작아야 하고, 찬 음식, 묽은 커피를 좋아하는 사람의 성질도, 그 반대인 사람도 성질은 못 고친다. 세 살 버릇 여든까지 간다는 말이 있지 않는가. 어렸을 때부터의 습관은 늙어서도 고치기 어렵다는 말이다. 부모로부터 형성된 습관, 유전인자, 성격이 그렇게 굳어있어 생각이 고정되어 있기 때문이다. 부처가 성불을 해도 성질은 남는다는 말이 있다. 이 말은 성질은 고칠 수 없다는 말이 아닌가. 옛말이 내려올 때는 다 그만한 이유가 있는 법이다.

어떤 길이 바른길이다 이렇게 말하기도 어렵다. 살아보니까, 아내 주장도 조금 받아들이고, 내 주장도 조금 죽여 보는 것이 현명한 일이란 것을 알게 된다. 시간이 지나고 세월이 지나자 이 모든 것이 헛되고 헛된 것이구나 하는 생각이 든다. 인생이란 어떤 면에서 운명에 따라 살아볼만하다. 나의 입맛에 맞지 않아도 이것이 내 운명이라고 생각하면 마음 편하다. 네로 황제의 스승이었던 스토아학파의 유명한 철인 세네카는 말 가운데 "운명이라는 것은 순종하는 자는 수레에 태워서 가고 거역하는 자는 끌고 간다."는 그런 말이 있다. 운명에 순종할 때 수레를 타고 가는 것처럼 평안히 갈 수가 있고, 운명을 거역하면 끌려서 간다는 말이다. 우리가 인생을 살면서 감사하면서 즐겁게 사는 사람도 있고, 원망하면서 괴롭게 사는 사람도 있다.

(3) 아내는 가장 포악한 사람이다

셰익스피어의 '당신 뜻대로'에 보면 "남자는 말을 붙일 때에만 봄이고, 부부가 되어 버리면 이미 겨울이다. 여자는 처녀로 있을 때는 5월 꽃필 때 같지만, 남편을 맞으면 대번에 하는 짓이 달라진다." 이는 결혼 전과 결혼 후의 부부 사이의 관계를 표현하는 말이다. 인간의 심리란 묘하다. 남녀가 결혼하기 위하여 상대를 찾아 사귈 때의 감정은 황홀한 것이다. 그 황홀한 감정은 얼마동안 지속될까? 이런 말이 있지 않는가. 부부란 3개월간 사랑하고, 3년간 싸움하고, 30년간은 참고 견딘다. 그리고 자식들이 또 이와 같은 짓을 한다.

배필에게 욕하고 싸우는 동물은 인간밖에 없다. 어떤 글에 보니 "부부가 싸움을 하는 것은 서로 말할 것이 아무것도 없기 때문이다. 그것은 두 사람에 대하여 시간을 없애는 한 가지 방법인 것이다."라 한다. 부부 싸움은 부부 간에 할 이야기가 없어서 시간을 보내기 위해 한다는 이야기인데, 우스갯소리 같다.

이 싸움의 표현은 전적으로 내가 본 아내의 모습이다. 반대로 아내가 본 내 모습은 어떠할까? 흉악한 이리 모습이라 믿는다. 살면서 우리는 세상 사람들과 싸움도 한다. 또 부부 싸움도 한다. 세상 사람들의 싸움과 부부 싸움은 같은 싸움이지만 다르다. 어느 쪽이 더 잔학(殘虐)하고 비정(非情)할까? 나는 후자라고 과감히 말한다. 전 후 싸움을 비교해 보면, 부부 싸움같이 악을 쓰고 다툰 싸움을 전자에서 찾을 수가 없다. 그때의 아내의 모습은 이 세상에서 가장 포학한 폭군이었다. 손가락을 구부려 호랑이 발톱 같은 형상으로 내 얼굴을 내리치는 모습을 볼 때 살벌하기 짝이 없다. 세상 사람들 하고 싸울 때 그 어떤 상대도 아내와 같은 표정으로 나에게 덤벼든 상대는 없었다. 전투(?)에 들어간 아내의 표정은 이 세상에서 가장 무서운 존재였다. 싸움 후에는 무서운 분노가 다가온다. 분노가 사라지면 냉전이 계속된다. 긴 냉전은 인간을 고독 속으로 몰아넣는다. 발레이란 사람은 "신이 인간을 만드셨다. 그런데 고독함이 부족하다고 생각되어 더욱 고독을 느끼게 하기 위하여 배필을 주었다." 고 했다.

(4) 아내는 이 세상에서 가장 가까운 사람

성경 시편에 '가정의 축복' 이란 시가 있다. "너의 집 안방에 있는 네 아내는 열매를 많이 맺는 포도나무와 같고, 상에 둘러앉은 네 아이들은 올리브 나무의 묘목과도 같구나." 아내는 포도나무같이 자녀를 낳고, 또 훌륭하게 길러 낸다는 말이다. 또 식탁에 둘러앉은 자식들은 어린 올리브 나무처럼 힘차게 자라 미래가 밝게 보인다는 것이다. 가정의 소중

함을 나타내고 있다. '아내'란 말은 결혼한 여자를 남편에 상대하여 이르는 말이다. 이광수의 글에 보면 아내라 함은 "같이 오래 사는 사람"이고, 애인 이라함은 "잠간 함께 지내는 사람"으로 표현한다. 그렇다. 아내는 긴 세월 동안 함께 살아왔다. 이제 아내는 손때가 올라 붙은 질그릇 같은 존재다. 손때가 묻은 오래된 질그릇은 보물임에 틀림없다. 박종화의 글에 이런 말이 있다. "어릴 때 옛 친구로서는 내 곁에 늙은 아내 한 사람이 남아 있다. 글도 지을 줄 모른다. 음악 미술은 더욱이 더 모른다. 다만 된장찌개를 내 밥상 위에 끓여놓아 줄 줄 아는 것밖에는 없다. 그러나 단지 하나 남은 옛날 친구다." 과연 아내는 나의 가장 오래된 친구임에 틀림이 없다.

아내란 말을 혼자 중얼거려 보면, 무엇인가 나에게 보탬이 될 이름 같다. 그리고 이 세상에 아내라는 말같이 정답고 마음 놓이는 말도 없다. 아내와 나 사이는 얼마나 가까운 사이인가? 누가 물으면, 우리 둘 사이는 물을 부어도 새지 않을 사이지요 라고 말하고 싶다. 얼마나 가까운 사이인가.

나에게 먹을 음식을 장만해 주고, 옷을 빨아서 깨끗하게 해주고, 아이들을 키워주었다. 시어머니 시아버지를 봉양했고, 많은 내형제들에게도 화평하도록 노력했다. 내가 어려운 일을 당하면 제일 먼저 의논하는 사람도 아내다. 내가 고난을 받으면 나를 위로해 주는 사람도 아내다. 내가 병들면 간호해 주는 이도 아내다. 집안의 갖가지 불협화음의 해결사도 아내다. 손발에 가시가 박혀도 뽑아줄 사람은 아내다. 누가 내 등허리 긁거주랴 아내밖에 없다. 세상 근심 걱정함께 하고, 기쁨과 슬픔도 함께할 수 있는 사람은 아내뿐이다.

(5) 선인들의 아내 이야기

빅토리아 여왕과 그 남편

빅토리아 여왕이 남편 앨버트와 사소한 일로 말다툼을 했다. 앨버트는
흥분을 이기지 못하고 자기 방으로 들어갔다, 평소 열등감에 사로잡혀
있는 남편을 측은히 여긴 여왕은 사과를 할 생각으로 남편 방으로 가서
방문을 노크했다.

"누구요?"

"영국의 여왕입니다."

그는 문을 열지 않았다.

여왕은 반 명령조로 말했다.

"문을 열어요!"

"누구요?"

역시 똑같은 앨버트의 말이다.

"영국 여왕입니다."

빅토리아 여왕도 남편에게 지지 않고 맞섰으나 문은 열리지 않았다.

"열어 주셔요. ……저예요."

안타깝다는 듯이 이렇게 말해보았으나 남편의 대답은 역시 "누구요?"
를 되풀이했다.

"당신의 아내요."

그 때 문은 소리도 없이 스르르 열렸다

소크라테스의 아내

철학자 소크라테스의 아내는 악처로 유명했다. 어떤 사람이 "자네 같은
식견을 가진 사람이 어째서 아내를 그렇게 골랐나?" 하고 물었더니 그

는 이렇게 대답했다. "훌륭한 기수는 제일가는 명마를 골라 타는 것이
니 그놈만 잘 다룰 줄 알면 그 후는 아무 말이나 문제가 되지 않거
든……

일본의 한 여인숙 집의 아내

〈만엽집(萬葉集)〉 연구로 유명한 일본 에도시대(江戸時代)의 국학자이며
가인(歌人)인 가모 마부치(賀茂眞淵)는 젊었을 때 여인숙을 경영하는 우
메야라는 집의 데릴사위로 들어갔다. 그러나 그는 매일 같이 가업을 돌
보지 않고 책만 읽었다. 부모들은 보잘것없는 사위를 맞았다고 한탄을
했으나 그의 아내는 조금도 그렇게 생각하지 않았다. 몇 해가 지나자 부
부 사이에는 자식도 생겼다. 어느 날 밤 아내는 남편에게 이렇게 말했
다. "제가 유심히 보니 당신은 결코 여인숙 주인으로 그칠 분은 아닙니
다. 그러니 집을 나가셔서 뜻하시는 학문에 정진하시는 것이 어떻습니
까? 당신의 뜻이 이루어질 때까지 몇 년이고 저는 이 아이들을 기르며
기다리겠습니다." 오십 세가 넘은 마부치는 감격하여 곧 상경해서 고전
문학의 대가인 가다노 아즈마마로(荷田春滿)의 제자가 되어 만학도로서
이윽고 대성하였다. 만일 아내가 격려를 하지 않았더라면 마부치는 평
생 여인숙 주인으로 그쳤을 지도 모른다.

24. 마이산 이야기

    ***마이산**은 진안읍에서 서남쪽으로 약 3km 지점에 있다. '말의 귀(馬耳)' 형상을 하고 있는 두 개의 바위봉우리로서, 이 산의 두 봉우리 사이에는 V자형 계곡이 있다. 그곳을 분수령으로 북쪽은 금강의 발원지가 되고 남쪽은 섬진강의 발원지가 된다. 마이산(馬耳山)은 동쪽에 솟아 있는 봉우리를 숫마이봉(680m), 서쪽에 솟아 있는 봉우리를 암마이봉(686m)이라고 부른다. 거대한 두 암봉은 흙 한 줌 없는 수성암이다.

□ 산행기

    진안군 마령면 '강정리'라는 동네 입구에서 산행이 시작된다. 산 밑 도로 변에는 큼직한 산행 안내도가 그려져 있다. 산을 오르면 길은 곧 가파른 오르막길로 이어진다. 가파른 언덕에 돌덩어리가 어지러이 흩어져 있는 곳을 오르는데, 이곳이 함미산성이다. 산성을 지나서도 오르막길은 계속된다. 많은 활엽수 속에 소나무가 드문드문 보인다. 잠시 후에 나지막한 산봉우리에 오른다. 여기서 '광대봉'까지는 3.3km인데, 한 시간정도 걸린다. 나지막한 야산이 마이산까지 이어진다. 굽이굽이 이어지는 능선 길은 길기도 길다. 광대봉까지는 순탄한 능선 길이다. 순하게 오르고 순하게 내려간다. 산에는 온통 봄꽃들로 덮였다. 꽃눈을 휘날리는 산 벚나무, 늦게 핀 진달래, 연분홍 철쭉, 무리지어 피는 조팝나무 흰 꽃, 콩나물 같이 빽빽이 솟아오른 깽깽이 풀, 물방울 같이 작은 노루귀, 앙증맞은 매발톱, 오랑캐꽃이라고도 하는 보랏빛의 제비꽃, 이제 머리가 희어지는 할미꽃 등 많기도 하다.

포근한 흙길을 걷다가 보면 갑자기 비스듬히 올라가는 바위 능선 길이 나온다. 특이한 형태의 바위다. 크고 작은 둥근 돌을 넣어 빚어 놓은 듯한 콘크리트 같은 바위다. 이와 같은 바위를 퇴적암이라 부른다. 암석의 작은 덩이나 생물의 유해 등이 수중·육상에서 침전·퇴적하여 생긴 암석이다. 퇴적암에는 입자의 크기에 따라 역암, 사암, 세일, 응회암, 석회암 등이 있다. 마이산은 이 중에서 입자가 가장 큰 역암(礫岩, 자갈 바위)이다. 퇴적암을 수성암(水成岩)이라고도 한다.

역암바위 능선을 지나서 한식경 정도 가면, 눈앞에 광대들이 쓰는 고깔모자 형태의 뾰족한 큰 암봉이 나온다. ‘광대봉’이다. 아주 위압적 느낌을 주는 암봉이다. 경사도가 70°나 된다. 30m 정도는 안전손잡이를 잡고 오른다. 역암은 바위 면이 거칠다. 그래서 오르고 내려가기가 좋다. 광대봉 정상은 조금은 평편하다. 광대봉 위에 오르면 동쪽으로 마이산의 귀가 겹쳐 보인다. 아름답고 신기한 모습이다.

광대봉을 내려가는 것은 올라오는 것보다 더욱 어렵다. 30m정도의 밧줄이 두 개나 걸려있다. 줄을 잡고 내려가면 줄 없이 내려가는 완충지대가 있고, 그곳을 지나면 두 번째 밧줄이 기다린다. 줄을 잡고 70°의 가파른 절벽을 내려가야 한다. 허리를 굽히고 두 손으로 줄을 잡고 바들거리면서 몸을 절벽에 붙게 해야 한다. 줄에 예닐곱 명이 매달렸다. 멀리서 보면 청설모 무리가 줄을 타고 내려오는 모습이다. 산행객들은 그래도 우회 길로 오지 않고 모두가 암봉을 넘는다. 내려와서 광대봉 위를 처다 보면 짜릿한 쾌감이 든다.

다시 능선 길을 걷는다. 광대봉에서 '고금당'까지도 능선 길인데 2.7km 거리다. 함미산성에서 광대봉까지의 능선 길보다 힘든 구간이다. 이 능선 길은 오르내리는 것을 수없이 반복해야 한다. 고금당까지 한 시간 20분 정도 걸린다. 한 고개 넘으면 다음 고개가 나모고 또 나오고, 길도 이리 굽고 저리 굽고 하기를 반복한다. 산길 걷는 것은 편안한 걸음이 아니다. 고통을 견디는 인내를 요한다. 그리스어의 '인내'란 말은 어떤 무거운 짐을 지고가면서 짐 밑에서 누르는 압력에 참고 견디는 것을 말한다. 나는 산에서 무거운 배낭을 메고 산길을 걸을 때 마다 항상 이 단어를 생각해본다. 이것이 인내일 것이라고. 인내란 무거운 짐 아래 눌려서 참는 것인데, 하면서 인내를 배운다.

고금당이 가까울수록 말의 귀는 크게 보인다. 능선 길에는 희뜩 희뜩한 철쭉 꽃이 피었는가 하면 분홍색 꽃이 핀 나무도 있다. 바람이 불 때마다 산벚나무에서 눈꽃이 날린다. 고금당에 왔다. 고금당은 지붕의 색깔이 황금색인 암자다. 암자건물의 문들은 닫혔고 마당에는 산행객들만 붐볐다. 고금당을 지나서 산을 내려가면 계곡에 샘이 있다. 산행객들은 줄을 서서 물을 마신다.

　다음 지나가야 할 구간은 고금당에서 암마이봉까지다. 거리는 2.3km 이고 1시간 40분 정도는 족히 걸린다. 고금당에서 산허리길을 지나고 다시 바위능선을 타고 오르막길을 오른다. 비룡대 올라가는 바위능선 길도 역암바위 길이다. 비룡대 능선 길을 오르면서 뒤를 돌아보면 저 멀리 광대봉이 홀로 우뚝하게 보인다. 지나온 길이 무척 멀어 보인다. 능선길이 끝나고 비룡대 전망대가 있는 바로 아래에 오면 가파른 암벽길이다. 철계단을 올라가야한다. 철계단을 힘겹게 올라가면 사방을 바라볼 수 있는 망대가 있다. 망대에서 주위를 조망해 본다. '말의 귀'가 잘 보인다.

　망대를 지나고 내리막길을 내려오면 산의 안부에 무덤이 나온다. 무덤에서 직각으로 꺾여서　봉두봉 쪽으로 능선길이 이어진다. 봉두봉에서 한참을 가면 암마이봉이 나온다. 암마이봉 옆을 지나서 300m 정도 내려가면 탑사(塔寺)가 나온다. 탑사는 암마이봉 절벽 밑에 있는 절이다. 이 절 오른쪽위로 계단을 따라 600m를 올라가면 은수사(銀水寺)가 나온다. 이 암자를 지나서 긴 나무계단을 올라가면 암마이봉과 숫마이봉 사이에 낀 마루턱이 있다. 이 마루턱에 쉼터가 있고, 이곳에서 천황문, 암마이봉 올라가는 계단 길이 이어진다. 숫마이봉은 오르는 길이 없고, 오직 암마이봉의 북쪽 언덕으로만 오를 수 가있다. 전하는 말에 의하면 숫마이봉 위에는 작은 못이 있고, 암마이봉의 정상은 평평하고 물이 솟는 샘이 있다고 한다. 천황문에서 암마이봉 정상까지는 600m인데, 지금은(2004.10~2014. 10까지)통제기간이라 오르지 못한다.

　천황문에서 탑사를 지나서 벚나무 숲길을 걸어서 남부정류장에 도착했다. 벚나무 숲길과 정류장에는 전국 각지에서 온 상춘객으로 북적됐

다. (2008년 4월 19일)

☞ 마령면 강정리 → 함미산성 → 광대봉 → 고금당 → 비룡대(나암봉) → 봉두봉 →
암마이봉 → 탑사 → 천황문 → 남부정류장 〈11.8km, 5시간〉

□ 적게 먹어야 한다

우리는 음식을 먹고 산다. 그 먹는 양을 조절하는 것은 어렵다. 왜냐하면 식욕을 인간의 통제 아래 두는 것은 힘들기 때문이다. 그래서 나중을 생각 안하고 먹다보면 항상 필요 이상을 먹게 된다. 위에 무엇이 많이 들어있으면, 뇌에 있던 산소가 위장의 음식을 소화시키려고 위장으로 모이게 된다. 그러면 결국 머리도 무겁고 정신이 아주 혼미한 상태가 된다. 음식과 우리두뇌는 연관이 있다. 먹는 것도 중용을 택하여야 한다. 너무 많이도 적게도 먹어서는 안 된다. 알맞게 먹어야 한다.

청화(清華) 스님의 글에, 음식 먹는 교훈이 있다. "적게 먹는 것은 대단히 중요하다. 수도승에게 주어지는 사미십계에는 '때가 아닌 때에는 먹지 말라'고 하는 불비시식(不非時食)이란 계가 있다. '때 아닌 때'라는 것은 오후를 통틀어 말한다. 때 아닌 때에 먹지 않으면 소음 즉 음탕(淫蕩)한 마음이 줄어드는 소음(少淫)상태가 되고, 잠이 줄어드는 소수(少睡)가 되고, 마음을 집중할 수 있는 득일심(得一心)하고, 몸에 방귀가 안 생기는 무하풍(無下風)되고, 몸이 안락한 신득안락(身得安樂)한 상태가 된다. 이것은 모두 부처님께서 경전에 말씀하신 오후불식(午後不食)을 한 사람에게 오는 다섯 가지 복이다."

　사람마다 다르지만 대개 남자는 하루에 2,500kcal, 여자는 2,000kcal 정도의 열량이 필요하다. 이보다 많은 열량을 섭취해서 소모하지 않으면 체중이 늘게 되고, 더 많이 소모하면 제중이 감소한다. 그래서 정상 체중을 유지하기 위해서는 '식이요법'과 '운동요법'의 병행이 필요하다. 이때 자신이 섭취하는 열량과 소모하는 열량을 알아두면 큰 도움을 받을 수 있다. 예를 들면 지방 1kg을 빼기 위해서는 약 7,200kcal의 열량이 소모되어야 한다. 따라서 다이어트 등의 방법으로 하루 약 1,000kcal의 열량 부족 상태를 유지한다면 1주일 지나면 1kg을 뺄 수 있게 된다.

25. 민주지산 이야기

　　***민주지산**(眠周之山, 1,241m)은 충청북도 영동군과 전라북도 무주군의 경계지점에 위치한다. 이곳에서는 '면(眠)'을 '민'으로 발음한다. 이 산의 주능선에는 각호산, 석기봉, 삼도봉 등의 해발 1,000m 이상 되는 높은 봉우리가 있다. 특히 삼도봉(三道峰, 1,177m)은 충청, 전라, 경상 등 삼도를 접하는 지점으로, 옛 삼국시대에는 신라와 백제가 접경을 이루었던 산이기도 하다. 민주지산, 석기봉, 삼도봉의 계곡물이 모여서 이름난 물한계곡(勿閑溪谷)을 이룬다. 물한계곡에는 키가 큰 나무숲이 울창하고, 산비탈에는 물이 흐르는 곳이 많다. 그래서 이 계곡에는 항상 수량이 많은 맑은 물이 흐른다.

□ 산행기

　　어정칠월 동동팔월이란 말이 있다. 농가에서 7월은 어정어정하다가 하는 일 없이 지나고, 8월은 일거리로 바쁜 달이란 말이다. 물론 이 말은 음력 7월을 말하지만, 나에게는 양력 7월이, 어정어정하다가 오늘이

7월의 마지막 날이다. 영동에서 49번 지방도를 따라 용화방향으로 가다 보면 해발 800m 되는 곳에 '도마령'이라는 높은 고개를 만났다. 산행은 이곳에서 시작된다.

　도마령 왼편으로 산길이 있다. 가파른 계단 길을 따라 산을 오른다. 계단위에는 아담한 정자가 산행객들을 맞이한다. 정자에서 민주지산 정상까지는 5km이고, 2시간 30분 거리다. 울창한 숲 속 길을 따라 한 시간 정도 오르막길을 오르면 각호산이 나온다. 각호산 정상에서 서쪽으로 이어지는 능선 길을 바라보면 앞쪽으로 민주지산이 그 뒤쪽으로 석기봉이 유난히 우뚝하다. 짙게 푸른 산세는 나무들이 성장할 수 있는 가장 좋은 계절임을 알려준다.

　각호산에서 민주지산까지는 3.6km의 능선 길이다. 각호산 정상에서 능선 길을 따라가면 가파른 내리막길을 한동안 간다. 내려가는 만큼 올라야 한다. 길이 계속 내리막길이라 올라갈 것이 걱정이 된다. 잡목이 무성한 능선 길은 어디가 어딘지 알 수 가없다. 그저 길 따라 가는 것이다. 원래 능선 길이란 오르고 내려가고 하기를 반복하는 길이다. 오르막길이 나오면 눈살부터 찌푸려진다. 오르막길은 이미 체력을 많이 소모한지라 여간 힘이 더는 것이 아니다. 숲 속으로 불어오는 뜨거운 열기는 숨쉬기조차 어렵다. 머리가 떵하고 속이 미슥미슥 하다. 땀에 젖은 옷들은 몸에 달려 붙어 불쾌감마저 더한다. 고통을 참고 그냥 걷는 것이다. 특색 없는 산길을 한 시간 반이나 걸었다. 곧 민주지산에 도착할 모양이다. 능선 오른쪽 비탈면에 무인대피소 건물이 보인다. 이곳에서 300m 정도 오르면 민주지산 정상이다. 민둥한 정상에는 작은 돌 표지판만이 홀로 있다. 한 여름 땡볕 더위가 민둥한 지표면을 달구고 있다.

삼도봉 정상의 경상도, 전라도, 충청도의 삼도 대화합 기념탑

오늘 예정한 산길은 아직 멀다. 민주지산 정상에서 석기봉을 지나고, 삼도봉을 거쳐서 물한계곡 주차장까지다. 8.7km의 거리로 3시간 반이나 걸리는 구간이다. 휴식 후에 다시 능선 길을 걸었다. 어디선가 기분 좋은 바람이 살갗에 닿는다. 산행객들은 득의(得意)한 기분으로 능선 길을 걸었다. 석기봉까지는 2.9km다. 숲 속 길이라 조망도 없다. 계속 걸었다. 갑자기 바위절벽으로 오르는 길이 나왔다. 석기봉이 눈앞에 다가왔다. 줄을 잡고 절벽을 올랐다. 우회하는 길도 있다. 바위봉을 북쪽으로 돌아서 오르는 길이다. 우회하여 오는 길에는 거대한 바위 면에 새겨진 불상과 바위 구멍에 솟아나는 샘물도 있다. 정상은 거대한 바위봉이다. 암석이 옹기종기 쌓여 마치 송곳니처럼 솟은 봉우리가 '기이(奇異)한 돌로 된 봉우리'라는 뜻의 석기봉(石奇峰, 1230m)이다. 석기봉에서 남서쪽으로 1.4km 떨어진 곳에 삼도봉(三道峰)이 보인다.

검푸르고 연푸른 능선 길을 무한히 걸어서 삼도봉에 도착했다. 지칠

대로 지친 몸과 마음은 짧은 거리인 1.4km도 한없이 멀어보였다. 그러나 모든 일에는 끝이 있는 법이다. 삼도봉에 도착했다. 정상에는 경상, 전라. 충청도 경계를 나타내는 돌조각이 서있다.

　오늘 이 산행 길은 민주지산을 경유하는 가장 먼 산행 길이다. 삼도봉에서 '황룡사' 방향이 물한계곡이다. 능선을 타고 한동안 내려오면, 길은 비탈길로 바뀐다. 가파른 비탈길이 끝나는 지점부터 키가 30m 정도 되는 나무들이 즐비하게 서있다. 질벅한 표면에는 실개울이 흐른다. 이 물들이 모여서 물한계곡을 이룬다. 매미와 풀벌레 소리 가득한 산길을 한 시간 정도 내려오면 계곡의 물소기 들린다. 그 물소리는 지친 심신을 소생시키는듯하다. 물소리는 점점 커진다. 달리기 선수가 결승점에 도달하듯 조급한 마음으로 개울가에 도착했다. 마치 사막에서 오하시스를 만난 심정이다. 맑고 찬물이 풍부한 수량으로 흐른다. 손을 물속에 넣었다. 땀에 찌던 얼굴을 씻고 나니 맑은 정신이 된다. 무성한 숲 속을 30분 더 걸어서 주차장에 도착했다.

　헤밍웨이의 바다와 노인은 유명한 글이다. 이 소설로서 그는 노벨상을 받았다. 그 내용은 어떤 것인가? 어떤 늙은 어부가 바다에 고기를 잡기위해, 작은 배를 타고 나갔다. 그런데 배보다 큰 고기가 한 마리 잡혔다. 이 고기를 잡기 위해 3일간을 먹지도 않고 끌려 다였다. 무척 고생을 한 셈이다. 고기가 너무 커서 배에 실을 수가 없어서, 이 큰 고기를 끌고 집으로 돌아온다. 집으로 오는 도중에 상어 떼들이 몰려와서 그 고기를 다 먹어버린다. 부두에 도착하여 보니 뼈만 앙상하게 남아있다. 그렇게 3일간 자지도 못하고 먹지도 못하고 고생하면서 잡은 고기라고 좋아했는데, 쓸모없는 뼈만 남았다. 3일간 고생한 보람은 무엇인가? 뼈뿐이다. 뼈밖에 남은 것이 없더라는 내용이다.

오늘 산행에서 얻는 것이 늙은 어부 산티아고가 끌고 온 앙상한 뼈와 같은 것 일까? 다시 말해 더위 속에 헛고생을 하였을까? 지친 다리를 끌고 14km를 왜 걸어갔을까? 의아하게 생각할 할 사람도 있을 것이다. 누가 왜 그런 짓을 했느냐 물으면, 나는 답할 것이다. 고통 후에 얻는 것도 있다고 말하고 싶다. 그 얻는 것이 무엇인가? '성취감' 이다. 성취감은 시간이 지나면 '생의 의욕' 으로 변한다. "빛이 강한 곳에 그늘도 짙은 법이 아닌가?"(괴테).   고통이 강할수록 성취감도 뚜렷하다. 중국 속담에 "자기를 극복하는 사람이 진정으로 강한 사람이다."라는 말이 있다. 여름철 산행은 극기 중 극기라 생각 된다.(2008년 7월 31일)

☞ 도마령 → 각호산 → 민주지산 → 석기봉 → 삼도봉 → 물한계곡 〈13.7km, 6시간〉

□ 갈릴리 바다와 사해

이스라엘에는 남북으로 길게 갈릴리 호수가 있다. 이 호수는 남북길이가 21km이고, 동서는 가장 폭이 넓은 곳이 12km나 된다. 그래서 바다와 같이 넓다 하여 사람들은 바다로 부르기도 한다. 이스라엘은 강우량이 매우적다. 1년 평균 100mm 정도다. 물이 매우 귀한 나라다. 갈릴리 호수 북쪽으로 헬몬 산이 있다. 이 산은 해발 2770m나 된다. 헬몬산 정상에 눈 녹은 물이 흘러 내려서 메론이라는 작은 호수에 모인다. 이 호수에 모인 물이 골자기를 타고 내려서 갈릴리 호수로 흘러 들어간다. 그리고 다시 갈릴리 호수 물은 요단강을 따라 흐른다. 96km 흘러서 사해로 들어간다. 갈릴리 호수의 바닥은 해수면보다 200m나 낮은 곳이고, 사해는 400m나 낮다. 그래서 요단 강물은 언제나 급하게 흐른다.

사람들은 흔히 '갈릴리 바다'와 '사해'를 비교한다. 갈릴리 바다는 북쪽 메론 호수에서 물을 받아들인다. 그리고 받아들이면서 끝없이 요단강으로 물을 흘러 보낸다. 그래서 요당강물은 늘 맑다. 여기에 고기들이 풍성하고, 주변은 경치가 아름답다. 그러나 사해는 해수면에서 무려 400m나 낮은 곳이다. 이곳은 물은 흘러들어가도 나오지는 못한다. 갇혀있는 물이 뜨거운 태양 열기 때문에 증발한다. 증발한 물은 농도가 진한 소금물이나 광물질로 변해서 남는다. 이런 물속에는 생물이 살 수 없다. 그래서 사해(死海)라 한다. 끝없이 받고 끝없이 주는 갈릴리 바다는 생명이 넘치는 바다다. 받기만 하고 줄줄 모르는 사해는 죽은 바다다. 이 세대를 살아가는 우리에게 갈릴리 바다와 사해를 대조하면서 얻는 교훈을 생각해 본다.

7월은 태양의 달이다. 아무것도 안하고 그늘에 앉아만 있어도 이마나 등줄기에 땀이 흐르는 계절이다. 여름철 산행은 땀하고도 전쟁이다. 가파른 비탈길을 배낭을 메고 올라가면 숨이 헉헉 막히면서, 머리에서 이마를 타고 내리는 땀이며 등줄기며 엉덩이며 옷이 달라붙어 물에 빠졌다가 나온 형국이다. 이런 상황에서는 손가락하나 움직이기 싫은 것이 사람 마음이다. 그런데 오늘 산행 중에, 한 산행객이 다리에 통증을 호소하면서 걸어온다. 뒤쪽에서 오는 산행객이 자기의 배낭 속 깊숙이 넣어둔 스프레이 파스를 끄집어내어 뿌려주기도 하고, 붕대로 감아주기도 한다. 하물며 자기 배낭 속에 들어있는 물도 끄집어내기 싫어 안 먹는 판국에 남에게 치료해 주고, 위로하는 모습을 본다. 얼마를 가다가 다리에 근육통이 발생한 사람은 회복하여 잘 걷고, 치료해준 사람이 경사진 곳에서 미끄러진다. 다리 다친 사람이 자기 스틱을 준다. 그 미끄러진 사람은 스틱을 짚고 평안이 길을 걷는다. 세상은 역시 주고받고 하면서 그 속에 우리가 살아가는 모양이다. 갈릴리는 생명을 주는 바다이고, 사 해는 죽은 바다가 아닌가.

26. 남이섬 이야기

    남이섬(南怡島)은 서울에서 북한강을 따라 북쪽으로 63km 지점에 가랑잎처럼 청평호수 위에 떠 있는 섬이다. 면적은 40만 평방미터에 둘레는 약 6km 이다. 가평 오거리에서 75번 지방도를 따라서 조금 들어가면 달전리 선착장이 나온다. 이 선착장에서 남이섬 유람선을 타고 5분 정도 강을 건너면 섬에 닿는다. 섬 선착장 바로 뒤에는 남이 장군의 묘가 있어서 남이섬이라고 부르기 시작했다. 1965년부터 수재 민병도 선생의 손끝 정성으로 모래 벌 땅콩 밭에 수천 그루의 나무가 가꾸어졌다.

□ 남이섬 둘레 걷기

    남이섬 선착장에 도착해서 안으로 들어가면, 섬 둘레로 '강변산책로'가 이어진다. 언덕길도 아니고 내리막길도 아닌 아주 평탄하고 기분 좋은 산책길이다. 어느 방향도 무방하나, 나는 입구에 들어서서 오른쪽으로 향했다. 소나무와 활엽수의 터널 속을 걷는다. 물속에 갇히어 있는 특수한 지형이라, 울타리 속의 보호받는 나무들 같아서 평화스럽게 보였다. 물가 키가 큰 수양버들의 가늘고 길게 늘어진 가지는 여인의 머릿결같이 가을바람에 나부꼈다. 낙엽 진 숲은 투명한 가을 하늘을 닮아간다. 가을이 가기 전에 낙엽이 바람에 스치는 소리를 들으며 강변 산책로를 걸어간다. 길옆에 들국화가 활짝 피고, 은행나무 잎이 길 위에 노랗게 쌓였다. 노부부 한 쌍이 손에 구운 옥수수를 들고 지나간다. 남이섬을 찾는 사람은 상당수가 일본이나, 중국 사람들이다. 아마 그들은 이곳이 신적(神的) 성지로 생각하는 듯한 느낌이다. 관광 안내자는 외국인 관광객을 인솔해서 다니면서, 이 지점에서 주인공이 첫 키스를 한 곳이고 하면서 설명을 한다. 그들은 아마 '욘사마 삼매경'에 빠진듯 하다. 꽃은 아름답지만 오래가지 못한다. 사람들을 덧없는 아름다움에 현혹하기도 한다.

세월은 바람같이 지나가고, 해와 달은 수레바퀴 돌듯이 돌아서 지난 여름 지독한 더위도 물러가고, 스산한 가을바람 속에 낙엽을 밟으며 남이섬을 걷는다. 흐르는 강물 따라 걷다가, 고개 들어 강 건너 바라보면 단풍든 산 밑에 집들이 물위에 뜬 그림자 같이 아름답다. 추풍낙엽이라 바람 부니 행락객 머리 위에 낙엽이 날린다. 낡은 강변 나무별장, 초가 별장에도 가을바람 불고 낙엽이 뒹군다. 바람 따라 물 따라 가다보면 섬의 남쪽 끝이 나오고 거기서 다시 북쪽으로 길은 이어지는데, 이 길에는 얼마간 억새밭이 나온다. 이제 그 수명을 다한 억새는 흰머리 흔들면서 가는 세월 바라만 본다. 숲 속에 노니는 사슴들은 지나가는 사람들을 멀 건이 바라만 보고, 에메랄드빛 하늘아래 햇살이 눈부시다. 옷깃을 스치는 강바람에 정신마저 맑아지고, 속된 마음 사라지고, 몸속에 빈 그릇만 남는다.

섬 둘레 길은 여유롭게 걸어도 한 시간이면 족하다. 처음 출발한 선착장에 돌아오면, 다시 섬 중앙 길을 걷는다. 이 길에는 잣나무 길, 은행나무 길, 메타세쿼이아 길 등이 있는데, 잣나무 길이 끝나면 놀이시설, 가게, 식당 등이 나온다. 그 다음이 은행나무 길인데, 이곳에서 많은 사람이 모인다. 이 직선 길을 돌아서 나오면 길의 끝 지점에 남이 장군 무덤이 나온다. 그가 이 섬에 묻혔다는 전설만이 있고, 실제로는 화성군 비봉면에 있다. 남이 장군은 29세의 젊은 나이로 유자광의 모함을 받아 억울하게 죽었다. 모함이란 꾀를 써서 남을 못된 구렁에 빠지게 함을 말하는데, 인간 행위에서 모함처럼 비열한 것은 없다.

남이 장군은 1457년(세조 3년) 약관의 나이로 무과에 장원하여, 세조의 지극한 사랑을 받았다. 1467년(세조 13년) 이시애가 북관에서 난을 일으키자 우대장 직분을 받아 이를 토벌하였다. 이 일로 조정으로부터 큰 칭찬을 받고, 의산군에 봉해졌으며, 이어서 서북 변에 건주위를 정벌하였고, 28세의 나이로 병조판서에 올랐다. 1468년 예종이 즉위한 후 대궐에서 숙직하던 중 혜성이 나타난 것을 보고, 묵은 것이 없어지고 새것이 나타날 징조라고 말하자, 그에게 항상 질투를 느껴오던 유자광이 엿듣고 이를 역모를 꾸민다고 모함하였다. 또한 남이가 여진토벌 때 읊은 시 "백두산의 돌 바위는 칼을 갈아 다하고, 두만강의 큰물은 말을 먹여 없애도다. 남자가 이십 먹어 나라를 평화롭게 못한다면, 뒤 세상의 누가 대장부라 일커르리요(白頭山石磨刀盡 豆滿江水飮摩無 男兒二十未平國 後世誰稱大丈夫)" 속의 미평국(未平國)이란 글귀를 미득국(未得國)이라 하였다고 하여, 억울하게 죽었다.

인류역사상 이 모함에 의하여 많은 사람이 화를 당했지만, 그래도 큰

세 개의 얼굴을 가진
마왕 루키페르

역사적 사건은 가룟 유다가 은 30세겔을 받고 예수를 판 사건과 줄리어스 시저를 모함해서 암살한 브루투스와 카시우스 일당들이다. 단테의 신곡, 지옥 편에 의하면, 지옥의 가장 깊은 곳에 갇혀있는 사람들이 있다. 그곳은 자기를 믿는 사람을 배반한 자들이 갇혀있는 곳이다. 단테는 위선과 배신을 살인과 강도보다 심각한 죄로 여긴다. 다른 죄는 그 자체로 끝나지만 위선과 배신은 인간 세계의 질서를 어지럽히며, 세상을 지옥으로 바꾸기 때문이다. 지옥의 마왕(魔王) 루키페르는 세 개의 얼굴을 가졌는데, 진홍색을 띤 중앙의 얼굴은 증오를 상징하며, 그 입에는 제일 큰 벌을 받은 망령인 가룟 사람 유다이다. 유다의 머리는 입안으로 들어갔고, 다리는 밖에 걸쳐있다. 검은색을 띤 왼쪽 얼굴은 무지를 상징하며, 브루투스를 물고 있으며 노란색 오른쪽 얼굴은 무력을 상징하며 카시우스를 물고 있다.(2006년 10월 26일)

☞ 오른쪽 강변로 → 한 바퀴 돌고 → 다시 선착장 → 중앙 길 왕복 → 선착장 〈10km, 2시간〉

□ 줄리어스 시저 스토리

이탈리아의 고등학교 역사교과서에 이런 내용이 있다. 지도자에게 요구되는 자질은 지성, 설득력, 지구력, 자제력, 지속적인 의지 등 다섯 가지다. 줄리어스 시저만이 이 모든 자질을 두루 갖추고 있었다. 이와 같이 후대 사람들은 그를 훌륭한 인물로 극찬한다. 로마인들은 그가 죽고 난 뒤에 말하기를 "그는 국가를 위하고 로마시민을 위해서 헌신한 장군이며 정치가였다"고 했다. 그는 그의 부하들의 시기심에 의해서 억울한 죽음을 당했다. 버나드 쇼는 말하기를 "인간의 약점에 대해서는 그토록 깊이 통찰한 셰익스피어였건만, 줄리어스 시저 같은 인물의 위대함에 대해서는 이해하지 못했다. '리어왕'은 걸작이지만 '줄리어스 시저'는 실패작이다." 라고 그를 평했다.

기원전 100년 7월 12일 로마의 빈민가에서 줄리어스 시저(Julius Caesar)가 태어났다. 이탈리아식 이름은 율리우스 카이사르이다. 영어로 7월을 July이라 하는데 이는 줄리어스 시저(Julius Caesar)의 이름에서 유래되었고, 또 율리우스 카이사르는 태어날 때 제왕절개로 탄생한 첫 아기였다 해서 이 수술을 지금도 "caesarian operation" 곧 제왕 절개 수술이라 한다.

그는 법학을 공부했고, 23세에 변호사 그 후 제사장직, 28세 때는 로

마군의 총사령관인 폼페이우스 장군 부대의 대대장직을 수행했다. 카이사르는 독서량이 그 당시 최고였고, 최고의 지식인이었다. 그는 코르넬리아와 결혼하여 율리아라고 하는 딸을 낳았다. 그러나 아내 코르넬리아는 32세에 죽는다. 카이사르는 마른 체격에 키가 크고, 행동거지에 기품이 있었다고 역사가들이 기록하고 있다. 그는 또한 웅변술이 뛰어나고 당시 상류층 부인들인 폼페이우스의 아내 무키아, 클레오파트라, 브루투스의 어머니인 세르빌리아 등과도 관계를 가졌다고 전한다. 카이사르의 애인들 가운데 가장 유명한 여자는 훗날의 클레오파트라를 제외하면 세르빌리아 일 것이다.

그 당시 지중해 연안에는 해적들이 성행하였다. 이 해적 소탕작전의 총사령관에 폼페이우스가 선임되었고, 그는 89일 만에 해적들을 모두 소탕하였다. 이 일로 인하여 폼페우스는 인기가 더욱 상승했고 점차 권력을 잡게 된다. 기원전 60년부터 삼두정치가 성립되었다. 폼페이우스, 카이사르, 크라수스 3인 연합정치였다. 삼두정치는 카이사르가 창안 했다. 원로원 주도의 로마 공화정은 삼두정치의 출현으로 무너졌다. 삼두정치 시기인 기원전 59년, 원로원의 혈기 왕성한 젊은이들이 암살 대상으로 생각한 사람은 카이사르가 아니고 폼페이우스였다. 그 이유는 막강한 권력을 가졌기 때문이었다.

기원전 56, 55년은 로마 최초로 상설석조 극장을 폼페이우스가 건설했다. 반면 카이사르는 갈리아전쟁에만 전력하였다. 그 무렵 폼페이우스는 카이사르의 딸 율리아와 결혼한다. 그러나 얼마 후 율리아는 죽었다. 카이사르는 호민관 선거에 안토니우스를 추천하여 당선시킨다. 카이사르는 안토니우스를 자기의 후계자로 생각했는지 모른다. 당시 안토니우스는 32세의 젊은이로 카이사르 휘하에서 군단장으로 근무했고 정치무대에 처음 오른 풋내기였다.

　기원전 49년 원로원은 '원로원 최종권고'를 결의하고 폼페이우스에게 무제한의 대권을 부여한다는 법안을 가결한다. 이로 인하여 폼페이우스와 카이사르는 권력과 세력 다툼으로 서로 암투가 벌어진다. 시간이 지나자 폼페이우스와 카이사르의 대결전으로 이어졌다. 사태는 폼페이우스 쪽이 불리하게 된다. 이무렵 수도 로마는 민심이 혼란하였고 정치도 혼미한 상태였다. 불리한 정세로 기울어진 폼페이우스는 로마를 탈출하여, 그리스를 거쳐 이집트로 피신하였다. 알렉산드리아 항구에서 이집트 왕의 지시를 받은 셉티무스에 의해 폼페이우스는 살해된다. 그의 나이는 58세였다.

　몇 년의 세월이 흘렀다. 폼페이우스가 없는 로마는 카이사르가 권력을 잡고 있다. 기원전 44년으로 해가 바뀌자마자, 카이사르는 파르티아 원정을 공식 발표한다. 그때 그는 종신 독재관에 취임하였다. 또한 그에게 이상한 소문이 따라 다니게 되었다. 카이사르가 왕위를 노리고 있다는 소문이었다. 로마인들이 기회가 있을 때마다 들으러 가는 시빌라의 신탁(信託) 가운데, 오직 왕만이 파르티아 원정에 성공할 수 있다는 예언이 있었다. 이것이 소문의 출처였다. 그 후 어떤 자리에서 카이사르와 함께 그해 집정관이 된 안토니우스가 관중석 중앙에 앉아 있는 카이사르에게 왕관을 본뜬 관을 바쳤다. 박수를 치는 사람도 있었지만, 대부분은 놀라서 말도 안 나온다는 표정이었다. 그 당시 로마인은 왕정을 매우 싫어했다.

　그로부터 한 달도 지나지 않은 3월 15일, 원로원 회의장에서 카이사르는 살해된다. 암살당했을 때, 율리우스 카이사르는 56번째 생일을 넉 달 앞두고 있었다. 암살을 실행한 14명의 이름은 알려져 있다. 이들도 막상 큰일을 결행할 때에는 침착성을 잃었는지, 단검을 겨누고 카이사르에게 덤벼들다가 실수로 동지를 찔러버린 사람도 있었다. 광란에 빠진 14명이 한 사람을 마구 찌른 결과, 카이사르가 입은 상처는 모두 23군데, 그중 가슴에 받은 두 번째 상처가 치명적이었다고 한다. 암살주동자는 브루투스와 카시우스였다.

그러면 브루투스는 누구인가? 브루투스는 평민귀족으로 태어났다. 브루투스가 8세 되던 해에 아버지는 죽었다. 어머니 '세르빌리아'가 양육하였다. 그 후 그는 아테네에서 최고학부를 졸업했다. 폼페이우스와 카이사르가 서로 대결할 때, 브루투스는 어머니의 반대를 뿌리치고 폼페이우스 진영에 가담했다. 비록 폼페이우스는 아버지를 죽인 사람이지만, 원로원 체제고수를 내세운 폼페이우스에게 몸을 던진 것이다. 그리고 폼페이우스와 카이사르 양 진영 싸움인 파르살로스 전쟁에서 브루투스는 포로로 잡혔다. 그러나 브루투스의 어머니 세르빌리아의 부탁을 받은 카이사르가 브루투스만은 무슨 일이 있어도 절대 죽이면 안 된다고 명령해둔 덕택에 목숨을 건졌다. 그 후에 브루투스는 카이사르의 인정을 받아 북이탈리아 속주 총독직도 수행하였고, 카이사르를 암살한 BC 44년에는 수석 법무관자리에 있었다. 카이사르 암살도 처음부터 그가 주모자였던 것은 아니다. 매제인 카시우스가 진짜 주모자였다. 브루투스는 주모자로 떠받들렸을 뿐이다. 하지만 브루투스가 주모자가 되었기 때문에 음모에 가담한 사람이 많았다고 한다. 브루투스가 카이사르를 단검으로, 마지막으로 찌를 때 카이사르는 "브루투스, 너마저?(Brutus, you too?)"라고 말했다.

　셰익스피어의 말에 "한겨울의 찬바람이 아무리 차다 하더라도 배은
망덕한 자의 찬바람보다는 차지 아니할 것이다."그런 말이 있다. 죽어
야 할 브루투스는 카이사르의 은혜로 살아났건만, 그는 자기를 살려준
은인을 죽인 것이다. 브루투스의 행위는 겨울의 북풍보다 더 차가운 배
은망덕이었다. 우리말에 "은혜는 물에 새기고 원한은 돌에 새긴다."는
말이 있다. 받은바 은혜는 물에 새겨 곧 잊어버린 것이다. 브루투스가
그런 사람이다. (로마인 이야기에서 재구성)

27. 마니산 이야기

***강화도**와 **마니산**은? 마니산(摩尼山, 468m)은 강화도 화도면 문산리에 위치하고 있으며 북으로 백두산과 남으로 한라산의 정 중앙에 위치하여 산꼭대기에는 단군이 우리 민족의 번영을 기원하던 제단이라고 전해 내려오는 참성단(塹星壇)이 있다. 그래서 단군 신화의 전설이 있는 강화(江華)의 옛 이름은 갑비고차였다. 고구려시대에는 혈구군, 고려조에 와서는 현으로 개편되어 지금의 이름인 강화현이 되었다. 강화는 고려 때부터 외적이 침입할 때마다 조정에서는 강화로 천도함으로서 실지 회복을 꾀했고 국가의 마지막 보루가 되어왔다. 최초의 천도는 고려 23대 고종 때 몽골군이 침입하여 천도하였고, 이후 여러 차례 국난이 있을 때마다 강화는 근 40년이나 고려조의 왕도 노릇을 하였다. 마니산 동쪽에는 정수사(淨水寺)란 절이 있다.

□ 산행기

철이 없는 사람을 철부지라 한다. 철부지란 계절의 변화를 알아채지 못하는 사람이다. 그런데 요즈음 사람에게만 있는 것이 아니라 계절도 철부지다. 추워야 할 겨울은 봄날 같고, 봄날이여야 할 봄은 한겨울 추위를 무색케 할 정도로 강풍과 한파로 며칠 동안 전국을 휩쓸었다. 일찍 꽃이 핀 목련이나 매화는 결실도 못하고 얼어붙었다. 다소 누그러지는 듯했던 꽃샘추위가 오늘부터 전국적으로 눈·비가 내린 후 다시 시작된다는 예보를 듣고 강화도에 도착했다.

화도면 상방리에 있는 마니산 매표소를 지나서 산을 올랐다. 300m 즈음 올라가면 참성단 가는 길이 갈라진다. 바로 가는 '참성로' 길은 917계단을 오르는 가파른 오르막길이고, 오른쪽 산비탈로 올라가는 '단군로'는 산허리를 둘러 부드럽게 올라가는 길이다. 단군로로 올랐다. 참성단까지 3.4km이다. 두터운 구름이 하늘을 덮고 있다. 눈·비 먹은 구름이다. 찬바람에 낙엽이 바람에 날린다. 궂은 날씨지만 참성로를 오르는 산행객은 많았다. 주로 단체 산행객인 듯한 젊은 사람들이다.

길은 산허리 길에서 산비탈 길로 바뀌고, 사람들은 오르막길을 힘겨워한다. 능선에 막 오르자 비가 오기시작 한다. 가랑비를 맞으며 계속 걸었다. '425봉'을 지나자 날씨는 갑자기 사나워졌다. 바람은 더욱 거세게 불고 비는 함박눈으로 변하여 내린다. 공포감을 주는 바람과 그 소리가 몸을 가누기가 힘들게 한다. 이것이 누구의 조화인가? 누가 바람을 일으키고 눈비를 부르는 호풍환우(呼風喚雨)하는 술법을 부렸는가? 시야가 어둡고 산안개가 산위로 몰려든다. 무서움 속에 신비감이 든다. 산행객들은 눈비를 맞아 후줄근하게 축 늘어졌다. 짙은 안개구름에 쌓여 그 모습을 숨기고 있는 '참성단' 봉을, 산행객들은 힘겹게 나무계단을 오른다. 강풍에 날리는 눈송이가 얼굴을 사정없이 때린다. 긴 나무계

참성단 올라가는 계단

단을 오르고도 잠시 더 걸어야 참성단이 나온다. 통제구역이라 멀찍이 떨어져서 보아야한다. 화강암으로 된 높이 6m의 사각 제단인 참성단의 기초는 하늘을 상징하여 둥글게 쌓았고, 단은 땅을 상징하여 네모로 쌓았다(사적 제136호).

하산 길은 능선을 타고 정수사 방향이다. 정수사를 지나서 주차장까지는 4.8km의 거리다. 참성단에서 '460봉'까지는 암릉길로 경치가 좋은 곳이다. 비는 그쳤지만 바위 면이 미끄럽다. 이 능선에서 강화의 멋진 낙조를 볼 수 있는 곳이라는데. 비록 붉은 노을로 물든 서해의 섬들과 바다를 바라보는 것까지는 바라지 않지만, 서쪽으로 기울어지는 태양과 서해의 바다만이라도 보았으면 하는 마음 간절했다. 바위능선 길 좌우의 난간 밧줄을 잡고 젖은 바위 면을 조심스럽게 딛고 지나갔다. 460봉에 도착할 무렵 구름의 색깔이 희어지고 날이 개는 것 같았다. 서해의 섬들이 조금씩 선명하게 보였다. 푸른 바닷물은 아니지만 우중충한 서해바다가 그 모습을 드러냈다. 크고 작은 섬들이 점점이 박혀있고, 구름 속에 태양의 희미한 윤각이 드러난다.

360봉 능선을 지나서 가파른 내리막길을 한식경 내려왔다. 이제 길은 평탄하고, 하늘도 맑아지고 있다. 한참을 걸은 후에 정수사에 도착했다. 기울어지는 태양광선을 받은 보전(寶殿)의 단청은 더 한청 깨끗하게 보였고, 바람에 흔들리는 풍경소리는 마음에 평안을 안겨준다. 절 주변에는 오래된 느티나무들이 절의 역사를 말해주는 듯하다. 주차장에 도착했을 때는 하늘은 맑게 게이고 찬바람이 불었다. 길가 노점의 아낙으로부터 '수무' 한단을 샀다. 수무는 강화도에서만 나는 특산물이다. 무와 배추꼬리의 맛을 아울러 가졌다는 수무는 토양관계로 개성과 강화밖에는 나지 않는 특산물이다. 이 수무로 담근 김치나 짠지는 몸이 단단하면서도 씹으면 시원하고 달콤한 맛이 나서 강화가 아니면 맛볼 수 없는 별미이다. 그리고 과일처럼 그냥 먹어도 좋다.

산에는 산길이 있다. 산길은 오르막길도 있고, 내리막길도 있다. 걷기 좋은 산허리 길도 있다. 또 가파른 오르막길도 있고 곤두박질하듯 내려가는 내리막길도 있다. 계곡도 지나고 산고개도 지나서 가기도 한다. 길만 걷는 것이 아니고 오고가는 나그네도 만난다. 산짐승도 보고 새도 본다. 돌부리나 나무뿌리에 걸려 넘어지기도 한다. 그래도 산길은 즐겁다. 굳은 마음이 풀려서 너그러워지는 길이 산길이기 때문이다.

그러나 산길은 언제나 즐거움만을 주는 것은 아니다. 길 따라 가다보면 어느 곳에서 갑자기 길이 끊어진다. 사방이 절벽이고 낭떠러지다. 지나온 길을 되돌아 나가야 한다. 또 산길은 안개와 먹구름 속에 휘감기어

한치 앞도 분간 못하는 오리무중 일 때도 있고, 갑자기 소낙비를 만나서 당황하여 망연자실, 정신을 잃고 어리둥절할 때도 있다. 그러나 이런 절망적인 상태는 오래 지속되는 것이 아니고 자신도 모르는 사이에 순식간에 사라진다. 그런데 한 가지 분명한 것은 어떤 길이든지 한 가지 길만 계속되는 것이 아니고, 길은 이 길에서 저 길로 계속 바뀐다는 것이다. 산행객은 어떤 길이 나와도 불평하지 않고 그 길을 가야한다. 그래야 목적지에 도달할 수 있다. 오늘 산길도 순탄한 길이 아니었다. 고통 속에서 그 길을 무사히 지나왔다. 이런 고통을 경험할수록 인간의 마음은 부드러워진다. 그리고 세상살이가 초연해진다. (2007년 3월 10일)

☞ 마니산 관리사무소 → 단군로 → 참성단(465m) → 469봉 → 정수사 → 주차장
〈8.1km, 3시간 30분〉

□ 간디의 무저항주의

간디는 그의 조국에서 처음에는 그를 '간디 선생'이라 했고 나중에는 '위대한 혼'이라고 불렀다. 인도인들을 그를 국부로 알고 있다. 그는 성자요, 위대한 영혼의 소유자요, 훌륭한 정치가였다. 사람들은 간디의 무저항주의 정신을 높이 평가한다. 그가 인도의 독립운동을 일으킬 때 취한 방법이 유명한 무저항주위였다. 그는 옥에 갇혀서 금식하면서 영국의 통치에 반대했다. 그 방법은 철저히 무저항주의로서 자기의 의사를 밝혔든 것이다.

인도의 간디는 이런 말을 했다. "인도에서 그리스도는 남겨두고 그리

스도 교회는 가져가라. 왜냐하면 인도의 교회들이 그리스도의 진리대로 행하지 않았기 때문이다. 그의 눈으로 볼 때 그 당시 인도에 있는 교회들이 그리스도의 말씀대로 살고 있지 아니하여서 이런 말이 나왔던 것이다. 간디는 비록 예수를 믿지 않았지만 그의 일생을 통해 예수를 존경하고 사랑한 사람이었다. 그는 마태복음 5장에서 7장까지의 산상보훈을 매일 한 번씩 읽었다고 한다. 그의 생활 철학인 무저항주의 같은 것은 바로 산상보훈에서 수립한 생활철학이었다고 했다. 산상보훈에 나타난 무저항주의를 제창한 내용은 무엇인가?

구약시대의 복수는 동태복수법(同態復讐法)이었다. 그것은 같은 형태로 갚아주는 것이다. 사람이 서로 싸우다가 다쳤으면, 가해자에게는 생명은 생명으로, 눈은 눈으로, 이는 이로, 손은 손으로, 발은 발로, 화상은 화상으로, 상처는 상처로, 때린 것은 때림으로 갚아야 한다. 이는 고대의 무제한 복수에 제한을 가하여 당시 사회 정의의 원칙이 되었던 것이다. 고대시대의 복수법의 주지는 그 공정성에 있다. 이런 사상은 바벨론의 함무라비 법전에서나 로마의 십이동표에도 나타나있다. 그러나 예수께서는 복수법을 초월하는 무저항주의를 가르쳤다. 동태복수법은 공정하게 보이나 실지로 쌍방이 다 같이 만족할 공정한 복수법은 어려운 것이다. 결국 복수는 다시 복수를 불러 끝없는 악순환이 되풀이 될 것이다. 결국 예수의 무저항주의가 복수법을 완성시켜주는 것이다.

그러나 예수의 가르침은 구약의 복수법에 대한 교훈으로 유명한 무저항주의를 제창했다. 그것은 한마디로 말하면 보복하지 말라는 것이다. 예수께서 말했다. "'눈은 눈으로, 이는 이로 갚아라.' 하고 이른 것을 너희가 들었다. 그러나 나는 너희에게 말한다. 악한 자를 대적하지 말라.

누가 네 오른쪽 뺨을 치거든 왼쪽 뺨마저 돌려대어라. 또 너를 걸어 고소하여 네 속옷을 가지려는 사람에게는 겉옷까지도 내주어라. 누가 너더러 억지로 오 리를 가자고 하거든 십 리를 가주어라. 네게 달라는 사람에게는 주고, 네게 꾸려고 하는 사람을 물리치지 말아라."

산상보훈은 예수 그리스도 전교훈의 요약이다. '산상보훈(山上寶訓)'이란 산 위에서 한 이야기란 뜻이다. 많은 신학자들은 산상보훈에 대해 말하기를 "이는 세계문학계에 있어 최고의 강화(講話)였다." "이는 인간 윤리의 최고봉이다." "수백의 보석으로 꾸며진 왕관이다." "모든 종교의 서곡이다." "예수의 전 생애와 교훈은 산상보훈의 주해였다." "산상보훈은 천국의 대헌장이다." 이렇게 평했다. 산상보훈은 그리스인들만 애독하는 것이 아니고 그리스도인이 아닌 사람들도 간디와 같이 대단히 좋아하고 애독한다고 한다. 간디는 산상보훈 중에서도 특히 팔복(八福)을 적어서 벽에 붙어두고 즐겨 읽었다 한다. 다음이 팔복이다.

① 심령이 가난한 자는 복이 있나니 천국이 저희 것이다.

② 애통하는 자는 복이 있나니 저희가 위로를 받을 것이다.

③ 온유한 자는 복이 있나니 저희가 땅을 기업으로 받을 것이다.

④ 의에 주리고 목마른 자는 복이 있나니 저희가 배부를 것이다.

⑤ 긍휼히 여기는 자는 복이 있나니 저희가 긍휼히 여김을 받을 것이다.

⑥ 마음이 청결한 자는 복이 있나니 저희가 하나님을 볼 것이다.

⑦ 화평케 하는 자는 복이 있나니 저희가 하나님의 아들이라 일컬음을
   받을 것이다.

⑧ 의를 위하여 핍박을 받은 자는 복이 있나니 천국이 저희 것이다.

첫째 복에도 '천국이 저희 것임이요' 했고 마지막 복인 팔복에 '천국

이 저희 것임이요' 라고 했다. 팔복은 천국에서 천국으로 이르는 여정이다. 중간 여섯 가지 복은 천국의 설명에 지나지 않는다. 과연 천국의 소리다. 성서에서는 현실에서의 마음의 천국과 종말적인 미래의 천국이있다.

28. 화염산 이야기

　　***화염산**은? 중국대륙의 북서쪽 끝에 신강위구르 자치구가 있고, 이 자치구의 주도(主都)는 우루무치(鳥魯木齊)다. 이 우루무치에서 남동쪽으로 187km 떨어진 곳에 투루판이란 지역이 있다. 이 투루판 분지의 북부에 화염산(火焰山)이 있다. 화염산이 있는 산맥은 동서 길이가 100km, 남북 길이가 9km에 달하며 최고 높은 봉우리가 해발 851m이다. 이 화염산맥 중간에 화염산이 있다. 이 산은 대부분 홍사암으로 되어 있고, 산전체가 불꽃이 타오르는 모습 같다. 약 40년 전에는 이곳 화염산의 극단의 온도가 48.5℃에 달해 중국에서 가장 높은 기온으로 기록되기도 했었다. 그때 지면의 온도는 82.3℃에 다다랐고, 이렇게 화염산의 온도가 높은 것은 북쪽이 높고 남쪽이 낮은 분지가 태양열을 향해 기울어 있기 때문이다. 위구르인은 이 산을 구즈로다고, 즉 빨간 산이라고 부른다. 또 서유기에서 삼장법사 일행이 화염산의 불길 때문에 고초를 겪는 사건의 무대로 등장하기도 한다.

　　* '**우루무치**'란 곳은? 신강위구르자치구(新疆維吾爾自治區)는 인구가 2000만 명도 안 되나, 면적은 중국 땅의 6분의 1이나 된다. 한반도의 8

배나 되는 넓은 지역이다. 이 지역은 고비사막의 서쪽 부분에 속한다. 신강성의 한가운데 천산산맥이 동서로 걸쳐있다. 2500km의 천산산맥이 신강성에 1700km나 차지하고 있다. 이 산의 정상에 쌓여있는 눈이 녹아서 물이 생기는데, 이 물로 극히 일부지역에서 사람이 산다. 신강성의 주도인 우루무치는 천산산맥 가까이에 있다. 이곳은 한민족(漢民族)이 예부터 서역이라고 부른 지역의 일부로서 동서교통의 요충지였으며, 물과 목초를 찾아온 유목민족들이 타클라마칸사막 주변에 여러 도시국가를 세워 지배했다. 신강성은 위구르족의 자치구인데, 전인구의 3분의 2는 위구르족이며, 그 다음이 한족과 카자흐족, 회족 등의 민족들이 자치주나 자치현을 구성하고 산다. 신강의 기후는 전형적인 대륙성 기후로 여름에는 덥고, 겨울에는 춥다. 비가 거의 오지 않는 사막지역이다.

　***투루판**(吐魯番)은? 투루판이란 이름은 위구르어로 '패인 땅'이라는 뜻이다. 투루판 분지는 이름의 뜻만큼이나 중국에서 가장 표고가 낮은 지역으로, 해면보다 154m정도 낮다. 실크로드의 요충지에 위치해 있으며, 서한(西漢)시대부터 오랫동안 서역지방의 정치, 경제 문화의 중심지이다. 이곳이 예로부터 발달하게 된 것은 북서쪽의 우루무치와 남서쪽의 카스기르, 남동쪽의 강소성으로 연결되는 교통의 요지이기 때문이다. 여름에는 매우 더워서 '화주(火洲)'라고도 불러지며, 기후의 특성상 포도의 생산지로서도 유명하다. 역사 유적으로는 고창왕국의 유적지인 고창고성(高昌古城), 교하고성(交河古城), 아스타나 고분(古墳) 등이 있다.

☞ 우루무치(烏魯木齊) → 〈187km〉투루판(吐魯番) → 〈282km〉선선(鄯善) → 〈617km〉 하밀(哈密) → 〈1020km〉돈황(敦煌) 〈거리는 우루무치를 기준한 것임〉

□ 산행기

　우리 일행이 화염산(火焰山)에 도착했을 때, 해는 동쪽 하늘의 중허리에서 비스듬히 비추고 있었다. 태양빛을 받은 화염산은 본래의 모습보다 더욱 붉게 보였다. 붉은 사암의 모래알갱이 때문에 멀리서 보면 화염(火焰, 불꽃)처럼 보인다 하여 화염산으로 불린다. 화염산은 3단계로 올라간다. 모래언덕을 대각선으로 300m정도 올라가면 운동장과 같은 평지의 가장자리가 나오고, 그 평지 가장자리에서 중심에 있는 삼각형 모양의 모래산 밑까지 가야한다. 다시 가운데 삼각형 모양의 모래산을 대각선 방향으로 오른다.

　산 입구에는 관광객이 이용할 수 있는 낙타 떼가 무리지어 있다. 첫 단계인 모래언덕을 올랐다. 낙타를 타고 가는 사람들도 있지만 대개가 걸어서 오른다. 이 산 전체가 붉은 모래알갱이와 드물게 주먹만 한 돌들이 보인다. 길은 모래로 발이 빠져, 눈길을 걷는 것과 같이 힘이 든다. 길에는 낙타 배설물이 건조되어 숯덩이 같이 보인다. 구월 초순의 내리쪼이는 뙤약볕은 한여름 햇볕같이 따갑다. 이방(異邦)의 신기한 환경에 정신이 빠진 사람들은 지칠 줄 모르고 걷는다. 모래언덕에 도착하여 시선을 낮춰 아래를 굽어보니, 낙타를 탄 한 무리 사람들이 오른다. 그들은 마치 사막을 행단 하는 카라반(隊商)모습과 같다. 다시 가운데 쪽으로 걸어 들어가서 삼각형 모양의 모래산 밑에 도착하여, 불꽃의 중심부를 대각선으로 400m쯤 올랐다. 이 길에는 낙타가 다녔던 흔적은 없고, 사람 발자국만 희미하게 나 있다. 구름 한 점 없는 하늘에서 내려쬐는 태양열은 따갑다. 삼장법사 일행이 화염산의 불길 때문에 고생하는 모습이 그림으로 그려지기도 한다. 정상을 조금 남겨두고 시간이 없어 왔

던 길을 내려왔다.

화염산은 먼 곳에서 바라보아도 아름답지만, 직접 와서 보아도 아름답다. 마치 분홍색 물감 가루를 쌓아놓은 거대한 노적더미 같다. 이 산 속에서는 현세상이 아니고, 꿈속에서 이상한 곳을 지나가는 느낌이다. 경이로운 호기심에 끌려 올라왔지만, 곧 마음은 불안하고 무서움이 다가왔다. 생명이 살 수 없는 죽음의 땅이다. 풀 한 포기 나무 한 포기 없는 버려진 땅이다. 여름철에는 감히 이 산에 오를 수도 없다. 강하고 뜨거운 태양열이 분홍색 모래알을 달구기 때문이다. 만약 이런 환경 속에 사람이 버려진다면 그것은 곧 죽음이다. 고비사막은 황량한 벌판이요, 인적이 없는 광야이다. 사하라, 타클라마칸 사막에는 모래만 있지만, 이 고비사막은 염분을 함유한 흙과 돌이 있을 뿐이다. 간혹 사막에서 자생하는 풀들이 생명을 간신히 연장해 가고 있는 죽음의 땅이다.

당나라 현장법사(玄裝法師, 602~664년)가 인도에 불경을 구하려, 당 태종(이세민) 때 장안성을 떠나서 화염산을 넘었다고 한다. '현장'은 서천에 '삼장(三藏)'의 경을 구하려 간다 해서, 삼장법사(三藏法師)라고도 한다. 소설 서유기는 현장법사가 인도에 가서 불경을 구해 온 이야기가 중심내용이다. 당 태종 정관(貞觀) 1년(627년)에 지금의 서안을 떠나서 고비사막과 천산산맥, 힌두쿠시산맥, 카슈미르 고원을 지나 인도의 나란타(왕사성)이르러 불경을 연구하고 다시 중국으로 돌아온 해가 645년. 모두 18년이나 걸린 이 긴 여행은 당시로선 상상하기도 어려운 엄청난 모험이고 도전이었다. 아무탈 것도 없이 오직 두 발로 산을 넘고 강을 건너며 사막의 모래바람을 헤쳐 나갔을 그 여행은 목숨을 건 여행이었다. 서유기의 한 구절을 인용하면 다음과 같다.

> "삼장일행이 서역으로 가다가 특별히 더운 지역에 이르렀다. 그때는 가을 이였는데 찌는 듯한 더위는 그들을 못 견디게 했다. 그들은 그곳을 스하리국(哈里國;지금의 스리랑카)이라 생각하였다. 그곳은 해가 떨어지는 곳으로 흔히 하늘 끝이라고 부르는데, 해질녘에 해가 서해에 잠길 때는 불을 물속에 넣을 때와 같이 굉장한 소리를 내고 끓는다고 알고 있었다. 그러나 그곳 주민들의 말을 듣고, 그곳이 화염산이라는 것과 봄도 없고 가을도 없이 일 년 내내 이렇게 무덥기만 한 것을 알게 된다. 삼장법사 일행은 철선선(鐵扇仙)의 파초선(芭蕉扇)을 부치면서 산을 넘는다."

1908년 중국 감숙성 돈황에 있는 석굴에서 낡은 책 한 권이 발견되었다. 첫 부분과 끝부분이 떨어져 나간 이 책은 727년에 혜초가 쓴 인도여행기 '왕오천축국전'의 필사본이었다. 혜초는 신라 성덕왕 때의 스님인데, 스무 살 때 당나라로 가서 인도 승려 '금강지'의 제자가 되어 인도로 갔었다. 천축이란 당시 인도 또는 인도 부근의 나라들을 일컫던 이름이다. 혜초는 10년 동안 황량한 사막과 뜨거운 열대지방을 두루 거치며, 10만 리길을 걸어 여행하면서 인도와 동남아시아, 중앙아시아 여러 나라의 모습을 기록하였다. 그의 기록에 의하면 혜초도 화염산을 넘었다고 한다. (2006년 9월 2일~9월 10일)

□ 낙타와 카라반

낙타의 종류에는 단봉낙타(등에 혹이 1개)와 쌍봉낙타(등에 혹이 2개)가 있고, 그밖에 야생 라마의 일종인 구아나코 라마와 비쿠나 등이 있다. 이러한 종은 모두 북아메리카의 유타 주와 와이오밍주 등에서 약 5,400만 년 전부터 살았다고 한다. 단봉낙타와 쌍봉낙타는 베링 해협을 거쳐 아시아로 들어왔는데, 단봉낙타는 건조하고 더운 지방에, 쌍봉낙타는 추운 지방에 적응했다. 단봉낙타는 기원전 3000년경 아라비아에서, 쌍봉낙타는 기원전 2600년경 이란과 투르크메니스탄에서 사육되었다.

아프리카의 단봉낙타가 역사상 최초로 나타난 것은 아시리아의 왕 에사르하돈(기원전 680~669재위)이 이집트 정복 때였다. 기원전 671년 원정에서 그는 낙타를 타고 시나이 반도를 거쳐 이집트에 도착했다. 뜨거운 한여름의 바람과 햇빛을 받으면서도 단봉낙타는 물을 먹지 않고도 17일간이나 버틸 수 있었다. 낙타는 몇 분 동안 120L의 물을 마실 수 있기 때문에, 사람들은 낙타가 혹에 물을 저장한다고 생각하지만, 사실은 혹은 지방덩어리이고, 필요한 수분은 이 지방을 분해해서 얻는다고 한다. 쌍봉낙타와 단봉낙타는 콧구멍을 막을 수 있고, 귀 주위의 털이 길어서

치솟는 불길 모양의 화염산

모래먼지를 방지할 수 있다. 또 낙타의 발바닥은 척구(蹠球)가 커서 접지면적이 넓기 때문에 모래 위를 걸어 다니기에 알맞다. 이렇게 불리한 환경에 적응할 수 있는 능력 때문에 낙타는 고비사막이나 사하라사막에서 살아가는 유목민들에게 없어서는 안 될 동반자가 되었다.

대상(隊商;Caravane)은 보통 사막지대에서 무리를 지어 다니는 상인·순례자·여행자 등의 집단을 가리킨다. 대상이라는 뜻의 캐러밴은 '낙타의 긴 행렬이나 여행자 단체'를 뜻하는 페르시아의 카라반(karwan)에서 나온 말이다. 낙타는 튼튼하고 많은 짐을 실을 수 있어 가장 보편적으로 이용되는 동물이었다. 이때 사람들은 대부분 낙타와 함께 걸어 다니거나 낙타의 양옆에 매달린 바구니를 타고 여행한다. 가장 유명한 대상은 '아이리'라는 사람으로, 그는 빌마(사하라 사막에 있는 오아시스)에서 소금을 구입했고, '아잘라이'라는 사람은 타리크엘멜라(소금을 운반하는 대상들이 다니는 길)를 따라 사하라 사막의 여러 염전을 지나 다녔다. 또한 대상로(隊商路)는 중앙아시아의 사막을 가로질러 나있었다. 이는 여러 갈래의 실크로드를 따라 중국과 인도로부터 금속과 모피를 가져오거나 장인들을 데려오기 위한 것이었다. 대상의 우두머리는 별을 보고 길을 찾았고, 여러 언어를 구사할 수 있어야 했다. 1354년에 중세 아랍의 여행가인 '이븐 바투타'는 말리에서 리비아의 오아시스 도시인 가다메스의 노예시장에 팔리기로 되어있는 600명의 흑인을 사들여 대상을 보충했다고 한다. 이것은 당시 운반수단의 한 형태였다.

29. 사막 이야기

    * **'선선' 의 사막**은? 실크로의 시작은 장안(長安, 지금의 西安)에서 시작한다. 장안→난주→무위→돈황→하밀→선선→투르판→우루무치→……. 그러나 한국에서 비행기가 우루무치로 가기 때문에, 우루무치에서 돈황으로 이어지는 비단길을 역 탐방하게 된다. 우루무치에서 280km 정도 떨어진 선선(鄯善)이란 곳에 오아시스가 있고, 이곳에 관광객에게 사막 체험을 할 수 있는 장소가 있다. 이 '사막 길 걷기'는 그곳에서 체험한 내용이다.

□ 사막 길 걷기

    지구상에 수많은 사막이 있듯이 사막의 모습도 천차만별이다. 고비사막은 돌이 많고 광활한 평원이지만, 미국 서부의 어떤 지역은 선인장과 덤불로 뒤덮여 사람이 들어갈 수도 없는 곳도 있다. 사막에는 지독한 더위가 계속되는 모래바다를 연상하지만, 사실은 모래바다는 일부지역에 존재한다고 한다. 사막의 모래가 형성되는 과정은, 바람에 의해 운반된 모래나 작은 돌이 암석에 부딪치면서 암석표면을 침식시키는 풍식(風蝕)작용의 반복으로 암석은 점차 형태가 바뀌고 결국엔 모래가 된다.

사막을 여행하는 것은 예나 지금이나 여전히 위험하면서도 경이로운 매력을 가지고 있다. 사막에는 길이 보이지 않는다. 길을 걷는 사람이 길을 모르면 두려움의 대상이 된다. 사막 여행자에게는 길을 아는 것이 중요하다. 산에는 등산로가 뚜렷이 있어 그 길로 따라가면 되지만, 사막 길을 가기는, 마치 끝없이 넓고 울창한 산림 속으로 가는 것과 같다. 여행자는 이런 지방을 가면 갈수록 방황하고 공포에 떤다. 그들은 가고 또 가다가 일찍이 그 길로 가다가 죽어서 썩어진 해골을 볼 뿐이다. 그러므로 사막여행자가 안전한 길을 알고서, 그 길로 가는 것은 하나의 이적(異蹟)이다. 만약 사막에서 하룻길을 가도 다음날을 보장받지 못한다. 그래도 갈 수밖에 없다.

우루무치에서 투루판을 지나서 282km 지점에 선선(鄯善)이라는 작은 마을이 있다. 이곳에는 고비사막 가운데에 존재하는, 타클라마칸 사막 일부가 있다. 고비사막은 돌과 점토 흙이 섞인 모래로 이루어졌지만 타클라마칸 사막은 고운 모래알이 모래언덕을 이루고 있어, 분명히 구별이 된다. 선선 동네를 가로질러 들어가면, 키가 큰 포플러 숲길이 나오고, 그 숲길 끝에 작은 언덕 하나를 넘으면, 끝없이 펼쳐지는 모래언덕의 사막이 펼쳐진다. 이곳에 위구르족 사람들이 관광객을 위하여 사막 체험장을 마련하였다. 사륜구동차를 타고 '모래언덕'을 질주할 수도 있고, 걸어서 들어갈 수도 있다. 이 모래 언덕을 사구(砂丘)라 한다. 이는 바람에 의해 운반되고, 퇴적된 모래로 구성된 언덕이나 능선을 말하는데, 사구는 고정된 것도 있고, 움직이는 것도 있다. 사구의 모양과 높이는 여러 가지 형태를 이루고 있다. 가장 작은 사구는 높이가 4m 정도이고, 경사는 33도 미만이다. 큰 것은 모래가 피라미드 모양으로 쌓아 올라져 있으며 높이 300m, 직경 1000m를 넘기도 한다. 이러한 크고 작은 사구를 한 시간 걸어서 들어갔다가, 50분정도 걸어서 나왔다. 사막 길을 걷는 체험을 한 셈이다.

사막의 9월 중순 태양은 여전히 위압적이고, 뜨거웠다. 모래언덕 비탈면에는 낙타 먹이 풀이 자랐고, 시야는 모래먼지로 부옇게 흐렸다. 모래능선을 타고 걸었지만, 바람 때문에 몸을 바로 하기가 힘들었다. 작은 사구를 지나서 올라가면, 다시 내려갔다가 올라가는 사구가 나온다. 모래언덕은 부드럽고, 고운 선을 이루어 아름답다. 아랍인들은 이 모래언덕을 미인의 엉덩이와 비유한다. 한참을 걸어서, 앞에 보이는 가장 높은 사구 위를 올랐다. 앞을 바라보니 끝없는 사막이 펼쳐진다. 아랍 속담에, "뒷일을 생각하지 않는 자는 운명의 도움을 받을 수 없다."는 말이 있다. 돌아갈 길이 겁이 나서 그 지점에서 돌아왔다. 돌아올 때는 신을 벗고 맨발로 걸었다. 햇빛을 받은 모래알은 발바닥이 뜨거워 견딜 수가 없다. 사구의 빗면을 조심스럽게 내려왔다.

사막은 명상과 유혹의 장소이다. 그리고 사람이 살 수 없는 생명 없는 땅이다. 그런 환경에 처하면 인간은 연약함을 깨닫고, 신을 찾는 마음이 생긴다. 한적한 광야에서 수도하는 사람은 속세를 버리고, 고통 속에서 신에게 더욱 가까이 다가가기 위해 끊임없는 간절한 기도를 통하여 신의 계시를 받으며, 마귀의 유혹을 물리쳤다. 예수께서도 하나님의 영에 이끌리어 마귀로부터 시험을 받았다. 마호메트 역시 사막에서 천사장 가브리엘의 계시를 받았다. 구약성서의 내용 중에는 사막에 관한 장소

선선에 있는 타클라마칸 사막

가 많다. 구약성서는 유대교의 경전이요, 그리스도교의 경전이며, 또한 이슬람교의 경전이다. 현대 세계문화는 서구문화에서 발전되었고, 그 서구문화의 모체는 이스라엘인의 종교와 그리스인의 문화와 로마인의 법이었다.

원점에 도착했다. 입안이고, 귓속이고 모래투성이다. 손과 얼굴을 씻고 그늘에서 포도 한 송이를 먹었다. 허기진 배는 그 포도송이를 반겼다. "제일 고마운 음식은 시장기를 없애주는 것이지, 산해진미가 아니다."라는 아랍 속담이 떠올랐다. 이 무렵 한 무리의 새떼가 날라 오더니 우리가 앉아있는 나무 위에 몇 마리 앉고, 땅에 몇 마리 앉더니, 먹이를 주워 먹었다. 그리고 땅에서 나무 위로, 나무 위에서 땅으로 새들이 자리바꿈을 하면서 놀았다. 천일야화(千一夜話)에 나오는 수수께끼를 연상시켰다. "나무 위에 앉은 새가 땅에 앉은 새에게 말하기를 '너희들 쪽에서 한 마리만 우리에게로 날아오면 너희들 수는 전체의 3분의 1이 된다. 이쪽에서 한 마리가 너희들한테로 내려가면 우리들은 꼭 너희들과 같은 수가 된다.' 하고 말했는데, 새는 전부 몇 마리일까? 답은 전부 12마리이다. 7마리는 나무위에, 5마리는 땅 위에 있다. (2006년 9월 2일~9월 10일)

□ 사막은 인간에게 종교를 알게 한다

사막은 어떤 곳인가?

사막이 사막인 이유는 무엇일까? 그것은 비가오지 않기 때문이다. 비는 어떻게 해서 오는가? 땅 표면에 물이 있어야 하고 그 물이 수증기가 되어 증발해야 하고, 그것이 구름이 되어 비가 오고, 그 비가 땅에 내려와서 시냇물이 흐르고 저수지에 물이 모여 다시 증발해야 한다. 이러한 순환 때문에 그 사이에서 식물도 살고, 사람도 살고, 동물도 산다. 이 순환이 멈춰버리면 거기에 죽음이 있다. 사막은 이러한 순환이 멈춰진 곳이다.

옛날부터 사람 사는 것을 가리켜 고해(苦海)라 했다. 바다라는 것은 바람이 불지 않을 때는 수면이 거울 같아서 평화스럽다. 잔잔한 바다의 항해는 기쁘고 즐겁다. 그러나 일단 사나운 광풍(狂風)이 불어서 바다가 흉흉하면 바다처럼 무서운 곳이 없다. 그 때는 생과 사의 기로에서 헤매고 허덕이게 되는 것이 바다의 뱃길이다. 바다가 잔잔한 것처럼 우리 인생도 순탄할 때는 삶이 즐겁고 행복하다. 그러나 인생에 어려운 문제가 다가올 때는 흉흉한 바다의 뱃길같이, 사람은 죽느냐 사느냐 하는 그런 고비에서 허덕인다. 이런 의미에서 사람 사는 것이 고해라고 했다. 그러나 나는 인생살이를 사막여행에 비유하고 싶다.

사막여행은 고금동서를 통하여 위험하면서도 경이로운 매력을 풍기는 장소이다. 바다같이 드넓게 펼쳐진 모래사막을 바라보면, 우리의 마음속에 신비한 감정을 발생시켜서 유혹의 길이 된다. 이러한 사막에 대한 이미지는 형이상학적이고, 종교적인 심리를 유발시킨다.

모든 종교는 사막과 연관성이 있다. 그리스도교의 예수도 메시아의 마지막 준비로 사막에서 40일간 금식하면서 마귀의 시험을 받았다. 불교의 석가도 그가 오도하기 직전에 광야에서 마귀에게 시험을 받았다. 이슬람교의 마호메트도 사막에서 알라의 계시를 받았다. 그는 "기름진 땅보다는 사막에서 신앙은 더 쉽고 깊게 뿌리 내린다."라고 말했다. 조르아스터교(拜火敎)의 창시자인 조르아스트도 광야 방랑길에서 아후라(土)로서 마즈다(빛)를 발견했다.

사람이 극도의 상태에 빠져서 먹지 못하면 먹는 것 이외는 아무런 생각이 없다. 인간의 욕망이란 최소한의 필요한 것만 찾기 때문이다. 그러나 사람이 먹을 문제가 해결되고 입을 문제가 해결되고 사는 문제가 해결되면 그 다음에 사람의 욕망은 끝없이 넓어지게 된다. 동시에 사람은 자신을 절대시 한다. 그러나 굶주린 사람이 먹는 것 이외는 아무 생각이 없듯이 사람이 궁지에 몰려서 생과 사의 기로에 서게 되면 유신론자나 무신론자나 누구든 절대자를 찾게 된다. 절대자를 찾는 곳은 편안한 장소가 아니라 사막과 같은 고통스러운 장소다. 그 절대자의 능력을 믿을 때, 사람은 대단한 능력의 에너지를 가지게 된다. 이 에너지는 폭발적인 힘을 발휘하며, 악조건에서 버티는 지혜가 생긴다.

사막에 관한 이야기 세 가지

하나 : 유명한 그림 가운데 '나그네의 말로' 라 불리는 그림이 있다. 이 그림을 인도의 시성이라 불리는 타고르가 좋아한 그림이다. 타고르는 우리 한국을 가리켜서 동방의 빛이라 말한 사람이다. 그는 이 그림을 일본 도쿄의 박물관에서 보았다. 그림의 내용은 넓은 사막에 어떤 나그네가 어두운 밤에 홀로 멍청히 서 있는 그림이다.

이 그림을 좀 더 설명을 하면 한 무리의 대상들, 카라반들이 사막을 지나는데 그 중에 한 사람이 그만 길을 이탈해버렸다. 낙타는 오는 도중에 다리가 부러져서 주저앉아 있다. 마침 양식도 떨어졌다. 물도 없다. 이런 가운데 밤이 다가 온 것이다. 그래서 모든 희망을 잃어버렸다. 그래서 멍청히 서 있는 모습이다. '나그네의 말로' 이는 한마디로 말해 절망상태를 말한다. 이것이 인생의 종국이다. 이것이 타고르 마음에 굉장히 감동을 준 것이다. 이와 같이 사막 길은 멀쩡한 사람이 순식간에 죽을 수 있다.

둘 : 다음은 파울로 코엘료 소설, 연금술사의 사막여행의 한 장면이다. "내가 이 대상의 인솔자요." 검은 눈에 수염을 길게 기른 남자가 말했다. "함께 가는 모든 사람들의 생사는 내 책임이고 그에 따른 모든 권한도 내게 있소. 사막이란 변덕스러운 여인네 같아서, 때로는 사람을 미치게 하기 때문이요." 대략 이백 명쯤 되는 사람들과 낙타, 말, 노새, 가금류 등등 사백 마리가 넘는 짐승들이 모여 있었다. 여자들과 아이들, 허

리에 칼을 차고 어깨에는 장총을 맨 남자들도 있었다. 영국인은 책이 가득 든 트렁크를 여러 개 갖고 있었다. 매우 어수선해서 인솔자는 모든 사람들이 알아들을 수 있도록 몇 번이고 되풀이해서 말을 해야 했다.

"여기에는 여러 종류의 사람들이 모여 있고, 여러분의 마음속에는 아주 많은 신들이 모셔져 있을 거요. 하지만 나의 유일한 신은 알라 한 분이요. 그리고 나는 사막의 길에서 승리하기 위해 최선을 다할 것을 나의 알라 신께 맹세하오. 여러분도 여러분이 믿는 신에게 앞으로 닥칠 어떤 상황에서도 내게 복종하겠다고 마음속 깊이 맹세하기를 바라오. 사막에서 불복종은 곧 죽음을 의미하니 말이요." 사람들 속에서 낮게 웅얼거리는 소리가 흘러나왔다. 모두들 작은 목소리로 자신의 신에게 맹세하는 소리였다. 산티아고는 예수 그리스도에게 맹세했다. 영국인은 그냥 조용히 있었다.

셋:옛날 이스라엘 민족은 이집트에서 430년 동안이나 종살이를 했다. 그 때 모세는 하나님의 명을 받고 그들을 이집트에서 이끌어낸다. 이스라엘 민족은 모세를 따라 노예의 땅 이집트를 탈출한다. 하나님이 그들에게 준 가나안 땅은 사막을 가로질러 가면 몇 개월 만에 갈 수 있다. 그런데 왜 하나님은 그들을 40년간이나 풀 한 포기 없는 메마른 사막, 생명이 없는 죽음의 땅인 시나이 반도에서 40년간 유랑생활을 하게 했을까? 이스라엘 백성이 광야에서 40년간 유랑한 것은 하나님께서 그들을 성민(聖民)으로 훈련시키신 것을 밝힌다. "네 하나님 여호와께서 이 사십년 동안에 너로 광야의 길을 걷게 하신 것을 기억하라. 이는 너를 낮추시며 너를 시험하사 네 마음이 어떠한지 그 명령을 지키는지 아니 지키는지 알려 하심이라." 그러나 그 광야 생활은 단순히 형벌을 받은 세월만이 아니라 선민으로 광야에서 고생하면서 시험받고, 연단 받

는 세월이었던 것이다. 즉 고생 중에 하나님의 명령을 지켜야 산다는 도리를 배우며 훈련받았던 것이었다. 이는 하나님을 믿는 자들의 현세 교회생활을 상징함이다.

30. 시내산 이야기

　*시내산이란? 이집트와 이스라엘 사이에 시나이 반도가 있다. 이 시나이 반도에는 지중해와 홍해를 연결해주는 길이 170km의 수에즈 운하가 있고, 시나이 반도 남방에는 신비한 모습의 산 하나도 있다. 해발 2,285m 높이의 거대한 이 바위산을 아랍인들은 '제벨 무사(Jebel Musa)'라고 불러왔다. 모세의 산이란 뜻이다. 바로 전통적으로 전해져 내려오는 '시내산'이다. 이 산기슭에서 모세는 불붙는 떨기나무 가운데서 들려오는 하나님의 부르심을 듣고 출애굽의 지도자가 되었다. 바로 그 장소에 시내산 수도원이 세워져 있다. 모세를 따라 노예의 땅 이집트를 떠난 이스라엘 사람들은 이 산을 향해 걸어왔다.

□ 산행기

　이집트를 출발한 버스는 수에즈 운하 아래쪽 지하 터널을 통해 시나이 반도로 향했다. 차창 밖으로 보이는 시나이 반도는 광대한 광야요, 황량한 벌판으로 사람이 살 수 없는 땅이다. 지금은 이곳도 겨울이라 덥지는 않지만, 여름에는 40도를 넘는 더운 곳이다. 모래며 돌은 뜨거운 태양열을 받아 표면이 검은 빛을 띠며, 모래바닥에는 낙타풀이 자란다. 가도 가도 끝없는 모래땅이다. 버스는 몇 시간을 달려 오아시스에 도착했다. 맑은 물이 흐르고, 키가 큰 대추야자가 숲을 이룬 작은 마을이다. 사막 가운데 오아시스란 참으로 신기한 곳이다. 이 척박한 사막에 어떻게 하여 이곳에만 물이 솟아날까?

버스는 다시 달렸다. 흙바람이 부연케 날리는 길에는 낙타에 짐을 실고 이동하는 사람들이 지나간다. 모래언덕 사이에 베두인의 천막이 보인다. 천막 앞에서 그들은 무엇인가 일하고 있다. 한참이나 시간이 지났다. 졸다가 눈을 떠니 차창 밖의 풍경이 바뀌었다. 황량한 모래벌판이 아니라 돌산이 즐비한 산악지대로 바뀌었다. 버스는 웅장한 바위산들이 겹겹이 둘러서 있는 사이를 통과하였다. 이곳이 내일 오를 시내산이다.

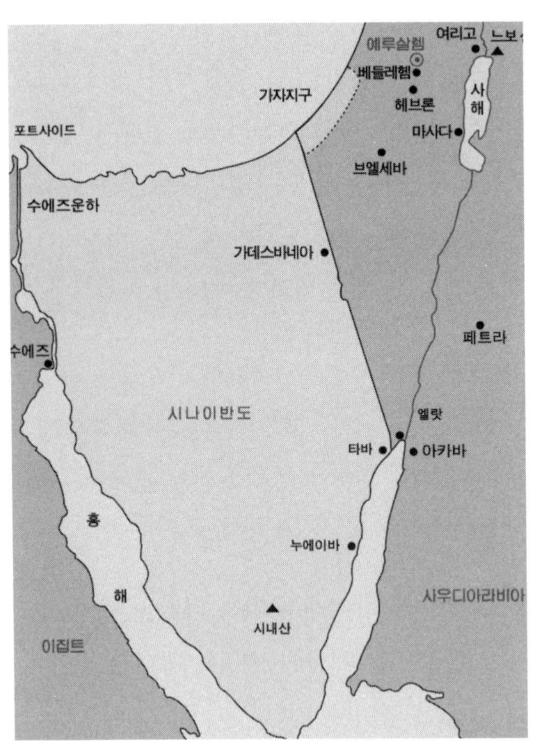

버스는 7시간을 달려서 홍해 바닷

가의 작은 휴양지 '누에이바'란 곳에 도착했다. 시내산 부근에는 숙식할 만한 곳이 없어서 시내산 에서 60km정도 떨어진 이곳에 온 것이다. 이곳 힐턴 호텔에 투숙한 것은 1월 19일 오후 7시 무렵이다. 이 호텔은 단층 건물로 넓은 공간으로 이루어져서 아름다웠다. 날이 어둑어둑한 하늘에는 유난히 큰 별이 여기저기 보인다. 홍해에서 불어오는 바람이 알맞게 불어 지친 피로를 풀어준다. 다음날 오후에 안 사실이지만 이곳은 년중 알맞은 기온에, 맑은 날이 많아 햇빛도 풍부한 휴양지였다. 파도가 밀려오고 되돌아가기를 반복하는 바닷가에는 나무로 만든 파라솔이 즐비하게 놓여 있고, 그 아래 의자에는 이방인의 관광객들이 홍해를 응시하면서 즐거운 시간을 보내고 있었다.

그날 저녁은 잠을 자는 둥 마는 둥 하다가 깼다. 다음날(1월 20일) 밤 1시 30분에 시내산을 오르기 위해 우리는 버스를 타고 시내산 수도원을 향했다. 버스는 어둠이 짙게 깔린 도로를 달렸다. 새벽 4시경에 시내산 중턱에 있는 성 카타린 수도원 주차장에 도착했다. 언제 떠올랐는지 동편 하늘에는 보름달이 환히 비쳤다. 달빛은 보통 때 느끼지 못한 친근감을 주었다. 산악지대이고 새벽녘이라, 우리나라 초겨울 날씨 같다. 모두들 옷깃을 세우고 장갑을 끼고 산행 준비를 했다.

우리는 곧 산을 올랐다. 시내산 산행은 보통 이곳 성 카타린 수도원에서 시작한다. 이곳은 해발 1,530m 지점이어서, 실제 산을 오르는 높이는 750m정도였다. 길은 산비탈면을 비스듬히 올라가는 돌길이다. 달빛에 비친 산의 모습은 마치 사나운 짐승이 웅크리고 앉아있는 듯하다. 손전등을 비춰가면서 돌길을 조심스럽게 올라갔다. 산길의 곳곳에 베드윈들이 낙타를 몰고 다니면서 타기를 권한다. 몇몇 사람들은 낙타를 타기도 한다. 낙타는 단봉낙타이었다. 두 시간 정도 걸어 올랐다. 이제 남은

태양 빛을 받은 시내산

길은 경사가 심한 오르막 길이었다. 낙타를 타고 온 사람도 여기부터는 걸어서 올라가야 한다. 어둠이 차츰 사라진다. 날이 희미하게 밝아온다. 산의 윤곽이 드러나고, 정상도 보인다. 이곳 산행은 우리 일행 말고도 많은 순례단이 있었다. 수많은 돌계단을 올라서, 숨이 턱에 찰 때쯤, 마침내 정상에 올랐다.

정상에는 세계 여러 나라에서 온 사람들이 일출을 보기 위해 모여 있었다. 싸늘한 아침 바람은 순례객들을 떨게 만들었다. 동쪽하늘에 여명이 보이더니 곧 찬란한 태양이 떠올랐다. 태양빛을 받은 시내산은 온통 붉은색으로 변하면서 환하게 빛을 발했다. 사람들은 탄성을 질렀다. 태양이 아이들 키만큼 솟아올랐을 때 우리는 시내산 정상을 뒤로하고 산을 내려왔다. 올라올 때는 어두움 때문에 몰랐는데, 산은 완전히 돌산이요, 나무나 풀 한 포기 없는 산이었다. 산길을 내려오면서 보이는 것은,

여기저기 베드윈 족들이 아침 햇살을 쬐이며 웅크리고 앉아있다. 사탕 몇 개를 주었더니, 무표정하게 받아 쥐었다. 베드윈(Bedawin)족은 아라비아 광야에서 장막 생활로 유리하면서 사는 민족이다. 그 기원은 아브라함의 후처(後妻) 그두라의 소생인 미디안의 후손들이

성 카타린 수도원

다. 1시간 30분정도 걸어서 성 카타린 수도원 주차장에 도착했다.

시내산은 유대교, 기독교, 이슬람교 등의 중요한 성지로서 성경에 여러 번 언급된다. 모세는 또한 이 산 정상에서 40주야를 금식하며 기도한 후에 하나님을 만나 '십계명'을 받아 내려왔고, 엘리야도 산에 있는 동굴 속에서 하나님의 음성을 들은 곳이다.

모세가 하나님과 첫 번째 만남은, 그 장인 미디안 제사장 이드로의 양 무리를 치다가 그 무리를 광야 서편으로 인도하여 하나님의 산, 시내산에 이르렀고, 하나님께서 떨기나무 불꽃 가운데서 그에게 나타나셨다. 모세가 떨기나무 불꽃 가운데서 하나님을 만났다는 거룩한 장소에 오래

된 수도원 하나가 서있다. 희랍정교회에 속하는 성 카타린 수도원이다. 기독교가 박해받던 로마 제국시대에 순교한 어느 귀족의 딸 이름을 딴 수도원이다. 이 수도원은 서기 551년 동로마 제국의 유스티니아누스 황제의 명에 의해 건립된 후 지금까지 1400년 이상 한 번도 파괴되거나 정복당한 일 없이 원형을 그대로 유지하면서 시내산을 지켜오고 있다.

교회의 전면 벽은 예수, 모세, 엘리야 등을 나타낸 모자이크로 된 성화가 있다. 또한 이 성 카타린 수도원에서 1859년 독일학자 티센돌프가 시내산 사본(Codex Sinaiticus)을 발견한 것은 유명한 이야기이다. 시내산 사본은 서기 300년대 후반에 필사된 것으로, 신약성경 전체가 수록된 사본으로서는 가장 오래된 최고의 사본이다.

이 사본은 현재 런던의 대영박물관에 소장되어있다. (1995년 1월 16일~1월 30일)

☞ 시내산 수도원 → 산비탈 길 → 돌계단과 돌문 → 정상 → 돌계단과 돌문 → 산비탈 길 → 수도원 〈4.7km, 4시간〉

□ 시내산과 십계명

십계명은 모세 율법의 핵심이다. 이는 선민 이스라엘 백성의 하나님께 대한 가장 깊은 종교적 계율과 사람에 대한 최고의 도덕적 의무가 요약되어 있다. 시내산에서 십계명의 선포는 인간 역사의 결정적인 전환점을 마련한 가장 위대하고, 가장 중요한 사건이었다. 분명히 십계명은 하나님께서 시내산에 임재하시어 직접 말씀하신 것이요, 또 친히 두 돌판에 기록하셔서 모세에게 주신 것이다. 이와 같은 신적기원 때문에 이는 율법 중의 율법이요, 성경 전체에서도 가장 신성시되는 것이다.

십계명

(1) 너희는 내 앞에서 다른 신들을 섬기지 못한다.

(2) 너희는 너희가 섬기려고 우상을 만들지 못한다.

(3) 너희는 주 너희 하나님의 이름을 함부로 부르지 못한다.

(4) 안식일을 기억하여 그날을 거룩하게 지켜라.

(5) 너희 부모를 공경하여라.

(6) 살인하지 못한다.

(7) 간음하지 못한다.

(8) 도둑질하지 못한다.

(9) 너희 이웃에게 불리한 거짓 증언을 하지 못한다.

(10) 너희 이웃의 집을 탐하지 못한다.

십계명은 이와 유사한 세계의 다른 전승들과 비교해 볼 때 그 뜻이 더욱 분명해진다. 세계에서 가장 오랜 법전이라는 바벨론의 함무라비 (Hammurabi, 2253-2210 BC)의 법전에도 모세의 율법과 공통되는 점도 상당히 있으나 그것이 순수한 사회법인데 대해, 모세의 율법은 종교적 계명이다. 불교에도 사미(沙彌, 수도승) 십계라는 것이 있다.

사미십계

① 살생하지 말 것.

② 도둑질하지 말 것.

③ 음행하지 말 것.

④ 거짓말하지 말 것.

⑤ 음주하지 말 것.

⑥ 향수를 바르고 몸을 단장하지 말 것.

⑦ 춤과 노래를 보고 듣지 말 것.

⑧ 높고 큰 평상에 앉지 말 것.

⑨ 때 아닌 때에 식사하지 말 것.

⑩ 금 은 보물을 지니지 말 것.

유교의 십계라고는 할 수는 없으나 **주자(朱子)의 십회(十悔)**라는 것이 전해지고 있어 이를 모세의 십계명과 비교해 보는 것도 흥미 있는 일이 된다.

① 불효부모사후회(不孝父母死後悔)

② 불고종족소후회(不顧宗族疎後悔)

③ 부접빈객거후회(不接賓客去後悔) 이하생략

31. 지리산 이야기 ①

중산리 - 천왕봉 - 중봉 - 써리봉 - 대원사

 ***지리산**은 소백산맥 최남단에 솟아 있는 산으로 행정구역상으로는 전남 구례군, 전북 남원시, 경남 산청군, 하동군, 함양군 등 3개 도, 5개 군에 걸친 광대한 산이다. 국립공원 면적으로 보면 설악산의 2.4배, 한라산의 3.3배, 가야산의 5.6배로 가장 규모가 크다. 해발 1,915m의 천왕봉(天王峰)을 주봉으로 반야봉(1,751m), 노고단(1,507m)이 3대 고봉을 이루고, 1,500m이상의 큰 봉우리가 10여 개나 된다. 높은 준봉이 많아 계곡 또한 20여 개나 된다. 그 중에서도 피아골, 뱀사골, 칠선골, 한신골은 지리산 4대 계곡으로 손꼽는다. 또 청학동과 불일폭포로 유명한 화개 골짜기와, 맑은 물과 작설차로 이름난 천은사 골짜기도 있다. 1967년 12월 29일, 우리나라 국립공원 제1호로 지정되었다.

 지리산(智異山)을 방장산(方丈山) 또는, 두류산(頭流山)이라고도 하며, 지리산(地理山)이라 쓰기도 한다. 지리산(智異山)이란 글자의 뜻은 '특이하게 슬기롭고 지혜로운 산'이란 말이고, 방장산이란 말은 신선들이 내려와 놀았다는 전설을 가진 산이란 뜻이다. 그리고 지리산(地理山)은 '신지(神地)의 심오한 이치를 간직하고 있는 산'이란 풀이다. 지리산은 함경도의 백두산, 평안도의 묘향산, 강원도의 금강산, 황해도의 구월산과 함께 우리나라 5대 명산의 하나로 손꼽히는 웅장한 산으로 우리 조상들은 여겼다.

＊**지리산의 8경**은? 장엄할 뿐만 아니라 곳곳에 명승 비경을 간직하고 있는 지리산, 이 가운데서도 대표적인 경관들을 들어 지리산 8경이라고 부르는데, 첫째 노고단의 운해, 둘째 피아골의 단풍, 셋째 반야봉의 낙조, 넷째 세석의 철쭉, 다섯째 벽소령의 명월, 여섯째 불일폭포, 일곱째 연하봉의 선경, 여덟째 경관이 천왕봉의 일출이다.

□ **산행기**

야간산행을 감행하기로 했다. 밤 12시에 대구를 출발한 버스는 밤 3시에 중산리 매표소에 도착했다. 매표소 입구에는 먼저 도착한 H전자 직원들이 서성거렸다. 사람들은 배낭을 꾸리고 손전등을 준비하면서 산행준비를 하고 있었다. 이날 밤에 천왕봉 야간기습 공격(?)에 참가한 사람들은 100여 명쯤 된다.

어제가 소서(小暑) 절기였다. 이때는 일손이 바쁠 때라 갓 시집온 새 각시도 들판에 나가야 한다는 말이 있다. 장마철이라 어제도 비가 조금씩 찔끔거렸다. 하늘은 구름으로 덮여 별빛한줌 없다. 우리는 곧 산을 올랐다. 손전등 불빛이 길게 선을 유지하면서 산행이 시작되었다. 작은 계곡 옆으로 이어지는 산행 길은, 크고 작은 돌들이 바닥에 깔려 있어서 걷기가 불편했다. 발 닿는 길바닥 면에 손전등 불빛이 집중된다. 고요한 어둠 속에 흐르는 물소리만 들린다. 처음 얼마간 모두가 잘 걷고 있었다. 습기를 먹은 산속의 공기는 그래도 밤이라 견딜만하다. 낮같으면 구름층을 뚫고 나온 태양 열기로 후텁지근해서 산길 걷기도 힘들 것이다.

시간이 얼마나 지났다. 어두움 속에 누군가 칼바위를 지났다고 한다. 물이 흐르는 계곡 길을 벗어났는지 물소리도 끊어지고, 산행객들의 이야기도 끊어져서 산속은 고요하기만 하다. 손전등 불빛을 보고 각다귀가 모여든다. 극성스러운 각다귀가 얼굴에 부딪친다. 앞뒤로 이어지던 손전등 불빛도 사라졌다. 조금 다리도 아프고, 목도 마르고, 볼 일생각도 난다. 배낭을 어깨에서 내리고 잠시 쉬었다. 90분 정도 걸어온 셈이다. 나무들 사이로 희미한 시야가 펼쳐진다. 망바위가 보였다. 높이 4m가량의 이 바위는 가파른 능선 위에 서서 지나는 산행객들을 내려다보고 있었다.

다시 걸었다. 망바위를 지나 한 식경(一食頃) 정도 올랐더니 가파르던 산길은 완만해지기 시작한다. 어디선가 목탁 소리가 가늘게 들린다. 법계사가 가까운 모양이다. 법계사 가기 전 오른쪽 능선 바위산이 '문창대' 다. 문창대가 미명(未明)에 희뿌옇게 보인다. 순간순간 한줄기 바람이 분다. 그 바람은 걷지 않고 앉아서 쉴 때는 한기를 가져온다. 법계사에 도착했을 때는 날은 완전히 밝았다. 중산리에서 법계사까지는 3.2km다. 2시간 걸렸다. 40대 중반에 이 법계사 주변 마당에서 야영을 한 적이 있는데 그 장소는 어딘지 알 수가 없다. 법계사 대웅전 안에는 아침예불 소리가 들리고, 마당에는 산행객들이 서성거렸다.

법계사에서 정상까지는 2km인데, 상당히 가파른 오르막길이며 험하다. 법계사 왼편으로 정상을 오르는 산길이 있다. 길 따라 한참을 걸었다. 사지에 힘도 빠지고 다리도 휘청거리고 시장기도 돈다. 걸터앉기에 알맞은 높직한 바위가 눈에 들어온다. 바위에 걸터앉아 땀을 닦으며, 오이 한쪽을 먹었다. 오이 향에 정신이 맑아진다. 작은 병에 꿀을 조금 가져온 것이 생각나서, 꿀도 한 모금 먹었다. 생기가 돌고 힘이 다시 생겼다. 성서에 이런 기록이 있다. 구약시대 이스라엘 민족과 블레셋 사람들과 전쟁 중에 요나단이라는 병사는 숲 속을 헤매다가 허기에 지쳐 있었다. 그때 그는 숲 속에서 야생벌들이 꿀을 모아 둔 것이, 흘러내리는 것을 보고 그것을 지팡이로 꿀을 찍어 먹고 눈이 번쩍 뜨이고 생기가 넘쳤다는 기사가 있다. 꿀을 먹고 힘을 다시 얻었다. 마치 꺼져가는 호롱불에 기름을 넣었더니 불이 살아나듯이 꿀을 먹고 새 힘을 얻었다.

계속 가파른 오르막길을 올랐다. 올라가는 산비탈의 바위 언덕에 도착했을 때, 태양이 구름 속에서 그 모습을 드러냈다. 동쪽 하늘에서 비스듬히 비치는 햇빛은 찬란했다. 그때 갑자기 '천왕봉의 일출'이라는 말이 생각났다. 지리산의 8경 중 하나가 일출 광경 아닌가. 태양은 벌써 일고삼장(日高三丈)으로 아이들 키만큼 솟아 있었다. 잠시 동안 해가 온 지리산을 비췄다. 바로 머리 위는 천왕봉이요, 천왕봉의 턱 밑에서 그 아래를 굽어보니, 만 겹이나 되는 산봉우리는 중중첩첩하게 펼쳐지고, 운해가 산허리에 감긴 채 날지를 못하고 잠을 자는 듯 가만히 있지 않는가. 놀라운 풍광이다. 어떤 철학자는 말하기를 "놀라는 것이 배우는 것이다."라 했다. 어떤 현상에 놀라는 것을 통해서 우리가 새로운 지식을 얻게 된다. 햇빛 비친 운해의 놀라운 광경이 지리산이 과연 높다는 것을 다시 한 번 알게 하였다. 산행객들은 모두 디지털 카메라로 사진을 찍기 시작했다. 태양은 잠시 동안 우리에게 선경(仙境)같은 아름다움을 보여 주더니 곧 사라졌다. 구름 속으로 다시 들어가자 조금 전의 그 아름

중봉에서 바라 본 천왕봉의 모습

다운 자연의 모습도 사라졌다. 다시 운무가 솟아올랐다.

　정상을 향해 걸었다. 지친 육신을 끌고 땀을 닦으며 고통스럽게 올라가니, 천왕봉에서 내려오는 어떤 젊은 사람이 힘들어 하는 나에게 위로의 말을 한다. 이제 100m정도 가면 '천왕샘'이 있는데 거기서 물 한 모금을 마시고, 300m 만 더 가면 정상이다 한다. 그 소리에 용기를 다시 얻고, 발걸음을 옮겼다. 산행에는 '산을 오르는 시간'과 '내려가는 시간'이 있다. 오르는 시간이 길면 길수록 아주 고통스럽다. 4시간 정도 올라 왔으니 지칠 때도 되었다. 남은 300m 돌길을 고통을 참으면서 올라갔다. 마침내 지리산 제일봉인 천왕봉에 도착했다. 한반도 남부 3개 도를 품고 우뚝 선 해발 1,915m의 정상이다. 멀리 떨어진 산들의 능선은 운해에 묻혔고 가까운 봉우리들만 보인다. 서쪽으로 노고단과 반야봉이, 동쪽으로 중봉과 하봉이, 남쪽으로 써리봉이 보인다.

지리산은 높기도 높지만 그 규모도 대단히 크고 웅장한 산이다. 그래서 당나라의 시성 두보의 시에 '방장(方丈), 삼한외(三韓外)'이라 한 것은 곧 방장산이 삼한 땅에 있음을 가리켰다. 즉, 삼한은 마한, 진한, 변한인데 방장산은 매우 넓어서 이 세 나라에 모두 걸쳐 있다는 말이다. 또한 지리산을 두류산(頭流山)이라 했는데 그 말은 백두산으로부터 뻗어 내린 여러 줄기의 산맥이 남으로 흘러와 여기서 그 정기가 우뚝 솟았다는 뜻이다.

육당 최남선이 지은 조선의 산수(山水)를 보면, 서산대사가 4대 명산을 비교해서 평한 대목이 나온다. "금강산은 빼어나되 장하지 못하고, 지리산은 장하되 빼어나지 못하고, 구월산은 빼어나지도 장하지도 못하며, 묘향산은 빼어나고 또 장한 산이다." 라는 뜻으로, "금강수이부장(金剛秀而不壯) 지이장이불수(智異壯而不秀) 구월불수부장(九月不秀不壯) 묘향역수역장(妙香亦秀亦壯)라고 했다. 지리산의 웅장함을 잘 나타 낸 말이다.

천왕봉에서 동쪽으로 0.9km 떨어진 곳에 중봉(1874m)이 있다. 능선을 따라 원호 같이 굽은 길을 따라 가서 중봉에 도착 했다. 중봉에서 바라본 천왕봉은 험준한 바위 절벽이었다. 이곳에서 많은 산행객들이 삼삼오오 모여 조반을 먹고 있었다. 나도 그들과 함께했다. 이제 정상을 지나왔으니 긴장이 좀 풀린다. 이 동중정(動中靜)의 때를 타서 한참이나 여유를 즐겼다.

중봉에서 써리봉(1602m)을 지나고 지루한 산길을 한동안 걸어야 치밭목 대피소(1425m)가 나온다. 중봉에서 이곳까지가 3km이고, 또 이곳에서 대원사까지가 7.7km이고 대원사에서 주차장까지가 2km나 된다. 치밭목 대피소 아래로 내려가면 열대림 같은 숲 속을 지나게 된다. 또 거기에는 숲 속 계곡에 '무제치기 폭포'가 있다. 이 폭포를 지나면 산길은 계곡을 따라 가다가 산허리로 이어지기도 하고, 잠시 올라가다가 내려오기도 하고, 징검다리 같은 바위 위를 걷기도 하면서, '지루하다' 하는 소리가 여러 차례 나와야 대원사에 도착한다. 밤3시에 중산리를 떠나, 하나님의 선한 손의 도우심을 입어 낮 1시에 유평 주차장에 도착했다. (2006년 7월 7~8일)

☞ 중산리 매표소 → 법계사 → 천왕봉 → 중봉 → 써리봉 → 치밭목 대피소 → 대원사 → 유평 매표소 〈19km, 10시간〉

□ 지리산과 남명 조식 선생

산행객들은 흔히 말하기를 "산이 나를 부른다."고 한다. 그들은 며칠 전 산을 다녀와서 집에 편히 있으면 산이 자기를 간곡히 부르는 소리가 들린다고 한다. 그래서 다시 산을 찾게 된다는 것이다. 몇 년 전 어떤 보도에 보니 제주도에 사는 어떤 사람이 한라산 백록담을 500번이나 올랐다는 기사를 읽었다. 그 사람은 나이가 50세 정도였다. 아마 그렇다면 1년에 20, 30번은 올라간 셈이다. 대단한 집념을 가진 사람임에 틀림이 없다. 그 사람이 한라산의 무엇을 보기 위해 그렇게 많이 올라갔을까? 한 번씩 올라갈 때 마다 무엇인가 얻는 것이 있고 무엇인가 느낀 것이 있기 때문에 올라간 것이 아닐까 싶다. 우리가 눈을 들어 산을 바라 볼 때, 산이 우리에게 무엇을 말하고 있느냐, 무엇을 주려하고 있느냐 하는 교훈을 느껴 보아야 한다.

유대인의 전설인 탈무드에 이런 말이 있다. "누가 세상에서 참으로 지혜 있는 자냐? 모든 경우에 배우려고 하는 자다." 종종 지혜 있는 사람은 자연 속에서도 교훈을 얻는 수가 있다. 배움이라는 것은 책 속에만 있는 것이 아니다. 책으로 배우는 교훈보다 자연 속에서 배우는 교훈이 훨씬 많을지 모른다. 그러므로 지혜 있는 자는 모든 면에서 배우려고 하는 자다. 진실 된 일이나 깨달음도 고난 속에서 얻는 법이지, 결코 쉬운 가운데 편안한 상태에서 얻어지는 것이 아니기 때문이다.

지리산을 찾는 사람은 남명(南冥) 조식(曺植) 선생을 일고(一顧)할 필요가 있다. 경남 산청군 시천면에 가면, 조선시대 유명한 유학자인 남명 조식 선생의 유적지가 있다. 남명 선생은 연산군 7년(1501년)에 합천에서 태어났다. 그는 조선 중기를 대표하는 도학자로서 동시대인(同時代人)인 퇴계 이황에 버금가는 학문을 이루었음에도 불구하고 벼슬자리에 나가지 않았다.

중종 때부터 명종, 선조 때까지 삼조(三朝)에 걸쳐 그에게 여러 벼슬을 내리고 불렀으나 일절 사양하고 지리산에 은둔하여 학문연구와 후진 양성에 전념하였다. 그는 지리산 천왕봉을 13번이나 올랐다고 한다. 산을 오르내리면서 그가 얻은 교훈이 있다. 산을 오르는 것은 힘들고 어렵다. 그러나 내려오는 것은 쉽게 내려올 수 있다. 남명 선생은 이를 실천하기 힘든 선행과 쉽게 빠질 수 있는 악행에 비유하였다. 과연 선행이란 산을 오르는 것처럼 실천하기 어렵다. 그러나 악행은 산을 내려가는 것처럼 쉽게 빠질 수 있다. 다음은 조식 선생의 유두류록(遊頭流錄)에 있는 내용이다.

"처음 위쪽을 오를 때는 한 걸음에서 다시 한걸음 딛기가 어렵더니(初登上面 一步更難一步), 아래쪽으로 내려올 때는 그저 발만 드는 데도 몸이 절로 흘러 내려왔다(及趨下面 徒自擧足 而身自流下). 어찌 선을 좇는 것은 산을 오르는 것과 같고, 악을 따름은 무너져 내림과 같은 것이 아니겠는가(豈非從善如登 從惡如崩者乎)라 하였다."

지리산을 오르는 것은 쉬운 일이 아니다. 천왕봉을 오르는 길 중에서 가장 짧은 길이 '중산리'에서 오르는 길이다. 중산리에서 정상까지 5.2km 거리다. 이 길의 절반 이상은 가파른 오르막 돌길이다. 젊은 사람은 쉬지 않고 오르면 3시간 정도 걸린다. 나이가 좀 든 사람은 4, 5시간은 족히 잡아야 한다. 산행객들은 산을 오르는 시간이 길어질수록 고통에 시달린다.

가파른 오르막을 오르는 것 보다 더 고통스러운 일이 있을까? 보통 고통을 느끼는 시점은 오르막길의 2/3지점을 통과해서다. 그러니 이 지점에서 포기하고 산을 내려갈 수 도 없다. 이제 좀 더 올라가면 정상이다 하는 희망이 보이면 고통은 몸 속으로 들어가고, 겉 표정은 태연한 척 한다. 정상이라는 소망 속에 고통을 덮어버렸기 때문이다.

내 생각에는 모진 시련을 통해서 인격체가 형성된다고 믿는다. 가을보리와 봄보리의 차이를 보더라도 그렇다. 가을에 파종을 해서 겨울을 지나고 봄이 되어 자라서 추수한 것이 가을보리다. 이것은 봄에 파종하여 그대로 자라서 추수한 봄보리보다 월등이 그 맛이 좋다. 추운 겨울을 지낸 보리는 그 형성과정이 봄보리와는 차이가 있기 때문이다.

겨울이 없는 더운 지방인 태국이나 인도에 가면 들판이나 길거리에 꽃들이 많다. 그러나 그 꽃들에는 향기가 없다. 예를 들면 다 같은 류도

화 꽃인데 우리나라 것은 향기가 있다. 그러나 인도나 태국 류도화는 아름답지만 향기가 없다. 식물이 겨울 추위라는 시련을 겪지 않아서 그렇다. 이런 자연의 진리를 통하여 지혜도 얻는다. 인간은 고통과 수고를 통하여 진리를 깨닫게 되고 그것과 더불어 자신의 삶이 신앙화 되는 체험을 한다. 곧 이성에서 지성으로, 지성에서 영성으로 발전해 가는 것이다.

32. 지리산 이야기 ②

거림골 - 세석평전 - 한신계곡

　＊세석평전이란 이곳에 잔돌이 많아서 붙여진 이름이다. 세석평전(細石平田)은 둘레가 30리나 되는 남녘 최대의 고원이다. 5월 초순과 6월 중순에 걸쳐 철쭉이 피어나 고산의 맑은 공기 속에서 눈부시게 화려한 빛을 발한다. 세석평전의 경사면을 내려다보면 맨 아래는 수림지대, 그 위는 관목지대가 되어 다시 철쭉꽃지대로 바뀌고, 정상 쪽은 고산식물의 초원지대가 된다. 고원 한가운데에는 맑은 물이 콸콸 솟는 세석샘(細石泉)이 있다.

　＊세석의 동자 꽃? 세석에는 동자꽃에 얽힌 이야기가 유명하다. 동자꽃은 햇빛이 잘 드는 높은 산 초원지대에 자라서 여름철에 꽃이 피는데, 꽃의 모양이 얼굴을 닮은 듯한 주황색 꽃을 피운다. 이 꽃에 얽힌 이야기가 전해 내려온다. 겨울동안 먹을 양식을 구하러 산을 내려간 스님이 있었다. 내려간 스님은 큰 눈을 만나서 그만 돌아오지 못했다. 동자승은 스님이 내려간 산 아래쪽을 바라보며 스님 오기만을 기다렸다. 그러다가 어느 날 추위와 배고픔에 지쳐 죽었다. 눈이 녹은 후에 스님이 돌아와 보니 동자승이 죽어 있었다. 스님은 동자승이 죽은 그 자리에 묻어주

었다. 그해 여름에 동자승이 묻힌 그 자리에 동자승의 얼굴을 닮은 꽃 한 송이가 피어났다. 사람들은 그 꽃을 동자꽃이라 불렀다. 그래서 사람들은 동자 꽃을 보면 누군가를 기다리는 듯한 느낌이 든다고 한다.

□ 산행기

소만(小滿) 절기를 하루 앞두고 세석평전에 올랐다. 산에 갔을 때는 봄에서 여름으로 바뀌면서, 매실과 살구는 먹음직스럽게 익었고 들꽃들이 지천으로 피었다. 길상사 위쪽에 있는 거림골(巨林谷)로 진입 했다. 어제 비로 거림계곡에는 많은 물이 흘렀다. 이곳은 노린재나무, 단풍나무, 층층나무, 피나무, 신갈나무, 쪽동백나무, 박달나무, 비목 등의 활엽수만이 무성하다. 계곡의 아래쪽은 짙은 나뭇잎으로 덮여 녹색의 밀림지대다. 녹색은 눈을 시원하게 해주고, 마음의 안정을 주기도 한다. 계곡을 따라 난 등산로를 걷는 산행객은 물소리만으로도 피로를 잊을 수 있을 정도로 그 소리가 좋다. 짙은 색깔의 야생화 꽃들이 산행객들의 눈길을 유혹한다.

두 번째 다리인 '북해도교'를 지나면 길은 점차 가파른 오르막길로 바뀐다. 이 오르막길이 끝나면 또 평탄한 길이 나오는데, 그곳에는 마을 어귀에서나 볼 수 있는 오래된 고목나무가 여기 저기 서있다. 참나무인데 무척 굵고 키가 높다. 죽은 나무도 보인다. 그 지역을 통과하면 또 가파른 오르막길로 이어지다가 평탄한 길이 된다. 마지막 세 번째 다리가 세석교인데 이 다리를 건너면 길은 평지길이지만 1시간 정도 더 가야 세석산장이 나온다. 세석평전 입구로 들어가면 실개천에는 맑은 물이 흐르고, 구상나무가 보기 좋게 자라고 있다. 더 올라가면 나무들은 바람 때문에 키가 점차 낮아진다. 세석산장 입구에는 세석샘이 있는데 물맛은 알아준다.

　세석산장에서 바라본 세석분지는, 딴 세상에 온 느낌이다. 바람이 부드럽게 불고, 태양빛이 나뭇잎에 반짝이고, 꽃망울을 곧 터뜨릴 듯한 철쭉이 여기저기서 고개를 내민다. 마치 하늘 정원 같다. 깨끗한 하늘 깨끗한 땅이요, 하늘도 평화롭고 땅도 평화롭다. 이곳이 천국이 아닌가 싶다. 봄에 일찍 피는 진달래나 늦게 피는 산철쭉은, 우리 민족의 정서 속에 자라고, 애환 속에 꽃이 핀다. 진달래나 철쭉은 산이나 들이나 집안이나 길가나 장소를 가리지 않고 흔하게 피는 꽃이다. 그런 환경 속에서 우리 민초들은 살아왔다. 외롭고, 가엾은 꽃이다. 그래서 진달래꽃을 두견화(杜鵑花)라고도 한다. 이는 두견새(杜鵑鳥, 소쩍새)의 외로운 모습을 비유한 말이기도 하다. 두견새는 뻐꾸기와 비슷하며 늦봄에 와서 숲 속에 혼자살고 초가을에 남쪽으로 간다. 깊은 산속에서 저녁에 소쩍새 우는 소리를 들으면, 무척이나 처량하다.

　세석의 아래쪽에서 위쪽을 쳐다 보면, 오른쪽으로 촛대봉(1702.7m)이 솟았고, 왼쪽으로 영신봉(1651.9m)보인다. 그러니 촛대봉과 영신봉의 두 기점의 원호(圓弧)의 아래 부분이 세석평전인 셈이다. 이곳의 관목들은 철쭉 외에, 붉은병꽃, 노린재나무, 매자나무, 털진달래 등 20여 종의 키 작은 나무(관목)가 자라고 있다. 이들은 서로서로 바람막이가 되어 혹독한 환경을 이겨내고 살아가면서, 세석평전에서만 느낄 수 있는 아름다운 경관을 보여준다. 철쭉은 무려 수십만 포기나 되고, 아름다운 색채의 바다를 이룬다. 동자 꽃은 햇빛이 잘 드는 높은 산 초원지대에 자라서 여름철에 꽃이 피는데, 꽃의 모양이 얼굴을 닮은 듯한 주황색 꽃을 피운다.

하산은 한신계곡을 따라 내려왔다. 세석에서 한신 계곡을 바라보면, 옛 사람들이 말한 구곡양장(九曲羊腸)의 길고긴 계곡이란 말이 실감이 났다. 세석에서 백무동(白武洞)까지는 6.5km인데, 사나운 돌길이다. 이 계곡처럼 험하고, 걷기 불편한 계곡은 없으리라 생각된다. 처음 1.3km 는 급경사 내리막길이고, 그 이후로도 경사는 심하지 않으나 돌길이다. 6.5km의 절반 정도 내려오면 이제 사람이 다니는 길 같은 길이 나온다. 나머지 절반의 길은 계곡의 아름다운 모습과 쏟아지듯 흐르는 물줄기에서 나오는 물소리가 지루함을 달래준다. 그 중 가내소 폭포는 무시무시하리만큼 대단한 장관이다. 쉴새없이 떨어져 내리는 물줄기와 물소리는 불가항력(不可抗力)의 무서운 소리였다. 길고 지루한 이 계곡도 시간이 지나자, 마침내 종점에 도착했다.

성경 이야기 중에서 가장 슬픈 이야기가 있다. 인류의 시조가 뱀의 유혹을 받아먹지 말라는 열매를 따먹고 에덴에서 추방된 이야기다. 유혹이란 남을 꾀어서 그릇된 마음을 품거나 그릇된 행동을 하게 하는 것이다. 유혹이란 소름끼치도록 짜릿한 호기심을 유발시키고 그 맛은 꿀맛 같다. 그래서 사람들은 훔친 물이 더 달고 몰래 먹는 떡이 더 맛이 있다고 했다. 다른 것들이 섞인 것이 없는 빵은 아주 좋다. 그러나 유혹이란 것은 버터다.

여름이 가까울수록 꽃들은 그 빛깔이 더욱 화려하고 짙은 향기를 퍼트린다. 이러한 꽃을 찾아 나비나 벌들이 날아온다. 철쭉꽃 · 동자꽃 · 함박꽃·초롱꽃·산목련꽃, 끈끈이주걱·파리지옥·통말의 꽃에도 찾아온다. 전자에 찾아온 나비나 벌은 달콤한 꽃가루를 먹고, 수정도 시켜준다. 그러나 후자를 찾아온 곤충은 유혹의 함정에 빠져 죽고 만다. 유혹이란 좋은 쪽보다 화를 당하는 쪽이 더 많다. 개미귀신이 파놓은 구덩이에 개미가 빠지면 개미는 죽는다. 낚시미끼에 걸리는 물고기도 그렇다.

사람에게 다가오는 유혹도 마찬가지다. 사람의 유혹에는 여러 가지가 있지만 그 중에도 향락(享樂)에 빠지는 유혹이 가장 추하다. 유혹의 말은 달콤하고 기름같이 미끄럽다. 그러나 달콤하고 미끄러움 후의 쾌락은 어느 날 갑자기 돌변하여 독초같이 쓰고, 양면에 날선 칼이 된다. 부처의 잠언에 이런 말이 있다. "형태가 없는 생각은 먼 곳에서 조용히 다가와 우리 마음속에 깊이 숨어버린다. 이것을 극복하고 통제하는 사람은 유혹에서 벗어날 수 있다."고 하였다. 또 루터는 말하기를 "우리는 새가 우리 머리 위를 날아다니는 것을 막을 수 없지만, 머리에 둥지를 짓지 못하게 하는 것은 가능하다."라고 했다. 유혹이 우리의 머릿속을 스쳐지나가는 것은 어쩔 수 없다. 그러나 유혹이 그곳에 둥지를 짓는 것은 막을 수 있다. (2006년 5월 20일)

☞ 거림 매표소 → 거림계곡 → 세석산장 → 세석평전 → 한신계곡 → 백무동
〈12.5km, 6시간〉

□ 유혹에 관한 이야기

(1) 요셉과 보디발의 처(성경에서)

기원전 1700여 년쯤 이스라엘의 족장시대에 야곱이란 족장이 많은 자식들을 두고 살았다. 그는 늘그막에 요셉이라는 막둥이를 낳았다. 그래서 다른 아들보다 요셉을 더 사랑하면서 그에게 화려한 옷을 지어서 입히면서 요셉을 편애하였다. 그것이 형들의 시기를 사게 되었다. 야곱은 큰아이들이 양을 치는 곳에 요셉을 보냈고, 요셉은 형들을 찾아가서 그들을 만났다. 가까이 오는 요셉을 형들은 잡아 죽이려했으나 넷째 형 유다의 주선으로 이집트로 팔려 간다. 요셉은 이스마엘 상인들에게 팔려 이집트로 끌려간다. 이끌려 이집트에 온 요셉은 시위대장 보디발에게 팔려서, 그 집에서 일하게 된다. 하나님께서 요셉의 일에 형통함을 주셨다. 요셉이 그 주인에게 은혜를 입어 주인을 잘 섬겼다. 얼마 후에 주인은 요셉에게 가정 총무를 맡기고 자기 소유를 다 그 손에 위임하였다. 요셉은 용모가 준수하고 잘생긴 미남이었다.

일이 이렇게 된 지 얼마 지나지 않아서, 보디발의 처가 요셉에게 눈짓하며 "나하고 침실로 가요!"하고 꾀었다. 요셉이 거절하며 자기 주인의 처에게 이르되 나의 주인이 집안의 제반 소유를 간섭치 아니하고 다 내 손에 위임하였으니, 이 집에는 나보다 큰이가 없으며 주인이 아무것도 내게 금하지 아니하였어도 금한 것은 당신뿐이니 당신은 자기 아내임이라. 그런즉 내가 어찌 이 큰 악을 행하여 하나님께 죄를 지을 수 있겠습니까? 여인이 날마다 요셉에게 청하였으나 요셉은 듣지 아니하여 동침하지 아니할 뿐더러 함께 있지도 아니하였다.

하루는 요셉이 할 일이 있어서 집안으로 들어갔는데, 그 집종들이 집 안에 하나도 없었다. 여인이 요셉의 옷을 붙잡고 "나하고 침실로 가요!" 하고 졸랐다. 그러나 요셉은 붙잡힌 자기의 옷을 그의 손에 버려 둔 체, 뿌리치고 집 바깥으로 뛰어나갔다. 여인은 요셉이 그 옷을 자기

의 손에 버려둔 채 집 바깥으로 뛰어나가는 것을 보고, 집에서 일하는
종들을 불러다가 말하였다. "이것 좀 보아라. 주인이 우리를 웃음거리
로 만들려고 이 히브리 녀석을 데려다 놓았구나. 그가 나를 욕보이려고
달려들기에, 내가 고함을 질렀더니, 그는 내가 고함지르는 소리를 듣고,
제 옷을 여기에 내버리고, 바깥으로 뛰어나갔다." 이렇게 말하고, 그 여
인은 그 옷을 곁에 놓고, 주인이 집으로 들어오기를 기다렸다. 주인이
들어오자, 그에게 이렇게 일러바쳤다. "당신이 데려다 놓은 저 히브리
사람이, 나를 농락하려고 나에게 달려들었어요. 내가 사람 살리라고 고
함을 질렀더니, 옷을 내 앞에 버려두고, 바깥으로 뛰어나갔어요."

주인은 자기 아내에게서 "당신의 종이 나에게 이 같은 행패를 부렸어
요." 하는 말을 듣고서 화가 치밀어 올랐다. 주인은 요셉을 잡아서 감옥
에 가두었다. 그곳은 왕의 죄수들을 가두는 곳이었다. 요셉이 감옥에 갇
혔으나, 하나님께서 요셉과 함께 계시면서 돌보아주시고, 그를 한결같
이 사랑하셔서 간수장의 눈에 들게 하셨다. 간수장이 옥중 죄수를 다 요
셉의 손에 맡기므로 그 제반 사무를 요셉이 처리하고, 간수장은 그의 손
에 맡긴 것을 무엇이든지 돌아보지 아니하였으니 이는 하나님께서 요셉
과 함께하심이라. 하나님께서 그의 범사에 형통케 하셨더라.

그 후에, 요셉이 갇혀 있을 때 바로왕의 두 관원장이 투옥되어 꿈을
꾸었고, 요셉은 그 꿈을 해몽해 준다. 그리고 그 해몽은 그대로 실현되
었다. 며칠 후 바로가 또 꿈을 꾸고, 요셉이 그 꿈을 해몽한 결과, 요셉
은 이집트의 총리가 되어 대풍년과 대흉년에 대처하여 선정을 베푼다.

(2) 두 형제 이야기 (이집트 고문서에서)

이 이야기는 엔나(Enna)라 불리는 이집트 학자가 제19왕조 세티 2세 (Sati II Merenptah, 1209-1205 BC)를 위해 창작하여 세티 가 아직 왕자 일 때 바친 것으로 10행씩 신성문자로 기록된 파피루스 19쪽으로 구성되어 있다. 드 올비니(D' Orbiny) 부인이 이를 구입 하여 대영박물관에 소장되어있고, 내용은 다음과 같다.

옛날, 같은 어미와 아비에서 난 두 형제가 있었는데 형은 아누프 (Anup) 라하고, 아우는 바타(Bata)라 했다. 형 아누프는 아내를 맞아 집을 이룩하였으나 아우는 형의 집에서 아들처럼 살고 있었다. 아우는 형을 위해 가축을 돌보며, 들 일 전부를 하며 부지런히 일했다. 그리고 아우는 능숙한 농부가 되어 나라 중에서 그와 비길 사람은 없었고, 신의 영이 그의 속에 함께 한 것이다. 어느 날 밭에서 일하고 있던 아누프는 바타에게 "빨리 집에 가서 종자를 가지고 오너라." 하고 명했다. 아우가 집에 와보니 형수가 머리를 빗고 있었다. 바타가 "종자를 좀 내어 주십시오." 하니 형수는 "들어와 마음대로 가져가요, 나는 머리 때문에 일어날 수 없어요." 했다. 청년은 들어가 밀과 보리를 잔득 등에 지고 나가려 했다. 그 때 형수는 그에게 "당신의 등의 짐은 얼마나 무겁지요." 했고, 청년은 "보리 두 말, 밀 세 말 모두 다섯 말의 무게입니다." 라고 대답하였다. 그때 그녀는 일어서서 그를 안고 "오세요. 우리 같이 잠시의 휴식을 즐기시죠. 가장 아름다운 것이 당신의 것이 될 거예요." 하였다. 이때 청년은 그녀의 말한 악한 말 때문에 표범처럼 노여워했다. 그리고 그녀에게 "부인, 당신은 나에게 어머니 같고, 당신의 남편은 아버지 같은데 왜 이런 큰 죄를 나에게 말씀하십니까? 다시는 이런 말을 하지 마십시오, 그러면 나도 이번 일은 누구에게도 반 마디인들 하지 않겠습니다." 하고는 짐을 지고 들에 가서 하루의 일을 끝마쳤다. 일을 끝낸 형은 집에 돌아왔고, 아우도 많은 짐을 지고 소를 몰고 돌아왔다. 형수는 자신이 한 말이 탄로될까 두려워 폭행을 당한 것처럼 가장하여 쓰러져 누워 신음하고 있었다. 그녀는 집에 불도 켜지 않고, 남편에게 손 씻을 물도 주지 않고 캄캄한 방에 드러누워 있었다.

방에 들어와 "누가 당신을 이렇게 했어" 라고 묻는 남편에게 "당신의 아우가 아니고 누가 이렇게 하겠어요. 종자를 가지러 왔을 때 내가 혼자 있는 것을 보고, 오세요. 우리 한때 즐깁시다. 하였습니다. 나는 듣지 않고 무슨 그런 말을 해요. 나는 당신의 어미 같고, 형은 아버지 같지 않습니까. 했습니다. 그러나 내 말을 듣지 않고 기어코 완력으로 나에게 말도 못할 짓을 하고 만 것입니다. 나는 분합니다. 당신이 그를 살려둔다면 나는 자살해 죽을 것입니다." 하였다. 이 말을 들은 형은 표범처럼 노하여 칼을 갈아 손에 들고 외양간에 숨어 소를 몰고 오는 아우를 기다렸다. 해가 아주 진후에 아우는 무거운 짐을 지고 돌아왔다. 외양간에 먼저 들어간 암소가 "조심하세요, 형이 칼을 가지고 당신을 죽이려 해요, 빨리 도망 하세요." 하였고, 다음에 들어선 황소도 같은 말을 했다. 아우는 외양간 문 뒤에 숨어 있는 형의 발을 보고, 빨리 짐을 내리우고는 도망쳤다. 형은 칼을 손에 든 채 아우를 추격했다. 그러나 태양신은 그들에게 개입하여 도망가는 아우와 추격하는 형 사이에 악어가 가득히 사는 강을 만들었다. 밤새도록 형과 아우는 그 강을 사이에 두고 서있었고, 아침이 되어 바타는 겨우 형에게 그가 무죄한 것을 알게 하였다. 그래서 아누프는 큰 슬픔과 부끄러운 마음으로 집에 돌아가 악한 아내를 죽임으로 벌하였다.

(3) 싯다르타와 천녀(불교 경전에서)

석가(釋迦) 전기를 수록한 경전에 보면, 싯다르타는 깨달음을 얻기 전에 보리수 아래서 악마들의 온갖 유혹과 위협이 있었던 것으로 기록되어 있다. 마녀들이 아름다운 천녀(天女)의 모습으로 나타나 싯다르타에게 말을 걸었다.

"지금은 봄철이에요. 꽃이 피어나고 나무와 풀도 한창자라고 있어요. 사람도 젊은 시절이 즐겁습니다. 청춘은 두 번 다시 되돌아오지 않아요. 당신은 젊고 아름답습니다. 우리들과 함께 놀지 않을래요? 좌선(坐禪)을 해서 깨닫겠다니 당치 않는 소리여요."

수행자 싯다르타는 조금도 동요됨이 없이 부드러운 말로 타이른다. "육체의 쾌락에는 반드시 고뇌가 따른다. 나는 일찍이 그런 고뇌에서 벗어났다. 이런 도리를 알지 못해 세상 사람들은 욕정에 빠져 있다. 나는 이제 절대적인 정신의 자유에 도달하려고 한다. 내가 자유롭게 되면 세상 사람들도 자유롭게 해주리라고 생각한다. 허공을 지나가는 바람처럼 자유롭고자 하는 이 나를 어떻게 무엇으로 잡아맬 수 있겠는가?" 그래서 출가한 수행자들을 가리켜 '바람' 이라고 한다.(법정, 인도기행에서)

33. 지리산 이야기 ③

－바래봉

*바래봉은 지리산의 서북쪽인 남원시 운봉읍에 있다. 바래봉(1165m)은 둥그스름한 봉우리로 스님들의 밥그릇인 바리때를 엎어놓은 모습과 같다하여 붙여진 이름이다. 바래봉 지역은 철쭉 군락지로유명하다.

□ 산행기

5월은 천자만홍의 꽃들이 피는 계절이다. 지리산 바래봉에 철쭉꽃이 백화제방(百花齊放)이라는 소문을 듣고 지인과 함께 동네 산악회를 따라 바래봉을 향했다. 버스에는 남녀노소를 가리지 않고 빈자리가 없을 징도로 가득 찼다. 버스가 한참이나 달렸다. 들판은 자라는 보리나 풀들로 짙푸르고, 산의 울창한 초록색 숲은 차 안의 분위기를 더없이 쾌적하게 했다. 지리산 인터체인지로 들어선 버스는 인월을 지나 종점인 용산 주차장에 도착했다. 관광버스는 등산객을 토해내기 시작했다. 전국 각지에서 많은 등산객이 모여 들었다. 주차장에는 사람과 차들로 북새통을 이루었다.

우리 일행은 차에서 내려 바래봉을 향해 걸었다. 바래봉 올라가는 길은 '작전도로'로 넓고 잘 정비된 길이다. 그러나 주위의 나무들이 키가 낮은 관목이라 그늘이 없다. 따가운 햇볕을 계속 받으며 산을 올랐다. 오월에 내리쪼이는 뙤약볕도 한여름 더위만큼 따갑다. 등에도 얼굴도 땀으로 끈적거렸다. 산길에는 산행객이 가득하다. 마치 피난민 행렬 같다. 한참을 올랐다. 저 멀리 바래봉이 보였다. 녹음 우거지는 자연의 냄새는 풋풋함과 상쾌함과 싱그러움이다. 바래봉 정상 부근의 철쭉은 예로부터 아름답기로 유명하다. 그러나 철쭉은 핀 것도 있고, 져 버린 것도 있어 아쉬움이 남는 날이었다.

정상 부근의 나무그늘 아래서 점심을 먹었다. 5월의 산야에 쏟아지는 햇살은 현란하게 눈부셨다. 유록색이 초록색으로 바뀌고 있는 들과 산의 푸름은 꽃에 못지않은 아름다움이 있다. 나는 찬송가 78장을 혼자 흥얼거렸다. 솔로몬왕의 옷은, 하나님이 자라게 한 백합꽃 보다 아름답지 않다는 내용이다. 이 찬송가는 미국의 천재시인이며 목사였던 '말트비 데이브포드 뱁콕'이 지은 찬송시로서 하나님이 창조하신 자연을 찬미할 뿐 아니라, 하나님의 섭리와 계획에 전적으로 감사하는 내용이다

이 산행 길은 먼 길은 아니다. 그래서 누구나 철쭉꽃을 구경하고자 모두가 올 수 있는 길이다. 많은 사람들이 산을 올랐다가 다시 내려가고 있다. 늦봄의 따가운 태양빛은 금방 사람을 지치게 하는 듯하다. 길옆의 한적한 늙은 소나무 그늘에 한 중년의 여인이 창(唱)을 하고 있다. 사람들은 무슨 구경거리나 있나 하고 모여들었다. 산등성이 너머서 바람이 한줄기 불어온다. 시원하고 맑은 바람이 청아한 그 여인의 창을 더욱 맑게 하는 듯했다. 개울가의 포플러 잎이 바람에 살랑살랑 흔들리고, 바람

속에 묻어 들어오는 솔가지 냄새가 더욱 분위기를 좋게 한다. 세상은 온통 푸르다. 성서기록에 의하면, 우주의 만물을 만드신 하나님께서 "땅은 푸른 움을 돋아나게 하고, 열매 맺는 나무가 그 종류대로 땅 위에 돋아나게 하라." 하셨다. 하나님은 목숨이 있는 것에는 먹을 것으로 청초(靑草), 즉 '푸른 풀'과 나무의 열매를 먹고 살도록 하신 것이다. 이 '푸름'이 없으면, 사람이나 동물은 살 수가 없다. 이 지상에 사람이나 동물이 살도록 환경을 만들어 놓은 것은 하나님의 사랑이다. 이 사랑을 아가페에 라고 한다. (2004년 5월 11일)

☞ 용산리 주차장 → 능선 길 → 철쭉 군락지 → 바래봉 → 철쭉군락지 → 능선 길 → 용산리 주차장 〈6km, 3시간〉

□ 아가페에

헬라어에 사랑이란 말이 네 가지가 있다. '에로스'라는 말이 있고, '스트로게'라는 말이 있고 '필리아'라는 말도 있고, '아가페'도 있다. 에로스는 성적이고 육정적 사랑을 말한다. 스트로게는 가족혈족에 대한 사랑을 말한다. 필리아는 친구에 대한 우정의 사랑을 말한다. 그리고 아가페는 가장 높은 사랑이고, 가장 초월해 있는 사랑으로 하나님의 거룩한 사랑을 말한다. 그것은 자기를 희생하는 사랑이다. 그리고 신약성서를 특정지우는 낱말이다. 필리아와 아가페에는 성서적 용어이고, 에로스는 성서에는 없는 낱말이다. 그리스 철학에 나오는 말이다.

아가페에는 에로스와 필리아에서 초연하다. 방향(direction)에 있어 에

로스가 상향적임에 대해 아가페에는 하향적이다. 본성(nature)에 있어 필리아가 인간적임에 대해 아가페에는 신적이다. 방법(way)에 있어 에로스나 필리아가 자아만족 내지 보존임에 대해 아가페에는 자아희생이다. 단적으로 말해 에로스는 육정적인 사랑, 필리아는 인정적인 사랑임에 대해, 아가페에는 신적 사랑이다.

아가페 사랑의 특성

신약성경의 고린도 전서 13장에는 사랑에 대한 이야기가 나온다. 이는 사도 바울의 저작 중에서 가장 위대하고, 가장 힘 있고, 또 가장 심오한 사랑에 대한 이야기다. 이 이야기는 이 세상을 사는 모든 사람의 생활법칙에 대한 내용으로 바울의 기록 중에 최고의 명작이다. 여기 나오는 '사랑'은 세상적인 사랑이 아니고 하나님의 사랑인 '아가페'를 말한다. 다음은 사랑을 인격화해서 그 특성을 논한 것이다.

① 사랑은 오래 참고, 온유하며
② 사랑은 투기하는 자가 되지 아니하며, 자랑하지 아니하며
③ 교만 하지 아니하며, 무례히 행치 아니하며
④ 자기의 유익을 구치 아니하며, 성내지 아니하며
⑤ 악한 것을 생각지 아니하며, 불의를 기뻐하지 아니하며, 오직 진리와
　　함께 기뻐하고
⑥ 모든 것을 참으며, 모든 것을 믿으며
⑦ 모든 것을 바라며, 모든 것을 견디느니라.

이를 시적(詩的)으로 배열시키면 모두 일곱 댓귀로 성립되고, 첫째는

긍정구, 다음 네 구는 부정구, 그리고 마지막 두 구는 다시 긍정구이다.

① **오래 참고**는 하나님의 특성을 표시하고, 온유(溫柔)하며는 부드럽고 인자하고 친절한 행동을 말한다.

② **투기**(妬忌)는 자아 우월감에서 나오는 감정이고, '자랑하지 아니하며'는 남의 성공에   투기하는 자는 자기가 성공하면, 대언장담하면서 자랑한다.

③ **자랑**은 말로하고, 교만은 마음의 자세이다. 마음의 교만은 다른 이에게 오만불손한 태도가 된다

④ **'자기의 유익'**은 이기주의를 말하고, 이는 사랑의 반대 표현이다. '성내지 아니하며'에서 '성 낸다'는 '예리해 진다'는 뜻이고, 남에게서 해를 받았을 때 격분하는 마음이다. 그것은 이기주의자가 면치 못할 과정이기도하다.

⑤ **'악한 것을 생각하지 아니하면'**은 '악한 것을 헤아리지 아니하며'이다. 성내는 것은 외모에, 생각은 중심의 문제이다. 남에게서 받은 해를 하나하나 헤아리면서 원망하고 비판 하는 태도이다.

⑥ **'모든 것을 참으며'**는 남의 허물과 그것이 자신에 가해되는 경우도 그냥 참는다. '모든 것을 믿으며'에서 이 믿음은 사람에 대한 신임이다.

⑦ **'모든 것을 바라며'**는 이성이 소망이 없다고 단념하더라도 사랑은 소망을 잃지 않는다는 말이고, '모든 것을 견디느니라'는 '참으며'에서 일보 전진한 말이다. 전자는 현재의 사정에 언급하나, 이는 미래까지 포함한다. 아무런 증거가 없을 때도 사랑은 최선을 믿는다.

34. 영남 알프스 이야기 ①

- 가지산

  *가지산(加智山)은 울산광역시 울주군 상북면 덕현리와 밀양시 산내면 삼양리 및 청도군 운문면 신원리 경계에 있는 산이다. 태백산맥의 가장 남쪽 부분에 솟구친 산들이, 이른 바 영남 알프스라 불러지는 1천 미터 이상 되는 봉우리 산이 일곱 개가 있다. 즉 가지산(1240m), 운문산(1195m), 천황산(1189m), 신불산(1209m), 취서산(1059m), 고현산(1103m), 문복산(1014m) 등이다. 이들 산들은 도립공원으로 지정되어있다.

  *호박소는 산내면 삼양리 천화령 아래에 위치하고 있다. 물이 약 10m 높이에서 큰 암반 위로 떨어져 생긴 커다란 확이다. 물이 고인 소가 마치 호박(臼:확의 경상도 사투리)과 같다 하여 '호박소(臼淵)'라 부르고 있다. 수면은 50평 정도이고, 깊이는 상당하여 깊이를 아는 사람이 아무도 없다고 전해진다. 이 호박소가 위치해 있는 계곡은 수목이 울창하여 절경을 이루고 있어 계절에 관계없이 산행객이나 관광객의 발길이 끊이지 않는다. 호박소에서 1.4km 정도 아래쪽 계곡의 산비탈에 얼음골이 있다.

□ 산행기

　예년보다 열흘 정도나 긴 장마는 많은 비로 전 국토에 만신창이 상처를 남겼다. 금년 장마는 지겨웠다. 햇빛 본지도 오래 된 것 같다. 가지산을 가기위해 대구에서 버스를 탔다. 운문령 고갯길을 올라가는 버스 안에는 승객이 두 사람 뿐이다. 고갯길 옆의 개울에 피서 온 차량들이 도로에 이중으로 주차를 해 두어서, 버스는 겨우 운문령에 도착했다. 중복(中伏)이 어제였고, 오늘은 칠석(七夕)날이다. 여신(女神)과 고귀한 신분의 남성 사이의 사랑 이야기가 우리가 잘 알고 있는 '견우와 직녀' 신화이다. 이 신화는 기원전 5세기 작품이다. 중국의 가장 오래된 시집인 '시경(詩經)'에서도 베 짜는 직녀와 수레 끄는 견우라는 이야기가 나온다.

　후덥지근한 날씨는 바람 한줌 없다. 뙤약볕이 뜨겁게 내리쬐는 산허리의 나무들은 장맛비로 더욱 푸르다. 운문령 고개 마루에서 산행이 시작된다. 운문령에서 임도를 따라가면 가지산 정상까지는 6.5km 인데, 지름길을 이용하면 거리를 조금 단축할 수도 있다. 진입로를 막 들어서니 중년의 남자 4명이 올라왔다. 그들과 앞서거니 뒤서거니 하면서 산길을 걸었다. 습기를 품은 태양열은 곧 사람을 지치게 했다. 정수리에 내리쪼이는 더운 열기는 습기와 합세하여 한증막 같다. 임도와 지름길을 번갈아가면서 산을 올랐다. 지름길은 경사가 심하고 길도 고르지 않지만 그늘이 있어서 그래도 좋다. 온 몸이 땀으로 범벅이 될 무렵 귀바위 아래에 도착했다. 귀바위는 사람 귀 모습을 한 암봉이다. 귀바위에서 쌀바위까지는 평탄한 길이다. 이 구간은 해발 1000m가 넘는 높은 지대여서, 나무 그늘에서는 서늘하다. 길가에는 키가 짧은 원추리 꽃이 무리지어 피어 있고, 머리 위에는 고추잠자리가 어지러이 날고 있다. 어디선가 실바람이 불어온다. 얼굴에 닿는 감촉이 좋다. 유난히 푸른 하늘에는 몇 조각의 흰 구름이 떠다닌다. 구름 따라 산길을 걷는다. 천상의 낙원이다. 그야말로 천상천하유아독존의 경지다. 더위에 지친 몸이 금세 회복되었다. 쌀바위에 도착했다. 전설을 간직한 쌀바위봉에는 먹는 샘물이 아이 오줌줄기 같이 졸졸 나온다. 쌀바위 뒤쪽으로 이어지는 산길을 따라 정상으로 향했다. 정상까지는 1.3km의 거리다. 평탄한 길이 한동안 이어지다가 정상부근에서는 가파른 오르막길이다. 한 시간 정도 걸려서 정상에 도착했다.

　정상은 바위 너설지대다. 조망의 즐거움은 푸른 숲의 바다였다. 따가운 태양빛은 그동안 장마로 많은 습기를 품은 대지를 힘껏 달구어, 나무들은 제철을 만난 듯 검푸른 빛을 띤다. 북서쪽으로 손이 닿을 만한 곳에 운문산, 좀 더 먼 곳에 백운산이, 남쪽으로 천황산, 고현산, 신불산이 우뚝하고 동쪽으로 멀리 취서산과 문복산이 보인다. 정상에는 불로불소지년(不老不少之年)의 산행객 4, 5명이 있을 뿐, 산속은 적막강산이다. 어디선가 풀벌레소리가 들린다. 여치인가, 투명한 풀벌레 울음이 바위 아래 숲 속에서 고요함을 깨트린다.

　작열하는 태양빛이 수직으로 내리쬐는 능선을 타고 호박소 쪽으로 향했다. 가지산 정상에서 호박소까지는 7.2km 거리다. 이 길에는 땅에 붙어서 사는 식물만 살기 때문에 그늘이 없다. 고통스러운 산길은 계속되고, 갈증에 연방 물을 마신다. 갈증이 심할 때는 물을 마셔도 몇 분 후에 또 갈증이 온다. 마음에 조금의 여유를 주는 것은 능선 주위에 핀 야생화 들이다. 능선을 타고 내려갈수록 원추리 잎의 줄기와 꽃대 길이가 길어졌다. 고도가 낮아질수록 식물의 성장환경이 좋아지는 듯하다. 또 길 좌우에는 싸리나무와 다래 넝쿨이 무성하게 우거져서 길도 잘 보이지 않는다. 80분정도 내려오면 갈림길(the fork in the road)이 나오는데, 백운산방향으로 가야한다. 이 갈림길에서 백운산을 바라보면, 버선의 뾰족한 콧등같이 솟아 있다. 가파른 내리막길을 한식경이나 내려와서 무망간에 소나무 그늘 아래 덥석 주저앉았다. 점심때도 많이 지났다. 산기슭에서 불어오는 더운 공기가 얼굴에 닿을 때마다 가슴이 답답하다. 서체(暑滯)인가도 싶다. 이런 경우에는 찬물에 밥 말아 풋고추 된장에 찍어 먹던 생각만 난다.

　피곤한 몸에 원기를 회복하고 다시 산길을 걸었다. 지루할 정도로 능선 길을 내려오면, 이정표가 나온다. 계속 능선을 따라가면 백운산으로 가고, 왼쪽 계곡으로 빠지면 호박소로 간다. 정상에서 산행객 한 사람이 나에게 영남알프스에서 저 백운산이 가장 아름답다고 귀띔해 주었다. 나중에 안 사실이지만 이 백운산 능선 길은 설악산의 공룡능선 길과 같은 곳이었다. 산이 아름다우려면 바위가 돌출해 나와야 하고 수직 암벽이 많아야 한다. 백운산(895m) 정상까지는 쉽게 도착했다. 그러나 정상에서 내려가는 길은 바위능선 길이다. 바위 절벽 틈에 수백 년 묵은 소나무가 마치 한 폭의 그림같이 아름답다. 이 능선 길을 지나가는 산행객은 아무도 없고, 또 초행길이라 두려움도 있었지만, 주위 경지에 마음을 빼앗겨 호기(豪氣)가 생겼다. 한 지점을 지나오면, 또 위험해 보이는 다른 지점이 나온다. 바위틈을 지나고, 오르고 내리기를 반복했다. 그때 앞쪽에 우뚝한 암봉이 있고, 좌우에 길을 찾아도 길이 없다. 그 우뚝한 바위 위를 올라가니 30m 정도의 수직 절벽에 밧줄이 놓여있다. 간신히 줄을 잡고 아래로 내려왔다. 그 후에도 바위능선 길은 한동안 계속되었고, 그 후에 산 아래에 도착했다. 심한 갈증을 느꼈지만 물은 떨어졌고,

가슴은 답답하다. 갈증이 오래 계속되니 몸에서 열이 나는 듯하다. 주차장 부근에서 생수 한 병을 사서 마셨다. 누가 이 물맛을 설명하겠나.

주차장에서 계곡을 따라 200m 정도 올라가면 호박소가 나온다. 이곳의 계곡 돌들은 물에 깎여졌고, 길고긴 세월의 흔적만이 보였다. 자연현상에서 우리는 인생의 무상함을 깨닫는다. 산이나 바위도 무너지도록 되어 있고 돌도 물에 닳도록 되어 있음같이, 우리 인생도 점차 그 수명을 감하고 있는 것이다. 이는 사람이 지켜볼 수 없는 사이에 어느덧 산이나 돌이 소모되듯이 사람도 자기 자신도 모르게 늙어 간다. 호박소가 있는 계곡 주위에는 많은 피서객들이 텐트를 쳐 놓고 더위를 피하고 있었다. 호박소는 오목한 형태로 주위 암벽도 절구통과 흡사하다. 물은 맑고 차가웠다. 이 지역의 명소는 뭐니 뭐니 해도 얼음골과 호박소가 백미일 것이다. 호박소를 끝으로 오늘 산길 걷는 이야기를 마친다. (2006년 7월 31일)

☞ 운문령 → 귀바위 → 쌀바위 → 가지산 정상(1240m) → 서쪽 능선 길 → 능선 갈림길 → 백운봉 → 호박소 〈13.7km, 5시간〉

□ **견우직녀 이야기**

은하수가 흐르는 하늘 동쪽에 한 여인이 살고 있었다. 그녀는 바로 천제(天帝)의 딸인 직녀였다. 직녀는 슬픈 사랑 이야기의 여주인공답게 외모가 무척 아름다웠다. 또 재능을 겸비한 미인이었다. 직녀는 베틀 짜는 솜씨 또한 뛰어나서 훌륭한 옷감을 잘 짰다. 하지만 너무 일에만 열중하여 평상시에는 얼굴 가꾸는 것도 잊을 정도였다. 천제는 아리따운 딸 직녀가 이렇게 일만 하며 외롭게 지내는 것을 안쓰럽게 여겨 그녀를 은하수 서쪽의 견우라는 청년에게 시집보내기로 마음먹었다.

그래서 그날도 자기 방에서 열심히 베를 짜고 있는 직녀를 찾아가 천제는 이렇게 말했다. "직녀야, 네가 이미 시집갈 나이가 되고 자색(姿色)이 이토록 빼어난데, 이렇게 일만 하니 이 아비의 가슴이 참으로 아프구나. 그래서 내 너를 은하수 서쪽의 견우라는 청년에게 시집을 보내려고 하니 아비의 뜻을 따르거라." 직녀는 속으로는 선뜻 내키지가 않았지만 아버지인 천제의 명을 거역할 수가 없어 마침내 시집을 가게 되었다. 그런데 이게 웬일인가. 일에만 빠져 살던 직녀가 시집을 가더니 남편인 견우에게 완전히 푹 빠져버리고 만 것이다. 견우직녀 부부의 금슬이 아마도 너무 좋았던 모양이다.

그렇게 일만 알던 직녀가 이제는 더 이상 베 짜는 일도 하지 않고, 친정에도 한번 오지를 않았다. 아마 천제는 평소 누구보다도 사랑했던 딸의 행위에 배신감을 느꼈던 것일까? 크게 노하여 직녀의 게으름과 불효를 몹시 꾸짖고는 은하수 동쪽으로 그녀를 다시 돌아오게 했다. 그리고는 금슬이 좋은 이 부부에게 참으로 가혹한 형벌을 내렸다. 둘에게 1년 중 칠월칠석날 한 번만 만나도록 한 것이다. 그러나 둘 사이에는 은하수가 가로놓여 있었으므로 직녀는 까치에게 부탁하여 다리를 놓게 했다. 이것이 그 유명한 오작교(烏鵲橋)이다. 칠석 무렵까지 머리가 밋밋한 것은 다리 노릇을 하느라 털이 다 빠졌기 때문이라고도 한다. 또 칠석날 자정이 지난 후에는 흔히 비가 내리는데 이것은 견우직녀가 이별을 슬퍼하여 흘린 눈물이라고 한다.(정재서의 동양신화에서 재구성)

35. 영남 알프스 이야기 ②

- 문복산

　문복산(文福山)은 영남알프스 북쪽에 있는 산으로, 경주시 산내면과 청도군 운문면의 경계에 위치한 해발 1,014m의 산이다. 이웃한 가지산, 운문산, 재약산 등의 명성에 가리어져 일반 산꾼들의 발길이 뜸한 곳으로, 호젓한 산행을 즐길 수 있다. 서쪽에 있는 삼계리 계곡에는 맑은 물과 바위와 소나무가 어우러져 아름다운 곳이다.

□ 산행기

　운문령 고개에서(해발 600m) 서쪽 능선을 따라 올라가면 가지산이 나오고, 동쪽 능선으로 올라가면 문복산이 나온다. 산을 오르면 능선 길로 계속 이어진다. 발바닥이 폭신할 정도로 감촉이 좋은 황토흙길이다. 운문령에서 문복산 정상까지는 5.5km거리로 빨리 걸어도 2시간은 걸린다. 능선 길에 나무들은 대개가 활엽수 이지만 군계일학 같은 아름드리 소나무도 있다. 조붓한 능선 길에는 허리까지 자란 풀들이 길에 넘어져 있다. 풀잎에 맺힌 이슬이 바지를 적신다. 밋밋한 오르막길을 걸으면서

바위 위에 뿌리 내린 기괴한 모양의 노송

능선 길을 간다. 나무들이 우거져 시야를 가려서 아무것도 볼 수 없다. '895봉'이 가까워지면 가파른 오르막길을 올라가야 한다. 오르막길에는 못난이 떡갈나무들이 즐비하게 서있다. 한식경 정도 오르면 두루뭉술한 895봉이 나타난다. 정상에서 남쪽으로 고현산이 멀찍이 보인다.

노여(老炎)에 혼곤히 젖은 이마의 땀을 닦으면서 다시 능선 길을 걸었다. 이 길에는 다래넝쿨, 철쭉, 떡갈나무 등이 아우러져서 숲의 굴을 이루고 있다. 오르내리면서 걷다보면 바위가 펼쳐있는 '964봉'에 도착한다. 964봉을 지나도, 나무에 가려서 조망 없는 능선 길은 계속된다. 이 길에는 길바닥에 돌들이 많다. 지루할 정도로 가면 가파른 오르막길이 한 동안 나온다. 이 길을 오르면 '950봉'이 나오고, 이곳에서 동쪽으로 200m 떨어진 곳에 문복산 정상이 있다. 펑퍼짐한 정상은 살풍경 속에 정상이란 표지석 만이 서있다. 내가 정상에 도착했을 때 삼계리

쪽에서 산을 오른 산행객 두 사람이 소나무 그늘 아래서 마음에 점을 찍고 있었다.

내려가는 길은 이 정상의 서쪽 산비탈길로 내려간다. 정상에서 삼계리 주차장까지는 5.2km이고 2시간 정도 걸린다. 가파른 내리막길을 20분정도 내려오면 갈림길이 나온다. 계곡을 따라가는 길과 능선을 따라가는 길이다. 멋진 소나무를 보려면 능선 길로 가야한다. 능선 길로 10분 쯤 내려오면 휴식하기 좋은 넓은 바위가 계곡 쪽으로 절벽을 이루면서 나타난다. 주위에는 노송들이 위품당당하게 서있다. 이곳에 있는 소나무는 군집해 있는 것이 아니고, 띄엄띄엄 있는데, 그 모두가 한 폭의 묵화산수도에 나오는 그림 같고, 기품이 있다. 오랜 세월 동안 바위 위에서 자란 나무들이다. 인간의 가해(加害)행위며 자연의 갖은 풍상(風霜)을 견디고 고고(孤高)히 지조(志操)의 품위를 지켜온 것이다. "빛이 강한 곳에 그늘도 두텁다."는 말과 같이 어려운 환경 속에서 뿌리를 내리고 몇 백 년을 살아온 생명력 때문에 품격 있는 나무들이다.

이 풍채(風采)가 당당한 소나무를 사람에 비한다면 어떨까? 옛 사람들은 보기가 좋은 남자를 두고 말하기를 체모(體貌)가 장중(莊重)하고 단아(端雅)한 군자(君子)라든가, 고품격의 선풍도골(仙風道骨)의 모습이라 했다. 여인의 경우는 화용월태(花容月態)라 하였다. 얼굴은 동편 하늘에 솟아오르는 보름달, 살결은 배꽃같이 희고, 눈은 별이 흐르듯 하고, 버들잎 같은 눈썹엔 수줍음이 있고, 공단결 같은 검은 머리를 가져야 했다. 여기에 있는 이 소나무가 바로 선풍도골의 모습이요, 화용월태의 모습이다.

벽불망서를 생각나게 하는 소나무의 상처

그런데 이곳의 아름다운 소나무들이 활엽수림 속에서 강약이 부동이
라서 죽기도하고, 태풍에 넘어져서 죽기도 한다. 또 상처받은 소나무도
많다. 벽불망서(壁不忘鼠)란 말이 있다. 쥐는 제가 갉은 벽을 잊어도, 벽
은 그 상처가 남아 있어 길이 쥐를 잊지 못한다는 뜻이다. 우리가 살면
서 지난날에 다른 사람으로부터 받은 상처를 쉽게 잊어버리는 경우도
있지만, 좀처럼 잊히지 않는 상처도 있다. 상처를 준 쥐는 자기가 한 일
을 곧 잊어도, 상처의 흔적을 간직한 벽은 쥐를 쉽게 잊을 수가 없는 법
이다. 우리나라 곳곳에 일제말기 일본사람들은 우리 한국 사람을 시켜
송진을 채취하기 위해 큰 소나무에 V자 홈을 팠었다. 그 상처는 오랜 세
월이 지난 지금도 남아있다. 특히 이곳의 소나무 상처의 흔적이 심하다.

(2007년 8월 17일)

☞ 운문령 → 895m봉 → 964m봉 → 950m봉 → 문복산 정상(1014m) → 능선 갈림

길 → 능선 길 → 삼계리 〈10.7km, 4시간〉

□ 무속신앙 이야기

오늘 산길에서 들은 이야기다. 한 중년의 아주머니가 자기 시어머니
에 대하여 이야기를 했다. 시어머니는 시골에서 시동생과 함께 농사를
짓고 있다. 몇 개월 전 시동생이 경운기를 몰고 오다가 언덕에서 굴러
떨어져서 목숨을 잃었다고 한다. 그 후에 시어머니는 밤마다 죽은 자식
이 꿈에 나타나서 괴로워했다고 한다. 이 고통에서 벗어나기 위해 점을
보았다. 무당은 굿을 하라고 했다. 그래서 농촌에서는 좀 과분한 돈을
들여 굿을 했다고 했다. 굿을 한 후에 시어머니는 편안한 밤을 보낸다고
했다.

우리 주위에는 점집을 찾는 사람이나 굿을 하는 사람들이 아직도 많
다고 한다. 시어머니가 굿을 하고 난 후에 마음에 평화를 가져온 것을
보면 굿이란 행위도 신앙임에 틀림이 없다.

미신을 참 신앙의 그림자라고 말하는 사람도 있다. 우리가 미신을 몹
쓸 것이다. 아무런 가치가 없다고 내버리기 쉽다. 물론 미신 자체는 아
무런 가치가 없다. 그러나 미신이 있다는 것은 그 배후에 참된 신앙이
있다는 증거다. 참된 신앙의 그늘이 바로 미신이다.

사람들은 답답한 문제가 생기면 흔히 "점이나 보자" 한다. 점(占)이
란, 전조(前兆)·탁선(託宣)·예언·관상 따위의 방법으로 초인간적인
신(神)과의 접촉에 의하여 미지의 과거·현재·미래의 사물에 관한 지

식을 얻는 과정을 말한다. 동양에서는 팔괘(八卦)·육효(六爻)·오행(五行) 따위의 특정한 방법으로 벌려 그 나타난 결과를 가지고 길흉화복을 판단한다. 특히 한국의 점은 다양한 초능력 중에서도 예지(豫知) 능력위주다. 신 내린 집에서 보는 무당의 신점(神占)이든, 주역으로 풀어보는 역술인(易術人)의 철학점이든 크게 다르지 않다. 유능한 무당이나 역술인을 분별하는 기준은 지나간 과거사를 잘 맞히는 것은 기본이고, 앞일을 잘 맞혀야 진짜 족집게라는 평을 듣는다. 사람들은 불확실한 현실과 예측 불가능한 미래 때문에 점술가나 역술인을 찾는다.

외국인들 눈에 한국같이 발전한 나라에 요즈음 점집을 찾는 사람이 많다고, 핀잔을 먹는다는 신문보도가 있었다. 금년같이 대선을 앞두고는 누구 밑에 줄서야 하는지를 묻는 정치인이 많다고 그들은 꼬집는다. 점은 흔히 여성들이 주로 본다고 생각하지만 꼭 그렇지만도 않다고 한다. 입시를 앞둔 학부형, 승진을 앞둔 공무원, 대기업간부나 사업가도 점집을 찾는다.

수천 년 동안 우리조상들의 생활 속에 묻어온 무속신앙(shamanism)이 한국문화의 중요한 한 부분을 담당하고 있다. 종교관습같이 끈질기게 이어져내려 오는 것도 없다. 현재 한국 내 무속인은 30여 만 명으로 한국인 160명당 1명꼴이며, 서울도심에서 1시간거리에만 300여 군데의 점집이 있는가 하면, 또 '점술 밸리'도 있다. 최첨단패션의 현장인 서울 압구정동 로데오거리의 점집들을 가리키는 말이다. 화려한 수입품 매장과 고급레스토랑 사이에 점집과 사주카페가 70여 개 모여 있어 붙여진 이름이다. 이런 '운세산업'으로 연 2조원을 쓴다고 한다.

귀신이란 원시신앙 및 종교의 대상으로 범신론적 존재다. 특히 동양에서는 상고(上古)때부터 귀신을 음양설(陰陽說)로 보아왔다. 즉 우주천지간에는 모든 것에 기(氣)가 있는데, 양기(陽氣)의 영(靈)을 혼(魂), 음기(陰氣)의 영을 백(魄)이라 하여 혼백의 조화가 있어야 생이 가능하다고 하였다. 그리고 사람의 죽음은 양기의 부산(浮散)을 의미함으로 부산한 혼 가운데 하늘로 올라가지 못한 것은 음귀(陰鬼)가 되어 인간 세상에 여러 가지 작용을 하게 된다는 것이다. 사람들은 귀신에 대하여 상반되는 두 가지 관념을 가지고 있다. 즉, 사람에게 이로움을 주는 신은 착한 신으로 신명(神明)이라 하고, 해를 끼치는 나쁜 신은 귀신이라 하는 것이다.

공자가 제자들에게 말하지 않은 네 가지가 있다고 한다. 불어괴력난신(不語怪力亂神)이라 했다. 괴이한 일, 전설속의 초인(超人)같은 사람, 신하가 군주를 시해하는 일(亂) 그리고 귀신에 관한 일이다(述而). 귀신은 조화(造化)의 자취이니, 비록 바르지 않은 것은 아니나, 이치를 궁구함이 지극하지 않고는 쉽사리 밝힐 수 없는 것이 있으므로 또한 가벼이 사람들에게 말하지 않았다고 한다. 이는 귀신의 존재에 대하여 긍정도 부정도 하지 않은 것이다.

그러나 성경에 나오는 귀신은 모두가 악하게 나온다. 성경에는 귀신을 마귀로 표현한다. 마귀란 요사스런 귀신을 통칭한 말이다. 마귀는 창세기에서부터 나타나 하나님의 역사의 이면에서 그 파괴자로 나타나고 있다. 그리고 신약에 와서 마귀는 더욱 많이 등장하고 그에 대한 경계도 현저해졌다. 성서의 마귀론은 타락한 천사로 규정하고 있다. 즉, 하나님께 지음 받은 천사장 중의 하나인 루시파스(Lucifer)는 하나님과 동등 되려고 그 보좌를 엿보다가 천계에서 추방되어 사단(헬라어의 '대적자'를 뜻함)이 되었고 그때 그와 함께 타락한 일단의 천사군이 마귀가 되었다는 것이다.

우리는 살면서 앞으로 우리 앞에 어떤 일이 일어날 것인가를 예측하는 것은 불가능하다. 우리는 내일 일도 모른다. 장래 일을 하나님이 모르게 하신 이유가 있다. 성서에는 "형통한 날에는 기뻐하고 곤고한 날에는 생각하라. 하나님이 이 두 가지를 병행하게 하여 사람으로 그 장래 일을 능히 헤아려 알지 못하게 하셨다.(전 7:14)" 하였다. 우리가 장래 일을 모르게 된 것은 하나님께서 그렇게 되게 하신 것이다. 그것이 도리어 우리에게 유익하다. 만일 우리가 미래 일이 좋아질 것을 알게 되면 거기에만 관심을 두고 하나님을 믿지 않게 된다. 반대로 우리가 미래일이 불행하게 될 것을 알면 그것에 대한 근심과 걱정을 미리 하게하여 불안 속에 살게 된다. 이와 같이 '기쁨과 곤고함'의 두 가지가 사람에게 같이 나타나, 미래사를 예측하지 못하게 하는 것이다. 그것은 사람으로 하나님께 전적으로 의지하게 하려 하시는 것이다. 인간지(人間知)에는 한계가 있다. 사람은 하나님의 세계에 관하여 가지(可知)의 범위가 있고, 그 위는 불가지(不可知)의 세계에 속하는 것이다. 모르는 것을 억지로 알려고 하는 것은 인간의 교만한 행동이다

사이버 역술인의 엉큼한 사주풀이

〈사건1〉

여자 회사원 신모(26)씨는 작년 12월 30일 무료사주 카페에서 일대일 채팅으로 운세를 보던 중 '이동수가 있으니 여행을 가라. 여행지에서

천생연분을 만날 것’이라는 점괘를 들었다. 역술인은 신 씨에게 “강릉 고속버스 터미널에서 정동진 가는 길을 물어보는 사람이 바로 운명의 남자”라고 짚어줬다. 여행을 떠났던 신 씨는 점괘처럼 치과의사를 만났고, 이 치과 의사는 바로 그 역술인이었다.

〈사건2〉

또 다른 여자회사원 이모(23)씨는 유명 채팅 사이트 S클럽의 ‘종교방’에서 역술인으로부터 “부모님의 팔자가 좋지 않아 집안에 우환이 닥친다. 이를 피하기 위해 나처럼 영혼이 맑고 성관계가 없는 사람과 결혼해야 한다.”는 말을 들었다. 이를 믿은 이씨는 8개월 동안 결혼을 전제로 역술인을 만났고, 수차례 성관계도 가졌다. 하지만 역술인은 자녀를 3명이나 둔 유부남이었다. 〈사건 1, 2는 2006년 3월 31일 자 조선일보 보도 내용임〉

36. 문경새재 산 이야기 ①
-주흘산

*주흘산**은 조령산, 포암산, 월악산 등과 소백산의 주축을 이루면서 조령산과 함께 영남 제3관문을 지키는 수문장 역할을 담당해온 문경의 진산(鎭山)이다. 새재길의 오른쪽에 주흘산(主吃山, 1,106m)이 있고, 왼쪽에 조령산이 있다.

□ 산행기

영남의 선비들이 한양을 가려면 반드시 넘어야 하는 고개가 새재였나. 새새를 넘노라번 첫 대변 하게 되는 관문이 영남 제1관인 수흘관이다. 이 주흘관의 오른쪽에 있는 산이 주흘산이다. 산행은 제1관문인 주흘관에서 시작한다. 주흘관을 지나서 '여궁폭포' 쪽으로 산을 오른다. 계곡을 따라 등산로가 이어지는데, 제법 가파른 오르막길이다. 이 길을 30분 정도 오르면 여궁폭포가 나온다. 이 폭포는 생김새가 신기하다. 20m의 높이에서 물줄기가 쏟아져 내리는 이 폭포는 다가가서 고개를 돌려야만 떨어지는 물이 보인다. 이 폭포를 밑에서 쳐다보면 생김새가 마치 여인의 하체와 같은 형상을 하고 있는데, 그 때문에 이름조차 여궁(女宮) 폭포라고 한다. 떨어지는 물을 뒤로하고 산을 오른다.

산은 온통 소나무와 활엽수가 섞여 산을 덮고 있는데, 노목이 많아서, 세월 풍상(風霜)의 흔적이 보인다. 밑둥치에 구멍이며 울퉁불퉁한 상처도 있고, 죽은 가지도 있다. 청설모가 나뭇가지에서 내려와 구멍으로 들어간다. 가파른 돌길과 완만한 경사 길을 번갈아 가면서 지루할 정도로 산을 오른다. 나무의 창해(蒼海)를 헤엄치기를 세 시간 이었던가. 주흘산의 정상에 도착했다. 산허리에 안개구름이 덮였다. 산 아래를 내려다보는 재미가 사라졌다. 뾰쪽한 돌들이 모인 정상에는 쉴만한 장소도 없다. 다시 능선을 타고 영봉으로 갔다. 영봉 정상부근의 소나무 그늘 아래서 마음에 점을 찍고(點心), 쉬었다.

구름안개가 막 영봉을 엄습해 올 무렵 우리는 산을 내려왔다. 영봉에서 '꽃밭서들'까지는 가파른 내리막길이다. 돌길도 나오고 황톳길도 나온다. 산비탈에는 하늘이 보이지 않을 정도로 무성한 숲 속이다. 가파른 내리막길을 거의 내려오면 계곡의 시원한 물소리가 들린다. 그 지점이 '꽃밭서들'이란다. 거기서 제2관문까지 계곡을 조곡골이라 한다. 조곡골 계곡 길을 따라 내려온다. 초목사이를 흐르는 푸른 물, 청산녹수는 굽이굽이 휘돌아 낮은 곳으로 흐른다. 물소리와 매미소리는 합창으로 들린다. 구름 속에 가렸던 태양이 고개를 내민다. 이제 나뭇잎 사이로 햇빛이 비친다. 햇살을 받은 나뭇잎은 보석처럼 빤짝인다. 숲 속의 산길은 오대산과 이곳이 제일 좋은 듯하다. 시원한 산바람이 옷깃을 스치면서 지나간다. 물소리 멀어지자 풀벌레 우는 소리만 들릴 뿐 계곡은 적막강산이다. 길옆의 이름 모를 묏등이 우묵장성 풀에 덮여있다. 추석

이 곧 다가 올 터인데 후손도 없나보다. 해가 서쪽 하늘에 많이 기울어
질 무렵, 저 멀리 제2관문이 보였다.

　사전에는 없는 말이지만, 산행객들이 사용하는 단어가 있다. 육산, 골
산이란 단어다. 육산(肉山)은 표면 흙이 깊은 산으로 밋밋한 경사면을
가졌고, 골산(骨山)은 표면에 바위가 험하게 솟아나와 급격한 경사면을
보통 가진다. 산길을 걸어보면 육산만 있는 산도 안 좋고, 골산만 있는
산도 산길 걷는 묘미가 없다. 그런 의미에서 주흘산은 이 양자를 겸비한
산이다. 모든 것은 강함과 부드러움의 조화가 필요하다. 여기 임어당(林
語堂)의 '베이징 이야기'에서 한 구절을 옮겨본다.

　중국 궁전 건축물의 은은한 품격은 높이 치솟은 지붕이 아니고, 길게
뻗어나간 지붕에 의해 생겨난다. 이는 직선과 곡선이 조화롭게 배합된
건축이 사람의 눈과 마음을 즐겁게 해주도록 배려한 것이다. 이는 중국
서예의 미학적 수용에서 나온 말인데, 서예의 기본원칙중 하나는 "강함
과 부드러움의 조화, 관대함과 강직함의 겸비"〈剛柔相濟 寬猛相兼 : 강
유상제 관맹상겸〉이다. 보통 건축물 높이의 절반을 차지하는 견고한
구조가 없는 곡선은 우아한 대신 나약해 보이며, 곡선이 없는 직선은 지
나치게 경직되어 보인다. 뉴욕의 국제연합 빌딩이 그 좋은 예이다. 이
건물은 힘 있어 보이긴 하지만 결코 우아하지는 않다. 그러므로 건축이
든 인간의 형상(形象)이나, 성격이든 강함과 부드러움의 조화가 아름다
움을 실현하는데 꼭 필요한 요소이다. 이런 의미에서 주흘산은 아름다
움을 간직한 산이다.(2005년 9월 10일)

☞ 제1관문 → 여궁폭포 → 혜국사 → 주흘산 주봉 → 영봉 → 꽃밭서들 → 조곡골 →

□ 요산요수

옛말 가운데 어진 사람은 산을 좋아한다는 그런 말이 있다. 그래서 산을 좋아하는 사람 중에는 나쁜 사람이 없다는 말도 있다. 이 말을 어떤 사람은 해석하기를 산 위에 올라가서 만물을 초연한 가운데 바라보면 마음이 정화되어지고 고상해지고 깨끗해지고 계속 잘못된 생각을 없애는 작용을 받기 때문이라고 한다. 정화된 마음은 청결한 마음을 가진 자다. 청결한 마음은 거짓이 없고 악덕이 없는 마음이다. 이런 사람은 성격이 부드러운 사람으로 인자임에 틀림이 없다. 이렇게 해석하는 것도 상당이 의미 있는 말이다.

논어에, "지혜로운 사람은 물을 좋아하고 어진 사람은 산을 좋아한다."는 뜻으로 "지자(知者) 요수(樂水)하고 인자(仁者) 요산(樂山)"이라 하였다. 그리고 "지혜로운 사람은 동(動)하고 어진사람은 정(靜)하며, 지혜로운 사람은 락(樂)하고 어진사람은 수(壽)한다."라고 덧 붙였다.

樂(요)은 기뻐하고 좋아함이다. 지자(知者)는 사리(事理)에 통달하여 두루 통하고 막힘이 없어서 물과 비슷한 점이 있으므로 물을 좋아하고, 인자(仁者)는 의리(義理)에 편안하여 중후(重厚)하고 옮기지 않아서 산(山)과 비슷한 점이 있으므로 산을 좋아하는 것이다. 동(動)과 정(靜)은 육체(體)로 말한 것이요, 락(樂)과 수(壽)는 효과(效果)로 말한 것이다. 동(動)하여 막히지 않음으로 즐거워하는 것이요, 정(靜)하여 일정함이 있으므로 장수(長壽)하는 것이다.

　나는 산길을 걸으면서 가끔 이 말을 묵상해 본다. 나는 물을 좋아하는지 산을 좋아하는지 뚜렷한 구분이 가려지지 않는다. 산을 볼 때는 산이 좋고, 물을 볼 때는 물이 좋기 때문이다. 인자인지 지자인지 산을 보아도 물을 보아도 확실한 답은 나오지 않았다. 나는 사리에 밝아서 모든 일에 빠짐없이 골고루 아는 사람도 아니요, 특별히 의리를 가진 사람도 아니다. 지자냐 인자냐를 바라는 것은 나에게는 언감생심이다. 이는 인(仁)과 지(知)를 몸소 체험하여 얻지 않으면 이해하지 못하는 말이기 때문이다.

37. 문경새재 산이야기 ②

- 조령산

　＊조령산은 주흘산, 포암산, 월악산 등과 소백산의 주축을 이루면서 주흘산과 함께 영남 제3관문을 지키는 수문장 역할을 담당해온 문경의 진산이다. 새재길의 오른쪽에 주흘산이 있고, 왼쪽에 조령산(鳥嶺山, 1,025m)이 있다. 조령산은 백두대간에 속한다.

□ 산행기

　이화령(梨花嶺, 548m) 고개에는 아카시아 꽃이 만발하였다. 차가 힘겹게 산마루를 올라간다. 조령산 산행은 이화령 고개에서 시작한다. 이화령 영마루에는 각지에서 온 산행객들이 붐볐다. 간편한 준비를 하고 진입로를 통하여 산을 올랐다. 길은 순한 산허리 길로 시작해서 서서히 올라간다. 산길을 걸을 때 산허리길 만큼 여유롭고 편안한 길은 없다. 한 식경 쯤 지나면 능선의 안부가 나오고, 여기서부터 능선을 타고 올라간다. 능선 길이 끝나는 지점에 도달하면, 큰 고목 느티나무 아래 '조령샘'이 있다. 산행객들은 물병에 물을 보충도하고, 마시기도 한다. 물맛이 좋다. 이 지점부터 가파른 오르막길이다. 주위에는 참나무가 무성하다. 한참을 올라가면 산비탈면에 녹색 정원 같은 아름다움이 펼쳐진다. 미풍에 실려 오는 풀냄새가 향기롭다.

다시 산마루가 나오고 그 지점에서 황토능선 길을 따라 잠시 가면 두루뭉수리 한 조령산 주봉이 나온다. 정상에서 바라보는 조망은 역시 아름답다. 높이 오른 만큼 더 좋은 것을 볼 수 있기 때문이다. 멀리 시선을 바라보니 겹겹이 에워싸인 산봉우리는 멀리서 파도가 밀려오는 모습이다. 가까이 눈앞에는 조령산의 아름다움이 펼쳐진다. 남동쪽으로 보이는 산세는 바위산의 위용이다. 눈앞에 보이는 불뚝한 신선암봉은 마치 북한산의 인수봉을 보는 느낌이다. 아래로 저 멀리 옛 새재길이 보인다.

오늘 산행구간은 동쪽으로 이어지는 신선암봉(神仙岩峰, 937m) 정상을 지나서 깃대봉 아래서, 오른쪽으로 내려가야 한다. 이 길은 백두대간 구간이다. 조령산은 이화령에서 올라오는 서쪽과 신선암봉을 가기위해 내려가는 동쪽은 경사면이 완전히 다르다. 동쪽 길은 비스듬히 내려가다가 갑자기 곤두박질하듯 내리막길인데, 마치 물 긷는 두레박이 샘 안으로 떨어지듯 내려 가야한다. 또 곳곳에 로프를 잡고 미끄러지듯 내려간다. 안부(鞍部;산마루의 움푹 들어간 곳)에 내려가면 사방(四方)향(절골방향, 새재주막 방향)의 이정표가 나온다. 안부를 지나서 다시 능선을 타고 신선암봉 쪽으로 오른다. 작은 봉우리 4개를 지나고 5번째 가 신선암봉이다. 이 구간은 암벽 능선 길이다. 능선 폭이 좁은 곳이 몇 군데 있다. 보기만 해도 몹시 위험한 곳이다. 신성암봉 가까이 오면 더욱 긴장되고 공포심이 가슴을 누른다. 신선암봉 정상 부근은 거대한 바위 옆면에 설치한 로프를 잡고 바위 면을 올라가기도 하고, 또 좁은 바위 틈새를 지

조령산 정상에서 바라 본 신선암봉

나고, 다시 로프를 잡고 올라가면, 마지막 장애물이 나타나는데, 니은자(ㄴ)형의 비스듬히 누운 거대한 절벽바위 안쪽(니은자의 직각부분)으로 얕게 페인 홈을 따라 올라 가는 곳이 있다. 오른쪽은 1~2m 폭의 바위면 이고, 그 옆은 백길 낭떠러지이다. 20m쯤 되는 거리인데, 마치 개미 때가 줄지어 위험구간을 지나가듯이, 우리는 이 길을 엉금엉금 기어서 지나갔다. 신선암봉 정상에는 먼저 온 사람들이 모여서 쉬고 있다. 사람에 따라 차이가 있지만, 겁먹고 지나온 사람들은 안도의 한숨을 쉬었다. 아슬아슬한 낭떠러지가 산행객의 간담을 서늘케 했기 때문이다.

바위 절벽에는 소나무가 매달려 생명력을 자랑하고 있다. 그 소나무 사이로 바람이 분다. 소나무에는 바람이 있어야 그 소나무의 값을 나타낸다. 두보는 솔바람 소리를 피리소리로 표현했다. 그 소리 청아하다. 소나무는 언제 어디서나 장대한 기품 때문에 중인(衆人)이 좋아한다. 소나무는 변하지 않는 마음이요. 고난을 상징하는 나무이기도하다. 신성 암봉에서 하산 길이 시작된다. 이곳에서 내려가는 길도 만만치 않다. 바위절벽을 오르고 내리기를 몇 차례하고 안도의 숨을 쉬고 난 후에야 평탄한 산길이 나온다. 조붓한 소나무 숲길을 한참을 걸으면, 조령3관문이 가깝고 여기서부터 길은 좋아진다.

오늘 산길에서 단테의 신곡의 한 모습이 연상되었다. 그의 연옥편에 이런 묘사가 있다. 연옥(煉獄)은 지옥을 지나서 들어가는 곳이다. 연옥은 천국과 지옥사이로, 사자(死者)가 바로 천국에 들지 못할 때, 그 영혼이 정화되는 곳이다. 단테는 아침에 거대한 산으로 이루어진 연옥에 도착하게 된다. 지옥의 어둠에서 빛으로 나온 것이다. 연옥에서는 의지가 가장 중요한 곳이다. 이 의지는 연옥의 산을 오르고 또 오르면서 죄를 씻고 마침내 빛으로 나아가는 곳이다. 단테가 어느 절벽바위틈에서 하는 이야기다. "우리는 바위가 부서져 생긴 틈 사이로 올라갔다. 험준한 벼랑들이 양쪽에서 우리를 죄었고 울퉁불퉁한 바닥은 우리의 손과 발을 모두 원했다. 그 좁은 벼랑사이를 통과하자 위로는 높은 절벽이, 아래로는 비탈이 탁 트여 있었다." 이는 비록 죽은 자의 죄가 남아 있어서 바로 천국에 들어가지 못하고 험난한 바위절벽 길을 통과하면서 그 죄가 정화된다는 뜻이다. 연옥설은 천주교에서 믿는 교리다. 나는 비록 연옥설은 믿지 않지만, 산행에서 오늘 산길 같은 혹독한 고난을 서치면 우리의 마음이 겸손해지고 맑아짐을 느낀다.

조령3관문에 도착했을 때 손이고 바지고, 신발이 흙투성이였다. 그곳에는 작은 샘이 있었다. 손을 씻고, 한 표주박의 물을 마시고 생기를 다시 얻었다. 오늘의 종점인 고사리 주차장으로 향했다. (2006년 5월 28일)

☞ 이화령 → 조령산 → 신선암봉 → 깃대봉 → 조령제3관문 → 고사리 주차장
〈11.6km, 6시간〉

□ 등한시 할 문제가 아니다

조령산 산행 길은 다른 산과 같이 평범한 산길이 아니다. 심하게 폭이 좁은 바위 능선 길이 몇 군데 있다. 지나려면 아찔한 곳이나 안전시설이 없다. 오늘 많은 산행객들이 이구동성으로 위험성을 말했다. 이런 산길에서 산행객들의 추락사고로 목숨을 잃는 일이 가끔 일어난다. 길에 안전시설을 설치해야 하는 사람이나, 또 이 길을 지나는 산행객이나 대수롭지 않게 보아 넘길 문제가 아니다. 이런 것을 우리는 등한시 한 일이라 한다. 우리가 등한시(等閑視) 하므로 큰 사고가 발생하는 것을 얼마든지 본다. 여기 '등한시'에 대하여 재미있는 올슨(J.M. Olson)의 글을 옮겨본다.

"내 이름이 무엇인지 알아보아라. 나는 잘못된 행동으로 정죄는 안 받을지 모른다. 그러나 나 때문에 많은 사람의 생명이 망하여 기차가 전복되며, 배가 가라앉으며, 도시가 불타며, 전쟁이 실패하여 정부가 망한다. 나는 일부러 때리거나 악담하는 일은 없으나 나 때문에 가정이 파괴되고, 친구가 냉정하여지고, 아이들의 웃음이 그치고, 집안의 아내들이 아픈 눈물을 흘리고, 형제자매들이 서로 소원(疏遠)해지고, 부모들이 무덤에 가기까지 마음이 상한다. 나는 악한 일을 계획하지는 않았다. 그러나 나 때문에 좋은 재능(才能)이 쓸데없이 되고, 예모(禮貌)와 친절이 없어졌고, 성공에 대한 약속이 비애(悲哀)와 실패로 돌아갔다. 나는 검은

빛 외에 아무런 빛이 없고 침묵 외에 아무런 소리가 없다. 당신들은 즉시 내 이름을 부르지는 못할지 모른다. 그러나 당신들은 나와 더불어 개인적으로 확실히 친하다. 내 이름은 '등한' 이다."

38. 문경새재 이야기

***새재**란 말은? 영남에서 서울을 향해 갈려면, 소백산맥을 넘는 길 중의 하나가 새재(鳥嶺)이다. 문경에서 새재를 넘어 연풍과 수안보를 지나 충주에 이르면 한강을 끼고 곧바로, 서울에 닿게 된다. 이 길이 영남에서 서울에 이르는 가장 가까운 지름길이다. 이 길은 조선초기인 태종 때 만들어졌다고 기록되어 있다. '새재'는 새도 날아서 넘기 힘들만큼 험한 고개라는 뜻에서 그렇게 불렀다는 이야기도 있고, 또 억새풀이 우거져 새재라는 이름이 붙여졌다고도 한다.

□ 새재 길 걷기

문경새재 트레킹은 계절에 관계없이 많은 사람들이 찾아오지만, 그래도 단풍드는 가을이 더욱 좋다. 이 길은 걸어서 들어갈수록 점입가경(漸入佳境)이다. 왜냐하면 우리 조상들의 생활모습을 볼 수 도 있고, 나의 몇 대 할아버지나 할머니를 만날 것 같은 느낌이 나는 곳이라서 그렇다. 나라의 관리들은 말을 타고도 지났고, 선비는 과거보려고도 지났을 것이고, 민초들은 먹고 살기위해 괴나리봇짐을 등에 메고, 몇 켤레의 짚신을 갈아 신으며, 지팡이에 몸을 의지하여 걸어서 수월찮게 지났을 것이다. 역마살이낀 사람도 지났고, 도적들도 남의 물건을 강탈해서 지났을 것이다. 이런 사연을 간직한 길이 새재 길이다.

서리가 내린다는 상강 절기가 다가온다. 그동안 쾌청한 가을 날씨가 몇 일간 이어 지듯이 세상은 완연한 추색(秋色)으로 변하기 시작했다. 청명한 하늘을 배경삼아 윤곽이 더욱 선명하고 뚜렷해 보이는 주흘산과 조령산에도 오색단풍이 짙어만 가고 있었다. 새재는 주흘산과 조령산 사이의 고개다. 매표소를 통과해서 조금 들어가면 오른쪽 길옆에 온갖 형상의 장승들이 버티고 서 있다. 우리 선조들의 관습으로 잡귀를 막고 마을의 안녕을 지키는 민간수호신인 셈이다. 장승들의 모습이 사라지자 곧 제1관문이 앞에 우뚝 가로 막는다. 관문을 통하여 들어가면 넓은 공간이 나오고, 오른쪽으로 여궁폭포와 주흘산으로 오르는 산행 길도 나온다. 그러나 새재 길은 계곡을 따라 바로 가야한다.

지금의 새재 길은 옛길을 정비하여, 폭이 넓고 잘 정비된 재를 오르는 산길이다. 제2관문까지는 비스듬한 경사 길이다. 많은 사람들이 새재 길을 오른다. 노인들도 보이고 유모차를 밀고 오는 젊은 아낙들도 보인다. 나무 잎들이 떨어진 길 위로 길손들이 분주히 지나가고 있다. 여기저기에 단풍들이 곱다. '지름틀 바우'를 지나서 조령원터(鳥嶺 院址)가 나온다. 이는 고려와 조선조 공용으로 출장하는 관리들에게 숙식의 편의를 제공하기 위한 공익시설이었다. 지금의 여관과 같은 것이다. 옛날 사람들은 먼 길을 떠날 때 오직 대나무 지팡이인 죽장(竹杖)과 짚신인 망혜(芒鞋)와 단표자(單瓢子)인 도시락과 물 떠먹을 표주박만 챙겨서 따

새재길이 과거길이란 안내 비문

난다 고한다. 그런 모습을 떠올리면서, 이런 저런 생각을 하다가 앞을 보니 주막이 나온다. 새재 길을 넘다 피로에 지친 몸을 한 잔 술로 여독을 풀던 곳이다. 그러나 주막엔 주모도 없고 술도 없는 빈집이었다. 주막집 대문을 나오니 막걸리 한잔이 더욱 간절하다.

　주막을 지나서 좀 더 가니, 교귀정(交龜亭)이란 큼직한 정자가 나온다. 조선시대 임금으로부터 명을 받은 신·구 경상감사가 업무를 인계 인수하던 장소였다. 이 정자 부근에는 아주 오래된 노송들이 옛날 일들을 증명이라도 하듯이 서있다. 그곳을 지나 몇 발작 더 올라가면, 옛날 시인·묵객(墨客)이 즐겨 찾았던 '용추폭포(龍湫瀑布)'가 나온다. 넓은 바위 틈새로 물이 흐르고 물소리를 들어 면서 시를 외는 아치(雅致)가 멋있어 보인다. 앞에 가는 길손을 따라 가다보면 조선시대 말기에 기독교인들의 비밀 예배장소였던 바위굴인 '예배 굴'이 나오고, 좀 더 올라가면, 조선시대에 설치된 한글로 된 산림보호 비인 '산불됴심' 비가 있

다. 높이가 157cm 이고 지나가는 길손에게 산불예방을 강조하는 문구
였다. 더 올라가면 길옆에 큰 물레방아가 돌고. 또 좀 지나면 조곡폭포
가 흰 물줄기를 드리우는 모습이 나온다. 이 폭포는 주흘산 깊은 골의
맑은 물이 한 방울씩 모여 이루어진 폭포인데, 높이가 25m의 3단 폭포
로, 영남 제2관인 조곡관 앞에 위치하여 조곡폭포라 한다. 이 폭포를 지
나면 제2관문이 나오고, 2관문을 지나면 멋있고 품위 있는 소나무 숲이
나오는데, 새재 길에서 가장 아름다운 정취를 안겨준다.

2관문을 지나서 얼마를 가면, 조선시대 새재를 넘던 선비들의 한시
(漢詩)를 감상할 수 있는 오솔길이 별도로 300m 정도 이어진다. 그 길에
는 우리 조상들이 새재 길을 넘나들며 느낀 정서를 한시(漢詩)로 지은
것을 돌에 새겨놓았다. 고갯길을 넘을 때의 심정을 알아보자.

새재 길에서 문득 노래하다(鳥嶺路上偶吟)

흐르는 시냇물 뱀처럼 날래고
기이한 봉우리 창검을 세운 듯
찬바람 맞으며 서울로 가는 길
필마는 숨이 차서 헐떡거리네.

〈조임도(趙任道, 1585-1664) 조선 중기의 학자〉

새재에서 묵다(宿鳥嶺)

험한 길 벗어나니 해가 이우는데 산자락 주점은 길조차 가물가물

산새는 바람피해 숲으로 찾아들고 아이는 눈 밟으며 나무지고 돌아간다.
야윈 말은 구유에서 마른풀 씹고 피곤한 몸종은 차가운 옷 다린다.
잠 못 드는 긴 밤 적막도 깊은데 싸늘한 달빛만 사립짝에 얼비치네.
〈율곡(栗谷) 이이(李珥, 1536-1584) 조선중기 문신 · 학자〉

예로부터 문경새재는 민요로 알려진 만큼 물박달나무 자생지로 유명하다. 지금도 2관문 계곡과 꽃밭서들(주흘산의 비탈 이름)에는 많이 분포되어 있다. 물박달나무는 재질이 견고하고 치밀하며 홍두깨, 방망이, 농기구제, 공예재 등에 많이 이용된다. 이 오솔길이 끝나는 지점에 문경새재 박달나무에 얽힌 민요를 새긴 '문경새재 아리랑 비'가 나온다. 그 옆의 스위치를 작동하면 아래와 같은 〈문경새재〉 아리랑을 들을 수 있다.

문경새재 물박달나무 홍두깨 방망이로 다 나간다
아리랑 아리랑 아리랑 아리랑 고개로 넘어간다

홍두깨 방망이 팔자 좋아 큰아기 손질에 놀아난다
아리랑 아리랑 아리랑 아리랑 고개로 넘어간다

문경새재 넘어를 갈제 굽이야 굽이야 눈물난다
아리랑 아리랑 아리랑 아리랑 고개로 넘어 간다

이 민요를 들어 면서 새재 길을 걸어서 올라가면, 길옆에 큰 고인돌이 하나 있는데, 가운데 큰 구멍이 있다. 사람들은 이 돌을 '바위굴'이라 부른다. 옛날 새재 길을 지나던 길손이 갑작스런 소낙비를 만나면 피하는 장소라고 한다. 2관문에서 바위굴까지 1.4km 거리는 서서히 올라가는 산길이고, 이 바위굴을 지나서 3관문까지 2.1km의 고개 길은 가파른 오르막길이다. 그런가 하면 이 구간의 산길에는 울창한 나무들이 하늘을 덮고 있다. 낙엽이 떨어진 나무위로 파란하늘이 보인다. 바위굴을 지나서 고갯길을 올라가면, 옛날 산속에서 가끔 볼 수 있는 한국식 통나무집인 귀틀집이 있고, 좀 더 숨을 할딱거리면서 올라가면, 조령원과 같은 길손들의 숙소가 있던 '동화원' 이란 곳이 나오고, 시험을 보러가는 선비들이 기원하는 '책바위' 란 돌탑도 나온다.

이제 상당히 높은 고갯마루까지 왔다. 지금의 새재 길옆으로 옛날 새재 길이 보존 되어 있다. 그래서 그 길을 영남의 선비들이 한양으로 과거보러 가던 길이라 해서 '장원급제길' 이라 한다. 좀 더 올라가면 3관문이 나온다. 3관문 앞에는 조선시대 조령관을 지키던 군사들의 대기소였던 '군막 터' 가 나오고 그 위쪽에 제3관문인 조령관이 있다. 이 3관문은 새재의 가장 높은 고개 마루에 있는 셈이다. 조령관 왼쪽에는 오래전부터 있었던 조령약수란 샘터도 있다. 물맛도 좋고 주변에는 쉬기도 좋은 장소다.

새재의 영(嶺)마루에는, 새재 길이 과거길이란 안내비문이 있다. 옛날부터 영남지방에서는 많은 선비들이 청운(靑雲)의 뜻을 품고 과거를 보러 한양으로 갔다. 영남에서 한양으로 가는 길은 남쪽의 추풍령(秋風嶺)과 북쪽의 죽령(竹嶺) 그리고 가운데 새재가 있는데, 영남의 선비들은 문경새재를 넘었다고 한다. 추풍령을 넘으면 추풍낙엽(秋風落葉)과 같이 떨어지고, 죽령을 넘으면 미끄러진다는 선비들의 금기(禁忌)가 있어 영남선비들이 과거급제를 위하여 넘던 과거길이라 한다.

조령문을 넘어 북쪽으로 갈지자 같은 길을 내려가면 오른쪽으로 조령산 휴양림이 산 계곡 비탈에 있다. 이 길을 2km 정도 내려가면 '고사리 동네'란 마을이 나온다. 산간벽지마을이라 이름도 고사리 동네다. 조용하고 평화롭다. 1관문을 향하여 다시 원점으로 돌아온다.

조령관에서 양장(羊腸)같은 길을 내려온다. 내리막길이라 힘들지 않고 걷는다. 이 길을 걸으면서 문득 명기(名妓) 홍랑(洪娘) 이야기가 생각난다. 비록 새재가 함경도의 함관령(咸關嶺)이 아닐지라도 이런 고갯마루가 아니었을까 한다. 그것은 400여 년 전 당대에 손꼽히던 사대부 문장가와 기생의 애달픈 사랑 이야기인데, 조선 중기 8대 문장가 중 한 사람인 고죽(孤竹) 최경창(崔慶昌)과 기생 홍랑(洪娘)의 비련(悲戀)의 이야기가 그것이다.

묏버들 갈해 꺾어 보내노라 님이 손에
자시는 창 밖에 심거두고 보소서
밤비에 새잎 곧 나거든 날인가도 여기소서

위의 시는 홍랑이 쓴 시의 원본이고, 이 시를 좀 더 현대어로 고쳐 쓰면

산 버들 가려 꺾어 보내노라 님에게
주무시는 창 밖에 심어 두고 보소서
밤비에 새잎 나거든 이 몸으로 여기소서

홍랑은 1573년 가을, 함경도 경성에 북도평사(北道評事)로 온 최경창

을 만나, 군막에서 겨울을 함께 보냈다. 홍랑은 당시 변방의 군사를 위해 배정된 기녀(妓女)이였다. 이때 홍랑의 나이는 16세 정도로 추정되고, 최경창은 이미 결혼을 하여 부인을 서울에 두고 있었고 나이는 34세때였다. 이 당시 법률은 처자와 함께 임지에 부임하는 것을 금하였다. 그래서 임지에서 기녀(妓女) 홍랑을 만난 것이다. 이듬해 봄 서울로 다시 돌아가는 최경창을 쌍성(雙城:함경도 영흥)에서 작별하고 집으로 돌아가다가 함관령(咸關嶺, 함흥과 홍원 사이)에 이르렀을 즈음, 때마침 날도 저문데 비마저 뿌리고 있었다. 이때 지은 시를 그는 서울의 연인(戀人)에게 보내주었다. 이 시가 바로 위의 시다. 시와 문학에서 홍랑과 고죽은 정신적 교감을 하였다.

가람 이병기 선생은 이 작품을 극찬하기를 "우리문학사상 가장 아름다운 연시(戀詩)의 하나이다. 또한 멋이 있고 낭만적이다."라고 하였다. 양주동 선생은 강의 시간마다 학생들에게 홍랑과 고죽의 사랑 이야기를 했다고 한다. 이 시는 고등학교 국어 교과서에 나왔다. (2006년 10월 18일)

☞ 매표소 → 제1관문(주흘관) → 제2관문(조곡관) → 제3관문(조령관) → 조령산 자연
  휴양림 → 고사리동네 → 다시 원점회귀 〈16.2km, 4시간〉

□ **새재의 역사**

새재 길은 주흘산과 조령산 사이에 난 길이다. 새재 영마루는 주흘산과 조령산의 안부(鞍部)이고, 좌우는 험준한 산세(山勢)를 이루고 있다. 이곳을 방어하면 왜적은 북으로 올라가지 못한다. 그러나 임진왜란이

발생했을 때 문경새재에 방어진을 하지 않아서 임진년(1592년) 4월에 우리나라를 침략한 왜적은 부산포에 상륙한 지 보름도 되지 않아 4월 26일에는 새재를 아무 저항도 받지 않고 넘었다. 그래서 왜적은 충주 탄금대(彈琴臺)에 배수진을 친 신립(申砬) 장군이 이끄는 관군을 전멸시키고 말았다. 조정에서는 신립 장군이 천험(天險)의 요새인 새재를 막지 못한 것을 크게 후회하면서 새재에 관문(關門)을 설치할 것을 논의하게 되었다. 그러나 새재가 방어의 요지라는 중요성은 거듭 논의 되었지만, 1594년(선조 27년)에 중성(中城)을 건설했을 뿐 다시 1백년도 더 지나 1708년(숙종34년)에 가서야 중성을 크게 중창하고 초곡성(草谷城, 제1관문)과 영성(嶺城, 제3관문)을 축조하였다.

문경시에서 이화령(梨花嶺) 쪽으로 2km를 가면 문경새재 진입로가 나오고, 진입로를 따라 3.5km 들어가면 제1관문 주흘관(主屹關)이 서 있다. 그리고 이곳에서 3km 떨어진 산속에 제2관문인 조곡관(鳥谷關)이 섰고, 다시 3.5km 떨어진 곳에 제3관문인 조령관(鳥嶺關)이 있고, 관문 좌우로 능선을 따라 석성(石城)이 둘러있다. 그런데 1925년에 3번 국도가 소백산맥을 넘어 이화령 고갯길이 뚫리면서부터 조선시대 때 영남과 서울을 잇는 관문이던 새재는 이제 그 역할을 이화령에 넘겨주고, 역사와 전설이 얽힌 재로 버려진 길이 되고 말았다.

39. 두타산, 청옥산 이야기

  *두타산**은 동해시의 남서쪽, 삼척시와의 경계를 이루는 곳에 솟아있는 산이다. 두타산(頭陀山, 1,353m)의 산마루에는 바다모래 같은 모래가 있으며 염정이 있고, 산허리에는 연꽃이 자란 흔적이 있다. 이 산은 삼척의 영적인 모산(母山)이라 해서, 쉰움산(五十井山)이라 하는데, 이는 바위에 50여 개의 크고 작은 구멍이 패여 붙여진 이름으로 이곳에서 오래 전부터 기우제를 지내오고 있으며 토속신앙의 기도처로 이용되고 있다.

  *청옥산**은 두타산 정상에서 능선을 타고 서쪽으로 3.7km 정도 가면 청옥산(靑玉山, 1,403m)정상이 나온다. 청옥산의 정상과 두타산을 있는 의가등(衣架嶝;일명 횃대)은 용이 꿈틀거리는 모습으로 병풍을 펼쳐놓은 것 같다. 이 두 산비탈에서 내려오는 빗물이 흐르는 계곡을 무릉계곡이라 하고, 계곡물이 백석반석 위를 옥류같이 흐르는데, 마치 무릉도원에 온 것 같은 기분을 준다. 바위에는 전국에서 찾아든 한량들이 새겨놓은 이름만이 어지러이 반석 위에 남아있어 발길에 밟히고 있다. 또한 조선조 명필인 양사언(楊士彦)이 썼다는 〈武陵溪源中臺 泉石頭陀洞天〉이란 글씨가 큼직하게 새겨져 있다. 명소로는 용추폭포, 오십천, 천은사,

두타산성, 관음폭포, 옥류동, 학소대, 삼화사(三和寺) 등이 있다.

□ 산행기

태백에서 동해시로 이어지는 424번 지방도를 달리다보면 해발 760m 높이에 '댓재'란 고갯 마루가 있다. 이곳에서 보통 산행이 시작된다. 도로 옆의 진입로를 따라 산을 올라간다. 이곳에서 두타산 정상까지는 6.1km의 산길이다. 울창한 숲 속 가파른 오르막길을 따라 잠시 올라가면 '햇대봉'에 오른다. 후텁지근한 장마철 날씨는 금방 사람을 지치게 만든다. 힘들게 햇대봉을 올라온 만큼, 가파른 내리막길을 내려가면 평탄한 산허리길이 나온다. 산비탈에는 참나무가 무성하다. 산길에는 산허리길이 언제나 여유롭다. 한식경 쯤 가면 길은 능선 길로 바뀐다. 녹음이 욱어진 능선 길에는 하늘도 보이지 않는다. 참나무 숲 속에 여기저기에 늙은 소나무가 서있다. 참나무 숲 속의 소나무는 약자다. 머지않아 약자는 사라지게 된다.

언필칭(言必稱) 산꾼들 이라고 하는 사람들은 정상 도착이 유일한 희망인지, 주마간산(走馬看山)으로 마구 달린다. 햇대봉에서 90분 정도 걸으면 '통골재'에 도착한다. 통골재 영마루에는 많은 산행객들이 쉬고 있다. 이 재에서 '1243m봉'을 향하여 올라가야 한다. 1km의 비탈진 능선 길을, 산행객들은 땀을 비 오듯 흘리며 괴로워한다. 실은 땀이 많이 흐를 때는 더움을 못 느낀다. 한참을 올라 가팔라지던 숨결이 편안해질 즈음 정상에 도착했다. 바람결이 제법 시원하다. 산행객들은 지친 몸을 쉬면서 마음에 점도(點心) 찍는다.

　1243봉에서 두타산 정상(1353m)까지도 능선을 따라 30분 가야한다. 능선 길에는 산돼지가 먹이를 찾는다고 땅을 파헤친 흔적이 여기저기 보인다. 이 길에는 나무들의 키가 점차 낮아지면서 오르막길이 나온다. 나무들의 키가 허리 밑에 와 닿을 무렵에 두타산 정상에 도착한다. 정상에는 구름 안개가 덥혔다가 그치기를 반복한다. 산행객들은 일단 정상에 오르면 마음에 여유가 생긴다. 그 여유는 동중정(動中靜)의 때를 타서 다음 지나갈 곳을 마음속으로 그려보기 때문이다. 이제 다시 가야할 청옥산을 바라보았다.

　두타산에서 청옥산(1403m)까지는 3.7km의 능선 길이다. 능선 길을 따라 오르고 내리고, 굽이치기를 몇 번 하고서야 '박달령' 고개에 도착했다. 이 두타산이나 청옥산에 들어오면 숲 속에 갇혀 주위 경관을 전혀 볼 수 없다. 박달령에서 작은 능선을 넘고 내려가서, 힘들게 한참을 올라가야 청옥산 정상에 도착한다. 정상에서 하산(下山)길은 '학등'을 타고 내려오는 길과 북쪽으로 이어지는 능선을 타고 내려와서 '연칠성령' 이란 안부(鞍部)에서 내려오는 길이 있다. 후자(後者)쪽이 경사가 덜 지나 더 멀다. 연칠성령 안부에서 산비탈을 따라 두 시간 정도나 내려왔다. 숲 속이라 어디가 어딘지 알 수도 없다. 산행객들은 하나 둘 길옆에 앉아서 지친 표정을 나타내고 있다. 대개 보통 산행객은 이런 상태, 무더운 날씨에 6시간 이상 걸었고, 숲 속에 갇혀 끝점이 어딘지도 모르는 현실 속에서는 고통스럽다. 인내심의 마지막 한계를 드러내면서 한 발짝 한 발짝 걸을 때, 철인 3종 경기나 하는 것처럼 보이는 산행객들이 보인다. 특히 이런 장면이 나타날 경우에는 날씨의 변화가 갑자기 생기는데, 바람이 세차게 불거나 안개가 자욱하거나 비가 쏟아질 때였다. 이 때도 갑자기 숲 속에 안개가 자욱하듯이 산행객 한 사람이 그야말로 호

산성 갈림길에서 바라 본 두타산 암벽

풍환우(呼風喚雨)하는 술법을 가졌는지, 걸음을 빨리 걷는 축지법(縮地法)을 가졌는지, 호기(豪氣)스러운 사람이 나타나서 우리들 옆을 달아나는 노루 같이 사라진다. 대단한 체력을 가진 사람이다.

　범사(凡事)에 기한(期限) 있듯이, 지루하고 짜증스러운 산비탈 급경사 내리막길도, 물소리에 힘을 얻어 지루함이 사라졌다. 물이 흐르는 계곡에 왔기 때문이다. 길을 따라 내려오면 '사원터 대피소' 가 나온다. 그곳에서 잠시 쉬면서 일행을 찾았다. 함께 온 산행객들은 모두 흩어지고, 아는 사람은 아무도 없었다. 길을 따라 '문간재' 를 지나서 내려오면 장군바위가 나온다. 여기서 길을 잘 못 들었다. 얼마를 가니 '하늘문' 이란 수직 철계단이 버티고 있었다. 100m 높이나 될까? 그리로 올라갔다. 중간쯤 올라가서, 올라온 계단을 내려다보니 아찔하다. 그래도 계속 올라가니, 바위틈 사이로 좁은 길이 나 있고, 그 길을 따라 올라갔다. 이 길은 아래쪽의 무릉계곡의 산허리 길이라서 조망이 아름답다. 맞은 편 산의 암벽에 소나무들이 멋지게 보였고, 산위 안개가 계곡 아래로 스며 드는 모습은, 이곳이 과연 무릉도원이구나 하는 생각이 났다. 잘못 간 길이 실제의 경치, 오입진경(誤入眞境)이었다. 그러나 약속시간 안에 주차장에 가는 걱정 때문에 마음이 불안했다. 불안한 마음을 감춘 채, 한 동안 헤매다가 관음사 쪽에서 내려오는 사람들을 만나서 길을 묻고, 다시 내려왔다. 마음이 진정되고 나서야 선인(先人)들의 교훈이 생각났다. '산길을 잃음(失路)' 이란 제목인데 죽비소리에서 옮겨본다.

작년에 산사(山寺)에 놀러갔다가 길을 잃고 깎아지른 벼랑으로 잘 못 들었다. 가시덤불을 헤치고 등나무를 더위잡아 산도 물도 다한 곳에 이르니, 단지 흰 구름이 피어나고 있을 뿐이었다. 옷도 흐트러진 채 이리저리 방황해도 더 나아갈 곳이 없었다. 그때 갑자기 구름 위로부터 종소리가 들려와 나를 이끄는 안내자가 되었다. 있는 힘을 다해 다시금 묏부리 하나를 올라가니 푸른 전각이 나타나는 것이었다. "산에 들어 길 잃음을 유감으로 알지 말라. 여태껏 못 본 산을 수도 없이 볼 터이니."라고 한 것은 그래서 지은 시다. 잘못해서 나쁜 길로 들어가 온갖 괴로움을 다 겪은 뒤에야 바야흐로 바른길이 있음을 알게 되었다. 비단 참선만 그런 것이 아니라 시문과 서화도 또한 그러하다. 주차장에 노착했을 때는 해가 아주 떨어지고 박모(薄暮)가 퍼지기 시작한다. (2005년 6월 18일)

☞ 댓재 → 햇대등 → 통골재 → 두타산 정상 → 청옥산 정상 → 연칠성령 → 사원터 대피소 → 문간재 → 장군바위 → 선녀탕 → 무릉계곡 관리사무소 → 주차장 〈16.9km, 8시간〉

두타산 정상에서 무릉계곡으로 바로 내려오는 길

산비탈 길을 따라 내려오면 처음 얼마간은 가파른 내리막길이다. 무릉계곡까지는 7km의 거리다. 길에는 키가 낮은 관목들이 빽빽하게 자란다. 왼쪽으로 청옥산이 선명하게 보인다. 한참을 내려오면 '산성갈림길'이란 이정표가 나온다. 능선을 따라 계속 가면 쉰움산(五十井山, 688m봉)이 나오고, 성이 허물어진 자취가 있는 왼쪽으로 가면 무릉계곡이다. 산비탈에는 수백 년 묵은 노송들이 서 있다. 소나무는 한국 사람이 가장 좋아하는 나무다. 소나무 씨앗이 자라서 노거송이 되기까지는 수백 년의 세월이 걸린다. 그동안 나무는 모진 세월의 풍상(風霜)을 겪게 된다. 이 시련을 이겨나가는 놀라운 생명력을 가진 것이 소나무다. 소나무는 우리 조상들이 살아온 모습이요 겨레의 혼이요 상징이다.

정상에서 4km 정도 내려오면, 맑은 물이 흐르는 계곡이 나오고, '깔딱고개'란 이정표가 보인다. 내려온 길의 경사가 심해서 붙여진 이름이다. 그런데 산길은 계곡을 벗어나서 산허리를 돌면서 내려온다. 이 길은 급경사 내리막 바위길이라서 걷기가 불편하고, 많은 시간이 요한다. 이런 곳이 오히려 경치는 좋은 곳이다. 한참을 내려오면 '두타산성'이란 이정표가 바위가 군집해 있는 산비탈에 있고, 이곳에서의 조망은 아주 좋다. 맞은편 산허리에 수직암벽에 붙어사는 소나무들, 한 폭의 그림이다. 거기서 다시 500m 내려오면 무릉계곡으로 이어지는 편안한 길이 나온다. 계곡에는 수많은 사람들이 물놀이와 피서를 즐기고 있다.(2006년 8월 9일)

☞ 댓재 → 햇대등 → 통골재 → 1243봉 → 두타산 정상 → 산성갈림길 → 깔닥고개

입구 → 두타산성 → 무릉계곡 관리사무소 → 주차장 〈13.2km, 6시간〉

□ 용서에 대하여

우리는 세상에 살면서 남에게 손해를 당하면, 원통함이나 분노를 가진다. 이런 일들은 본인이 아무리 잘해도 생기는 법이다. 원통함이나 분노를 품고서 사는 것은 고통스러운 일이다. 이 고통을 덜려면 그를 용서해 주어야한다. 용서란 쉽게 할 수 있는 것도 있다. 그러나 좀처럼 용서되지 않는 것도 있다. 가까운 사이의 용서가 특히 그렇다. 세월이 흐르고 자기 마음의 평안을 얻기 위해 그를 용서한다고 다짐하지만, 불현듯 분노가 치밀어 올라올 때가 있다. 물론 그런 용서는 형식뿐이고 마음속에는 원망을 품기 때문이다.

성경에 용서는 얼마든지 해야 하고, 다른 사람의 죄를 용서하지 않는 사람은 하나님 앞에서 자기의 죄를 용서받지 못한다. 예수께서 제자들과 함께 있을 때였다. 베드로가 다가와서 예수께 말하였다. "주님, 한 신도기 내게 죄를 지을 경우에, 내가 몇 번이나 용서해 주어야 합니까? 일곱 번까지 해야 합니까?" 예수께서 대답하셨다. "일곱 번까지기 아니라, 일곱 번을 일흔 번까지라도 해야 한다." 하셨다. 일곱 번을 일흔 번은 490번이다. 형제에 대한 참된 사랑으로 무한히 용서하라는 뜻이다. 그러나 이것은 그 죄지은 자가 범죄하고 그것을 뉘우칠 경우이다. 나에게 죄지은 자가 나에게 자복(自服)하지 않을 때에 내가 복수는 안할 것이나, 상대방의 허물이 하나님 앞에 사죄는 되지 않을 것이다.

　여기 창세기에 나오는 요셉이 그를 해롭게 한 형제들을 용서한 것을 알아보자. 야곱이 늘그막에 요셉이라는 막내둥이를 낳았다. 야곱은 다른 아들들보다 요셉을 편애하였다. 그것이 형들의 시기를 사게 되었다. 야곱은 요셉을 큰아이들이 양을 치는 곳에 보냈고, 그들은 가까이 오는 요셉을 잡아죽이려하다가 이스마엘 상인들에게 요셉을 팔아넘긴다. 이스마엘 상인들은 다시 요셉을 이집트 상인에게 판다. 그 후에 요셉은 하나님의 은총을 입어 이집트 왕 바로의 총리가 된다. 그 무렵 야곱이 사는 가나안에는 심한 기근이 들었다. 야곱은 아들들을 이집트로 보내서 양식을 사오게 했다. 형들이 이집트에 와서 총리가 된 요셉 앞에 나오게 된다.

　"이리 가까이 오세요." 하고 요셉이 형제들에게 말하니, 그제야 요셉 앞으로 다가왔다. "내가 형님들이 이집트로 팔아넘긴 그 아우입니다. 그러나 이제는 걱정하지 마십시오, 자책하지도 마십시오, 형님들이 나를 이곳에 팔아넘기긴 하였습니다만, 그것은 하나님이 형님들보다 앞서서 나를 여기에 보내셔서 우리의 목숨을 살려 주시려고 그렇게 하신 것입니다. 이 땅에 흉년이 든 지 이태가 됩니다. 앞으로도 다섯 해 동안은, 밭을 갈지도 못하고 거두지도 못합니다. 하나님이 나를 형님들보다 앞서서 보내신 것은, 하나님이 크나큰 구원을 베푸셔서 형님들의 목숨을 지켜 주시는 것이고, 또 형님들의 자손을 지켜 주시는 것이고, 또 형님들의 자손을 이 세상에 살아남게 하시려는 것입니다. 그러므로 실제로 나를 이리로 보낸 것은 형님들이 아니라 하나님이십니다. 하나님이 나를 이리로 보내셔서 바로 왕의 총리가 되게 하시고, 이집트 온 땅의 통치자로 세우신 것입니다."

　요셉은 자기를 팔아넘긴 형들 앞에서 "하나님이 형님들보다 앞서서 나를 여기에 보내셔서 우리의 목숨을 살려 주시려고 그렇게 하신 것입니다." 라고 말을 했다. 요셉은 용서를 구하기전에 먼저 형들을 용서했다. 그는 문제를 신앙적으로 관찰했다. 형들이 자기를 이집트에 팔아서가 아니라 하나님께서 현재의 기근에서 그 가족을 구하기 위해 그를 먼저 이집트에 보내어 준비시키셨다는 것이다. 이는 신앙적이고, 관대하고도 달관적인 자세다. 형들은 요셉을 해(害)하려 이집트로 팔았지만 하나님은 그것을 이용하셔서 그를 이집트 총리로 삼으시고, 요셉을 통해 만민의 생명을 기근 중에서 구원하셨다. 이런 하나님의 크신 경륜을 아는 내가 어찌 형님들을 해치겠느냐는 것이다. 보통 사람의 심정으로서는 용서할 수 없는 일이다. 이는 고도의 신앙심이 작용한 것이다.

40. 금오산 이야기

  *금오산(金烏山)은 소백산맥의 잔맥을 이어받아 독립된 산맥으로, 구미시를 중심으로 하여 서쪽으로는 김천시의 남면, 동남쪽으로는 칠곡군의 북삼면에 걸쳐 우뚝 솟아있는데, 산세가 가파르고, 기암절벽과 수림이 어울려 수려한 경관을 이루고 있다. 옛날 이 산은 많은 사찰과 암자가 줄을 지어 있어 불교가 번창했던 곳으로 유명하였고, 또 산성을 쌓고 외적을 막던 요새로도 널리 알려져 있다. 그러나 지금은 약사암, 해운사와 같은 사찰과 허물어진 채로 남아있는 성벽만 남아있다.

  *도선굴과 **대혜폭포**는 금오산이 자랑하는 명소로 꼽힌다. 도선굴(道詵窟)은 대혜폭포 오른쪽 절벽 중턱에 뚫려 있는데, 길이 7.2m, 높이 4.5m, 너비 4.8m 되는 자연동굴이다. 일찍이 신라 때의 고승인 도선이 금오산을 찾아와 이곳 동굴 속에서 도를 닦았다 하여 '도선굴' 이란 이름이 붙여졌다고 전한다. 또한 고려왕조가 망하자 두 임금을 섬길 수 없다고 금오산에 몸을 숨기고서 평생을 받쳤던, 야은 길재도 이 굴 속에서 지냈다하여 더욱 유명하다. 바위 벼랑을 타고 올라가야하는 이 굴 바깥은 수십 길의 낭떠러지여서 쇠줄을 쳐 놓았는데, 이곳에서 금오산의 빼

어난 경치를 조망할 수가 있다.

□ 산행기

　주차장에서 매표소를 향해서 들어가면 길 양편에 메타세쿼이아가 하늘을 찌를 듯이 서 있다. 매표소를 지나서 산길로 들어서면 길바닥은 납작한 돌을 깔아서 운치 있게 펼쳐놓았다. 산길에는 격이 있어 보이는 소나무 숲이 있고, 그 위로 보이는 하늘이 더욱 푸르다. 오늘은 임오년 마지막 날이다. 금년은 6월의 월드컵 4강 신화며, 12월의 대선(大選)이며, 해마다 하는 말이지만 다사다난한 한해였다. 며칠 전 추웠던 날씨는 풀리고, 오늘은 산행하기에 좋은 날이다. 해운사 앞을 통과해서 조금만 가면 도선굴로 올라가는 갈림길이 나온다. 갈림길에서 200m 쯤 산비탈길을 올라가면 바위절벽 옆으로 난 좁은 길을 통하여 도선굴 입구로 들어간다. 굴 입구의 절벽 위에는 며칠 전에 온 눈이 녹아서 물방울이 떨어지고 있었다. 다시 돌아 나오면, 대혜폭포(大惠瀑布) 앞쪽으로 나오게 된다. 해발 400m의 산중턱에 있는 이 폭포는 높이가 27m인데 떨어지는 눌이 많을 때 보면 장관이다. 일명 이 폭포를 금오산을 울리는 폭포란 뜻에서 명금폭포(鳴金瀑布)라고도 한다.

　폭포를 지나서 왼쪽으로 가파른 오르막 계단을 300m쯤 올라가면 작은 고개가 나온다. 이 고개 마루에 올라서면 숨이 매우 할딱거린다 하여 이 고개를 '할딱고개'라 한다. 이 고개를 지나서, 밋밋한 산비탈 길과 오르막 돌길을 한참을 걸어야 '능선 갈림 길'이 나온다. 이 능선 갈림 길에서 왼편으로 500m쯤 올라가면 정상이 나온다. 정상으로 이어지는

절벽 난간의 도선굴

능선 길에는 며칠 전에 온 눈이 쌓여서 미끄럽다. 아이젠을 착용하고 올랐다. 정상에는 눈으로 덮여있어서 어디 앉을 만한 장소도 없다. 헬기장 한쪽의 눈 없는 곳에 함께 온 지인과 함께 마음에 점을 찍고(點心), 망년(忘年)의 술잔을 기울였다. 오늘이 한해의 마지막 날이다. 우리 조상들은 오늘을 제일(除日)이라 하고, 오늘 밤을 제야(除夜)라고 한다. 이제 몇 시간 후면 제야(除夜)의 종소리와 더불어 묵은해가 가고 새해가 온다. 또 한해가 가버렸다. 세월이 무척이나 빨리 지나간다. 석가의 말에 "사람은 누구나 만나면 헤어져야 하고, 피조물은 언젠가는 죽게 된다." 하였다. 금년 한해에도 생자필멸(生者必滅)하고 회자정리(會者定離)의 이치를 우리 눈으로 직접 보지 않았는가?

구름에 가려진 햇발은 차츰 추위를 느끼게 한다. 해는 구름 속으로 얼굴을 숨겼다가 살며시 나와서 사람들을 내려다보고는 다시 구름 속으로 들어가기를 반복한다. 산행객들은 하나 둘씩 산을 내려간다. 우리도 하산을 했다. 성안 대피소 쪽으로 산을 내려왔다. 응달진 뒤편 길에는 눈이 그대로 쌓여서 길을 찾기가 불편했다. 이런 눈길을 걸을 때면 옛 선인들의 시가 생각난다. "눈 덮인 들판을 갈 때 어지러이 걷지 마라. 오늘 내 발자국 뒷사람들의 이정표가 된다."

답설야중거(踏雪野中去) 불수호난행(不須胡亂行)

금일아행적(今日我行蹟) 수작후인정(遂作後人程)

이 시는 서산대사의 작품인데, 김구 선생께서 이 시 읽기를 즐겨 하셨다고 한다. 바르게 걷고 지나간 발자국은 뒷사람도 넘어지지 않고 지나가고, 앞사람의 잘못된 발자국은 따라가는 뒷사람을 넘어지게 하기도 한다.

산비탈 길을 한참이나 내려오면 평편한 지대가 나오고, 이곳에 '성안 대피소'가 있다. 성안 대피소부근에는 60년대 만 해도 농가 몇 채가 있었고, 초라한 주막엔 감자 술을 팔기도 하였다. 그러나 지금은 원두막의 망대 같은 산이 대피소만 있다. 이 대피소 아래쪽의 샘물은 계절에 상관없이 흘러내리고, 물맛도 좋다. 샘물을 지나 둑을 따라 계속 내려오넌 늪지대가 나온다. 이 늪지대가 옛날 이 산골에 살던 농민들의 농지였다고 한다. 계곡 길을 따라 계속 내려오면 산모퉁이를 둘러서 지나고, 작은 언덕을 넘고 해서, 산을 오를 때 지나 왔던 할딱고개 중간지점의 길과 연결된다. 그래서 좀 더 내려오면 대혜폭포가 나오고, 더 내려가면 매표소가 나온다.

　성안대피소에서 북쪽 산비탈로 올라가면 옛 성을 따라서 산길이 이어진다. 산 능선을 따라서 산성을 쌓았고, 허물어진 산성 옆으로 산길이 이어진다. ‘자연환경 연수원’까지 3.4km 인데 산성의 발자취를 따라가다보면 조망이 아주 좋고, 금오산을 한눈에 굽어볼 수 있다. 이 능선 중간지점에 ‘칼다봉’ 이란 봉이 있고, 또 그 중간에 넓은 바위도 있고 해서 쉴만한 장소도 몇 군데 있다. 한참을 내려오면 호텔로 내려가는 길과 자연환경 연수원으로 내려가는 갈림길이 나온다. 호텔 쪽으로 오면 매표소 입구로 나오게 된다.

　년 말이 되자 사자성어를 사용하여 사회가 돌아가는 현상을 표현한다. 우리 사회의 금년도 사자 성어는 "헤어졌다가 다시 모이고, 또 다시 흩어짐" 이라는 이합집산(離合集散)이라 했다. 이합집산 후에는 당동벌리(黨同伐異)가 오는 법이라고 했다. 사람들은 부시를 보고는 안하무인(眼下無人)이라고도 했다. 사자성어의 근원은 무엇인가? 사자성어의 근원을 거슬러 올라가면 시경(詩經)을 만나게 된다. 사서삼경의 하나인 시경은 B.C 17세기부터 B.C 11세기 까지 약 500년 동안, 서주(西周)에서 춘추(春秋)중엽에 이르기까지의 시대를 시경시대라 하는데, 이는 주(周)나라가 매우 번성한 시기였다. 공자는 시경을 최고의 경전으로 여겼다. 시경에 나오는 300여 편의 시들이 거의 대부분 넉자로 되어 있다는 점이다. 이 시경에서 그 근원을 볼 수 있다. (2002년 12월 31일)

☞ 주차장 → 매표소 → 산성 정문 → 해운사 → 도선굴 → 대혜폭포 → 능선 갈림길 → 정상(976m) → 성안 → 대혜폭포 → 매표소 → 주차장 〈9km, 4시간〉

☞ 주차장 → 산성정문 → 도선굴 → 대혜폭포 → 능선갈림길 → 정상(976m) → 성안대피소 → 성터능선 → 칼다봉 → 자연환경연수원 〈9.9km, 4시간 30분〉

□ 중용의 덕이 최고다

사람들의 말 가운데 "그는 겸양의 덕을 갖춘 사람이다."라고 말하기도 한다. 덕이란 무엇인가? 누가 이렇게 물으면 나는 정확한 답을 말할 수 없다. 그러나 미덕·악덕·선행·덕행 등의 말은 덕보다는 친숙하고 좀 더 잘 설명할 수 있다. 국어사전에서 덕이란 "인간으로서의 도리를 행하려는 어질고 올바른 마음이나 훌륭한 인격"이라고 한다. 또 어떤 사람은 말하기를 "유순, 겸손에서 모든 덕이 생긴다."라고 했다. 셰익스피어는 말하기를 "여자를 교만케 하는 것은 그 미모이며, 찬양받게 하는 것은 그 덕성이다. 그러나 덕성과 미모를 겸비하면 신성(神性)이다"라 하였다. 또 어떤 글에는 "모든 사람은 동등하다. 그것을 다르게 만드는 것은 타고나는 것이 아니고, 덕이 사람을 다르게 한다." 하였다.

공자는 중용의 덕이 최고라고 말씀하였다. 중용(中庸)은 모든 일에 지나치지도 모자라지도 않으면서 항상 그런 상태를 유지하는 일정한 도리를 말한다. 중용의 중(中)은 '맞힐 중'이고, 용(庸)은 '쓸 용, 떳떳할 용'이다. 중용은 중간이란 뜻이 아니고 '꼭 알맞은 것'을 말한다. 보기를 들어보면, 우리가 음식을 먹을 때 너무 많이 먹어도 안 되고 적게 먹어도 안 된다. 많이 먹으면 위에 부담이 되고, 적게 먹으면 배가 고프며, 꼭 알맞게 먹는 것이 중용이다. 온돌방의 아궁이에 장작을 많이 지피면 방이 덥고 작게 지피면 방이 춥다. 장작을 적당히 지펴서 방안의 온도가 알맞게 하는 것이 중용이다. 사람의 성격도 지나치게 급한 것도 안 좋고 너무 느린 것도 안 좋다. 느리지도 않고 급하지도 않은 알맞은 것이 중용이다.

　　중용을 행할 때는 알맞은 때와 알맞은 장소가 있고, 우리의 행동이 중용이 되려면 올바른 판단력과 느낌이 있어야 한다. 공자는 중용지위덕야(中庸之爲德也) 기지의호(其志矣乎). "중용의 덕은 사람이 가질 수 있는 최고의 덕이다. 그러나 중용의 덕을 실천하는 사람이 너무나 적다."라고 하셨다. 중용은 인간의 가장 건전한 도덕성이지만, 공자가 살아계실 때도 사람들은 중용의 덕을 실천하는 사람이 별로 없었던 모양이다. 오늘날 사람들도 중용의 덕이 좋은 것은 알지만 실천하는 사람은 드물다. 그것은 자기중심 대로 살아가기 때문이다. 군자는 중용(中庸)하고, 소인은 중용에 반대한다(反中庸).

　　사자성어에 총욕약경(寵辱若驚)이란 말이 있다. 이 말은 "총애를 받으나 욕을 받으나 모두 놀란 것 같이 하라."는 뜻이다. 우리는 남으로부터 좋은 말이나 환영을 받으면 기분이 좋고, 나쁜 말이나 배척을 당하면 불쾌하다. 이런 경우 전자나 후자의 얼굴 표정이 다르게 된다. 환영받을 때의 표정과 배척당할 때의 표정이 같아야 중용을 실천하는 사람이다. 총욕약경 같은 교훈들은 많이 있다. "환영과 배척을 동일시하라."도 있고, 또 "좋고 나쁜 기회에 따라 마음을 바꾸지 마라."도 있다.

41. 축령산, 서리산 이야기

　　***축령산**은 경기도 남양주시와 가평군에 걸쳐 있다. 광주산맥이 가평군에 이르러 명지산과 운악산을 솟구치며 내려오다가 한강을 앞에 두고 형성된 암산으로서 조선왕조를 개국한 태조 이성계가 고려 말에 사냥을 왔다가 한 마리도 잡지 못하였는데 "이 산은 신령스러운 산이라 산신제(山神祭)를 지내야 한다."고 하여 산 정상에 올라 제(祭)를 지낸 후 멧돼지를 잡았다는 전설이 있으며, 이때부터 고사(告祀)를 올린 산이라 하여 축령산(祝靈山, 886m)으로 불리어지게 되었다 한다. 축령산과 서리산은 한 능선으로 연결된 산인데 '절고개'를 중심으로 해서 서북쪽에 있는 산이 서리산(霜山, 832m)이고 동쪽에 있는 산이 축령산이다.

□ 산행기

　　1년 중 산행하기에 가장 좋은 계절은 5월이다. 연두색 잎들이 짙은 녹음으로 바뀌면서 잎들이 뿜어내는 방향성물질(테르펜)을 발산하게 되는데 이 테르펜 속에는 사람에게 유익한 피톤치드란 향(香)이 있다. 이 향을 이 계절에 가장 많이 맡을 수 있고, 또 덥지도 춥지도 않은 계절이기 때문이다.

오늘은 축령산 철쭉제 기간이라 그런지 축령산 주차장에는 차들과 산행객들로 북적거렸다. 산행은 축령산을 먼저 오르고 절고개를 지나 서리산으로 돌아서 원점으로 다시 오려고 한다. 매표소를 통과해서 우측으로 산을 올랐다. 초입지점에서 축령산 정상까지는 2.8km이다. 주능선에 오르기 위해 산비탈 오르막길을 올랐다. 하늘에는 낮은 구름이 덮였고 산안개가 산허리를 휘감고 있었다. 독수리의 두상을 닮았다는 '수리바위'를 지나면 능선 길은 더욱 가파른 오르막길로 바뀐다. 어떤 곳은 줄을 잡고 오르기도 한다. 조금 더 오르면 '남이바위'가 절벽에 붙어있다. 남이 장군은 축령산에 오르면 이 바위에 앉았다고 한다. 남이바위를 지나면 좁은 암릉 길로 오른쪽은 깊은 낭떠러지다. 하늘은 흐렸다가 맑았다가를 반복하듯이 구름층이 점차 두터워졌다. 숲 속의 향은 잎들이 햇빛을 받을 때 나오는데 오늘은 그렇지 못하다. 우중충한 산속을 사람들의 걸음 거리는 바빴다. 그저 목적지를 향하여 질주하는 느낌이다. 특히 이런 현상은 산을 많이 타는 산꾼(?)들이 그렇다. 그들을 따라 가다보니 곧 축령산 정상에 도착했다. 많은 사람들이 정상주위를 서성거렸다.

축령산 정상과 서리산 정상을 잇는 능선은 2.9km로 1시간 30분정도 걸린다. 처음 얼마간은 심한 내리막길이 나오고, 그 다음은 비교적 순탄한 길이다. 길이 순탄한 곳에서 한 30분정도 더 걸어야 '절고개'가 나온다. 절고개에는 갈림길 있다. 매표소로 가는 길과 서리산 가는 길이다. 서리산으로 가는 길은, 언덕을 오르고 내려가고 하기를 몇 번 반복한다. 주위에는 키가 큰 활엽수들이 사방으로 가지를 뻗고 있다. 서리산 정상이 가까워지면 가파른 오르막길이 나온다. 숨이 턱에 찰 무렵이면 서리산 정상에 도착한다. 이곳부터 철쭉 동산이다. 사람 키보다 큰 철쭉나무가 길 좌우에 가득하다. 아래쪽 산비탈에도 철쭉나무다. 그러나 철쭉꽃이 핀 나무는 많지 않았다. 지리산 바래봉의 철쭉꽃은 붉은 빛을 띠나 이곳의 철쭉은 연한 분홍색 이다. 철쭉 동산을 지나면 '화채봉 삼거리'가 나온다. 여기서 주차장까지는 3km이다. 화채봉 삼거리를 막 지날 무렵 빗줄기는 더욱 세력을 얻어 떨어졌다. 비탈진 내리막길을 미끄럼 속에 조심스럽게 내려갔다. 산림휴양관에 도착하니 비는 거쳤다. 이 산의 아래쪽은 자연휴양림 구간이라 나들이객이 많았다. 그 중에는 노인들의 모습이 많이 보였다. 무리지어 온 분, 홀로 걷는 분, 자식들과 함께한 노인분도 있었다.

5월 가정의 달을 맞아 충남 서산시 팔봉면에서 잘 걷지 못하는, 93세 된 아버지를 지게에 짊어지고 팔봉산을 오르는 아들을 보았다. 요즘세상에서 좀처럼 볼 수 없는 효심의 아들이다. 사람들은 말하기를 부모를 때리고, 길거리에 버리는 세상에, 지게 산행을 하여 아버지를 기쁘게 해주는 아들이 지금도 있단 말인가 하면서 신기해 한다. 효도는 마음에서 우러나오지 않아도 의무적으로 해야 한다. 부모가 자식을 양육하였지민 자식들은 부모 모시기를 싫어한다. 옛사람들의 격언조의 말에도 소는 그 주인을 알아보고, 나귀는 구유에 사료를 채워주는 주인을 안다고 했는데, 부모를 버려두는 자식은 소나 나귀보다 못한 자식이 아닌가.

조선시대에는 자식이 불효하면 그 동네에서 몰매를 맞기나 추방시켰고, 또 그 시대에도 사면령이 자주 있었는데 그 사면에서 무조건 제외되는 죄가 조부모나 부모에 대한 '구매(毆罵 : 구타하거나 꾸짖는 것)'이었다.
부모 구타는 목을 베는 참형에 해당했다. 태조는 재위 7년에 아버지를
구타한 오마대(吾麻大)의 목을 베었고, 세종도 재위 8년 아버지에게 욕
하고 계모를 때린 이용(李龍)의 목을 베었다. 고대 이집트에서도 자녀의
부모에 대한 의무를 엄하게 요구하였고, 로마에서도 그랬다. (2007년 5월
19일)

☞ 매표소삼거리 → 수리바위 → 남이바위 → 축령산 정상 → 절고개 → 서리산 정상
　　→ 화채봉 삼거리 → 산림휴양관 → 매표소 삼거리 〈8.7km, 4시간〉

□ 종교적 관점의 효

유교에서는 효(孝)가 모든 덕의 근본이요, 그 윤리체계의 중심이었다.
유교는 효를 대단히 높이고 강조했다. 효는 유교도덕의 근본이었다. 충
신은 효자의 가문에서 구한다했다. 그래서 효자여야만 충신이 될 수 있
고 부부지간에 사랑도 있고 친구지간에 신의도 있다. 이로서 효가 모든
덕의 근본이 된다는 그런 사상을 강조했다.

증자가 전한 효경의 내용을, 공자는 말하기를 "효는 하늘의 경이요
(孝天之經也), 땅의 의요(地之義也), 백성이 행할 바라(民之行也)"하였다.
효경에 다시 말하기를 "밝은 정치를 하는 왕은 효도로서 천하를 다스린
다." 하였고, 또 다시 말하기를 "효도를 행하는 자는 윗자리에 있어도
반역하지 않으며, 친구끼리 있어도 다투지 아니한다."고 하였다. 그러
니 만큼 유교에서는 효도로서 사람의 모든 행실이 선해 진다고 주장한

다. 그러면 효경에 가르친 대로 효자는 어떤 모양으로 부모를 섬기는가? 거기에는 "멀리 떠나 있을 때는 부모를 공경하므로 섬기며, 가까이에서 봉양하는 때에는 부모를 즐겁게 하며, 부모가 병들을 때에는 근심하고, 돌아가시며 슬퍼하며, 제사는 엄숙하게 한다."라고 하였다.

기독교에서의 율법적 효도는, 아버지나 어머니를 저주하는 사람은 반드시 죽여야 한다. 그가 아버지와 어머니를 저주하였으니, 그는 자기 죄 값으로 죽는 것이다 하였다. 모세 율법의 핵심인 10계명에도 "너희 부모를 공경하여라. 그래야 너희는, 주 너희 하나님이 너희에게 준 땅에서 오래도록 살고, 복을 받을 것이다." 하였다. 이는 사람에 대한 계명 중에 으뜸 되는 부모에 대한 계명이다. 모세의 10계명 중에서 1~4계명 까지는 하나님에 관한 것이고 제 5계명은 부모에 관한 계명인데, 이를 함께 첫 돌판(2개의 돌판 중)에 새긴 것으로, 앞선 1~4계명과 더불어 하나님께 대명으로 취급할 수 있으며, 이런 경우 부모는 하나님의 대리자가 된다.

또 복음적 효도에도 가르침은 계속된다. 자녀들아 너희부모를 주 안에서 순종하라. 이것이 옳으니라. 네 아버지와 이머니를 공경하라 이것이 약속 있는 첫 계명이니, 이는 네가 잘되고 땅에서 장수하리라 하였다.

42. 오봉산 이야기

＊오봉산은 춘천시 북산면과 화천군 간동면에 걸쳐있는 산이다. 청평사(清平寺)를 품에 안고 있는 일명 경운산 이라고도 불리는 이 오봉산(五峰山, 779m)은 이름 그대로 5개의 바위 봉우리가 나란히 줄지어 있다. 오봉산의 산행은 춘천–양구 간 46번 국도의 통로가 되는 '배후령(背後嶺)' 을 출발점으로 한다.

＊청평사는 973년(고려 광종 24년)에 승현선사가 처음으로 절을 창건하고서 이름을 백암선원 이라하였다. 그 뒤 한때 폐사되었으나 1068년(고려 문종 22년) 이의가 경운산의 아름다운 경치를 사랑하여 옛 백암선원 자리에 가람을 짓고 보현암이라 했는데, 뒤에 다시 식암(息庵) 이자현(李資玄, 1061~1125)이 중건하고 이곳에 은거하며 문수원(文殊院)이라고 고쳤다. 지금의 이름인 청평사로 개칭된 것은 1550년(명종 5년) 보우대사에 의해서이며, 6.25전쟁 때 회전문을 제외한 모든 건물이 불타버렸다.

　세세년년 가을은 오지만, 그 가을이 언제 와서 언제 가는지 나는 궁금하다. 지금은 가을의 한중간 이지만 배후령 고개 마루로 불어오는 바람은 겨울바람 같다. 손도 시리고 얼굴도 시리다. 오봉산을 오르기 위해 산행객들이 배후령 고개에 모여든다. 해발 600m 나 되는 배후령 고개에서 능선을 따라 산을 올랐다. 가파른 오르막길을 10분 정도 오르면 능선 길로 바뀐다. 능선 길을 따라 조금 가면 1봉이 나온다. 사방으로 조망의 즐거움은 산위에서 아래로 내려가는 단풍의 물결이다. 금년은 흐린 날이 많아 단풍색이 곱지 않다. 능선의 왼쪽으로 배후령 고갯길이 보이고 오른쪽으로 소양호가 보인다. 2봉을 지나서 3봉을 오른다.

　3봉에는 '청솔바위'란 큰 돌기둥이 서있고, 그 돌기둥 옆으로 암벽을 타고 올라야 한다. 청솔바위 위에 소나무 한 그루가 바위 틈새로 길게 뿌리를 내리면서 살고 있다. 소나무 특유의 기이한 삶이다. 3봉 위에서 바라본 소양호는 거울같이 잔잔하다. 3봉을 지나면 좁다란 바위능선길이 나온다. 그 길 따라 조금만 가면 4봉이 눈앞에 우뚝하다. 4봉도 쇠줄에 의지해서 암벽을 올라간다. 불로불소한 산행객 한 무리가 4봉에서 내려온다. 그들은 능숙한 솜씨로 암벽을 내려온다. 그들이 내려오고 난 후에야 4봉에 올랐다. 4봉이 오봉산(779m) 정상이다.

　정상에서 북쪽으로는 화천군 일대를 바라볼 수 있고, 동쪽으로는 중첩된 산봉우리가 눈에 잡히며, 동남쪽으로는 소양호가 보인다. 산위의 나무들은 겨울준비로 분주(?)하다. 참나무들은 이미 잎이 떨어져 나목으로 서있고, 소나무들도 가지 아래쪽 솔잎들이 노랗게 물들어 가지에 붙어있다. 겨울에 잎이 떨어지는 활엽수는 여름철에 짙은 푸른색의 잎을 달고 왕성한 광합성으로 아무 걱정없이 살다가, 가을이 오면 햇빛 받는 양도 줄어들고 추워져서 광합성을 제대로 못하게 된다. 그러면 가지는 잎 사이에 떨켜라는 게 생겨 잎을 떨어지게 한다. 이것이 나무들의 월동준비다.

4봉에서 능선을 따라 300m 정도 가면 5봉이다. 5봉을 조금 지나면 산 아래로 내려가는 지맥능선이 나온다. 이 지맥능선을 따라서 내려오는 길이 있다. 지맥능선이 있는 산비탈에는 바위와 소나무가 어우러져 풍경이 아름답다. 소나무는 바위가 있어야 잘 어울린다. 깊어가는 오봉산의 가을정취를 느끼기 위해 많은 젊은 산행객들이 무리지어 오면서, 잡담으로 떠들썩하다. 길 따라 내려오면 '구멍바위'가 나온다. 경사가 60° 정도 되는 바위 틈새로 12m 정도 통과해야 한다. 손잡을 곳이 마땅하지 않아 자세가 불안하다. 엉덩이를 바위 면에 대고 미끄러지듯 내려왔다. 다시 내려오면 길고 좁다란 바위 위에 사람모습을 한 바위가 서있다. 사람들은 이 바위를 망부석이라 불렀다. 망부석을 지나서 내려오면 다음으로 상당히 가파른 암벽을 타고 내려오는 구간이 몇 군데 더 나온다. 3곳 정도는 암벽 높이도 20, 30m나 되고 가파르다. 이런 암벽 길은 사람들이 밀려서 줄을 서서 기다렸다가 내려가야 한다. 바위 면에 고정한 쇠말뚝에 쇠줄을 달아 놓았다. 그 쇠줄에 10여 명이 붙어서 잡고 내려간다. 어떤 쇠말뚝은 빠져서 헐렁거려서 겁도 났다. 어떤 산행객들은 비명도 지른다.

암벽 길을 벗어나면 아래쪽으로 산뜻한 단청을 한 청평사 건물이 보인다. 청평사와 주위경관을 바라보면 그야말로 산자수명한 풍광이다. 청평사 경내에는 이자현이 우리 고유의 조경방식에 의해 조성한 정원

구멍 바위 통로

터가 남아있어 주목을 끈다. 고려도경(高麗圖經)에 따르면 고려 정원의 특색을 "돌을 쌓아 산을 만들고 앞마당 끝에 물을 끌어들여 연못을 만든다." 라고 기록하고 있는데, 그와 같은 고려시대 정원의 특징을 고스란히 갖추고 있어 우리나라의 정원을 살피는데 중요한 자료가 된다. 이곳의 정원은 청평사 입구의 구성폭포 아래의 거북바위가 있는 곳에서 시작하여 절 뒤편인 청평선동(淸平仙洞) 계곡까지로 그 폭이 약 1km에 이어지며, 그 중앙에 영지(影池)가 있다.

청평사 영지는 옛터 자리에 그대로 복원해 놓았다. 이 못은 오봉산의 옛 이름인 경운산이 물위에 그림자처럼 떠오른다고 해서 영지라 불렀다. 일본이나 중국과는 대조적으로 우리나라의 전통적인 정원은 최소한의 인공만을 가하여 자연의 멋을 최대한으로 살리고 주위의 경관에 자연스럽게 어우러지도록 꾸미는 것이 특징이다. 이 못은 청평사에 은거

하면서 평생을 보낸 이자현이 만든 정원이다. 사다리꼴 모양의 못 안에는 3개의 큰 돌을 배치하여 단순하면서도 입체적인 변화감을 더하여 주고 있다. 이자현의 시 한편이 전하여진다. "산중에 조용히 살고 있어도, 전부터 내려오는 거문고 있네. 때로는 한 곡조 타고 싶어도, 누가 있어 이 소리 알아주리오." 하고 읊었다.

　내려오는 길에 나는 한 아주머니를 보았다. 그 아주머니는 육칠 세 되는 아들을 데리고 산을 내려오고 있었다. 그 아들은 소아마비인지 한쪽 다리를 절룩거렸다. 비탈진 바위 면에 그 아이 어머니가 업어서 올려놓으면 아이는 비탈면을 혼자 힘으로 내려오곤 하였다. 같은 동작을 되풀이해서 하는 것을 보니 아이에 대한 극기 훈련 같았다. 아이는 아이 대로 고통스러워하고 어머니는 어머니 대로 고통스러워한다. 어머니의 자식에 대한 지극한 사랑이 아닌가 생각 했다. 빅토르 위고의 말 가운데 "여자는 약하나 어머니는 강하다."는 말이 있다. 괴테도 말하기를 "땅 위에서 가장 존귀하고 거룩한 모습은 아기를 안고 있는 어머니의 모습이다."라는 말을 했다. 사람만 그런 것이 아니다. 동물도 어미가 새끼를 위하는 그런 강한 모습을 볼 수 있다. 이 모든 것이 어머니 사랑이다.

(2007년 10월 20일)

☞ 배후령 → 1봉 → 2봉 → 3봉 → 4봉(정상) → 5봉 → 구멍바위 → 망부석 → 암벽 길 → 청평사 → 매표소 → 소양호 → 소양댐 〈4.3km, 4시간〉

□ 어머니의 사랑

사랑에는 종류도 많다. 유교에서 말하는 사랑은 인(仁)이고, 불교의 사랑은 자비이다. 기독교의 사랑은 아가페란 낱말로 표시한다. 이들 사랑의 차이점은 무엇일까? 인이란 것은 사람 인(人)변에 둘 이(二) 자 이다. 인 이란 두 사람의 도리를 말한다. 예컨대 군신지간에 인은 왕과 신하 사이의 사랑이다. 부자지간에 인은 아버지와 아들 사이의 사랑이다. 인은 나와 다른 사람이 공존하는 사랑이다. 불교의 자비는 무엇인가? 석가가 궁을 떠나 명상을 통하여 깨달음을 얻어 부처가 됐다. 오도(吾道) 성불(成佛) 한 것이다. 그렇다면 부처된 석가는 오도하지 못한 일반 사람들을 보면서 무엇을 느낄까? 자비였다. 자비란 무엇인가? '안됐다. 나처럼 오도해야 하는데' 하는 마음이 바로 자비다. 그렇다면 그 자비가 무엇인가? 자기완성의 결과다.

그러면 기독교의 사랑은 무엇일까? 아가페라고 했다. 그리스도는 원래 하나님이신데 영광의 보좌를 비어두고 세상에 내려오셨다. 그나마 가장 가난한 집에 오셔서 인간의 모든 저변의 고통을 당하고 마지막에 십자가의 가혹한 죽음을 맞았다. 이 의미가 무엇일까? 전적인 자기희생이다. 자기의 모든 고난과 영광의 포기다. 자신의 죽음이 모든 섯을 내신했다. 그것이 아가페다. 유교처럼 둘이 같이 사는 것도 아니고 불교처럼 자기완성의 결과도 아니고 자기를 나누어서 희생하는 것이 바로 기독교의 사랑이다. 이것이 "밀알이 땅에 떨어져 죽으면"이라는 말이다.

아가페 사랑은 위에서 아래로 내려오는 사랑이다. 하나님이 사람을 향하는 사랑이다. 하나님이 세상을 향하여 사랑을 부어주신 것이다. 하늘에서 비가 내리는 것처럼 하나님의 사랑이 인간에게 무조건 내려온 것이다. 이것은 가정에서 부모의 사랑과 같다. 부모는 자녀로부터 사랑을 받아서 주는 것이 아니고 스스로 먼저 주는 것이다. 여자가 결혼을 하고 아이를 낳으면 어머니가 된다. 어머니는 아이에 대해서 사랑이 넘치게 된다. 그저 모든 정성을 다해서 아이에게 사랑을 준다. 이것이 어머니의 사랑이다. 하나님의 거룩한 사랑이 바로 어머니의 사랑이다. 그래서 부모의 사랑은 하나님 사랑의 그림자이라고 한다.

세상적인 사랑은 상대적인 사랑이다. 내가 아무리 잘해도 상대가 따라오지 않으면 사랑은 중단된다. 세상적인 사랑은 한도가 있다. 세상적인 사랑이 아무리 뜨거워도 이 한도를 넘어서지는 못한다. 이 사랑은 우리가 길을 가다가 낭떠러지를 만나서 더 이상 갈 수없는 상태가 되듯 어느 지점에서 중단되기 마련이다. 이러한 세상적인 사랑은 자기 자신을 추구하는 사랑이고, 자기를 위한 사랑이다. 쉽게 말하면 이기적인 사랑이다. 이런 사랑을 가리켜 에로스라 한다. 그래서 제3의 사랑이 필요하다. 그것이 무엇이겠나? 아가페의 사랑이다. 아가페의 사랑은 '어머니의 사랑' 이다.

인도의 성자 썬다싱의 일화 가운데 이런 내용이 있다. 한번은 그가 산을 넘어 다른 지방으로 가는 도중에 산불을 만났다. 그래서 산불을 피하고 있다가 다시 길을 걸어갔다. 가는 도중에 불에 타버린 닭 한 마리를 발견했다. 그 닭은 불에 탔지만 곳곳하게 서서 죽어 있었다. 그래서 썬다싱이 이상히 여겨서 죽은 닭을 발로 차 보았다. 닭이 뒤집어지니 그 속에서 살아있는 병아리 여러 마리가 나왔다. 그때 썬다싱은 큰 사실을 깨달았다. 닭이 병아리를 보호하기 위해서 자신은 불에 타서 죽으면서 도망치지 않았다는 것을 안 것이다. 어미닭이 죽음으로 말미암아 병아리들이 전부 다 살아서 생명을 유지했다는 이야기다. 비록 이러한 일은 닭에만 있는 것이 아니고 인간 사회에서도 있었다. 지난 5월 중순 중국 슈찬성에 진도 8의 큰 지진이 발생하여 수십만 명이 매몰되어 죽었다. 무너진 어떤 건물 잔해 속에서 한 어머니가 갓난아기를 안고 죽어 있었다. 그러나 어머니의 품속에 안겨있는 아기는 어머니가 먹여준 젖을 먹고 살아 있었다. 그 어머니는 아기를 안고 고개를 앞으로 숙여 아기를 보호하면서 자신은 죽었다. 불이 났을 때 암탉이 병아리를 품어서 살린 것과 같은 이치다. 이것이 자기를 희생한 어머니의 사랑이다.

자외선
바로
알기

(1) 태양복사에너지의 정체

백색광인 햇빛을 프리즘에 통과시켜 보면 7가지 무지개색의 스펙트럼이 나타나는데, 이것을 통해 햇빛은 여러 가지 파장으로 되어 있다는 것을 알 수 있다. 실제 햇빛은 이 7가지 무지개 색, 즉 가시광선(可視光線)을 비롯하여 우리 눈에 감지되지 않는 파장이 짧은 감마선, X선, 자외선으로부터 파장이 긴 적외선 전파로 이루어져 있다. 가시광선은 파장이 0.4마이크로미터에서 0.7마이크로미터 사이의 파장을 가지는데 파장이 짧은 쪽의 색이 보라색이고 긴 쪽이 빨강색이다. 그런데 이 빛을 분석해 보면 빨간색 보다 더 긴 파장의 빛이 있고, 보라색 보다 더 짧은 파장의 빛이 나오는데 이것은 사람의 눈에 보이지는 않는다. 그래서 빨간색 보다 파장이 긴 것을 빨간색 밖에 있다고 해서 적외선(赤外線)이라 하고, 보라색 밖에 있는 것을 자외선(紫外線)이라한다. 자외선은 화학작용이 강하므로, 적외선을 열선(熱線)이라는데 대해 화학선(化學線)이라고도 한다. 자외선은 화학작용, 생리작용. 살균작용이 강하여, 사진건판

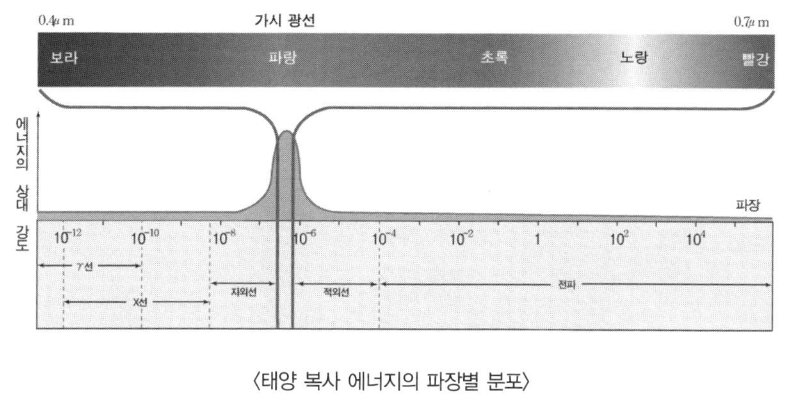

〈태양 복사 에너지의 파장별 분포〉

을 강하게 감광시키는 외에 표백작용이 강하기 때문에 안료, 염료 등은 햇볕에 포함된 자외선을 쪼이면 빛이 바랜다. 또 피부가 볕에 타는 것도 자외선의 화학작용에 의한 것이다. 자외선을 받으면 피부화상, 피부암, 백내장 등의 원인이 된다.

(2) 자외선 방지하기

① 자외선은 바다보다 산이 더 강하다. 자외선은 고도가 높을수록 강하다. 따라서 그늘이 없는 바닷가보다 등산할 때 더 많이 탄다. 300m 고도에서는 자외선 강도가 8~10% 증가한다.

② 파라솔이나 그늘도 안전하지 않다. 정오에는 지표 자외선의 30~50%가 산란광이므로 그늘에 있더라도 산란광이나 반사광에 의한 손상을 입을 수 있다.

③ 실내에서도 자외선을 조심해야 한다. 자외선 A는 3mm 이하의 유리창, 얇은 커튼, 구름도 통과한다. 구름 낀 흐린 날도 실제로 느껴

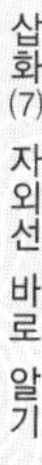

지는 것보다 자외선 양이 많다.

④ 몸에 딱 맞는 옷보다 헐렁한 옷을 입어라. 옷은 색상이 짙을수록, 실이 굵을수록, 올이 촘촘할수록 자외선 차단효과가 크다.

⑤ 인공 선탠도 해롭다. 태닝에 사용되는 긴 파장의 자외선A도 피부 탄력을 약화시키고, 노화를 촉진하며, 약물이나 식품 등 다른 물질과 화학작용을 일으켜 광(光)민감성 반응을 일으킬 수 있다.

⑥ 어릴 때부터 자외선을 차단하라. 사람이 평생 쬐는 자외선의 80%를 18세 이전에 쬔다는 보고가 있다. 특히 아토피 어린이는 자외선에 더 민감하므로 철저하게 차단해야 한다.

⑦ SPF 30도 충분하다. SPF 수치는 자외선 B의 차단효과를 의미한다. SPF 수치가 높다고 더 오랫동안 자외선을 차단하는 것은 아니다. SPF 30 이면 자외선 B를 96.7% 차단한다. 따라서 자외선 차단제는 2~3시간 간격으로 바르는 것이 좋다.

⑧ 자외선은 뼈에 좋다. 자외선은 뼈를 튼튼하게 하는 비타민D의 생성을 돕고, 살균 효과도 있다. 하루 15분 정도의 자외선 노출은 오히려 건강에 좋다. 우리 몸이 필요한 비타민D의 3분의 2는 햇볕에서 얻고 나머지는 음식에서 얻는다.

모기 공격을 막자

삽화 ⑧

모기는 세계 각지에 분포하며, 열대지방엔 종류가 많고, 극지에 가까운 한랭지에도 적지 않은 종류가 있다. 세계에 2천여 종 이상이 있다. 모기는 집안이나 숲 속에서 언제나 사람을 공격한다. 특히 여름철 산행 도중에 모기에 물려서 괴로움을 당한다. 모기는 암컷만이 흡혈성이다. 혈액 중의 단백질 성분은 알의 성숙에 필요하기 때문이다. 흡혈에는 주둥이를 상대의 몸에 찔러서 흡혈하며, 흡혈 시 혈액이 굳어지는 것을 방지하기 위해 타액이 주입되는데, 그 속에는 혈액응고를 막는 단백질성분이 들어있다. 이 물질이 사람 몸속에 들어오면 우리 몸은 다시 이를 방어하가 위해 '히스타민'이란 물질을 분비한다. 이 히스타민 때문에 물린 부위가 빨갛게 부어오르고 가려운 것이다. 수컷은 피를 빨지 않고 식물의 이슬이나 액즙이나 과즙을 빨아먹고 산다.

모기의 습성

모기가 가지고 있는 습성 몇 가지를 알아보자. 첫째, 초고성능 후각을 가지고 있다. 이산화탄소의 농도를 정밀하게 감지, 20m 전방에서도 사람의 위치를 정확히 알고 공격한다. 특히 땀 냄새, 발 냄새, 아미노산과 향수냄새를 좋아한다. 둘째, 온도변화감지력이 탁월하다. 모기는 10~20m의 거리에서도 체열을 느낀다. 셋째, 모기는 수백 개의 감지 센서를 통해 물체를 거의 모든 방향에서 정확히 인지하고, 순간적으로 방향과 속도를 180도 바꾸며 날 수도 있다.

모기의 접근을 막으려면?

모기가 흡혈할 상대를 찾을 때는 몸에서 풍기는 탄산가스나 방사열로 찾는다. 또, 땀 냄새나 향수, 화장품 등의 냄새는 먼 곳의 모기 표적도 된다. 그래서 몸을 잘 씻어 냄새를 없애고, 향수나 화장품을 사용하지 말고, 짙은 색의 옷을 입지 말고, 밝은 색의 옷을 입는다.

조선 왕들의 질병

태조-정종-태종-세종-문종-단종-세조-예종-성종-연산군-중종-인종-명종-선조-광해군-인조-효종-현종-숙종-경종-영조-정조-순조-헌종-철종-고종-순종

　우선 태조부터 순종까지 조선역대 27명의 왕들 중 질병 없이 건강했던 왕은 한 명도 없었으며, 평균 수명은 47세에 그쳤다. 연구내용은 "조선 왕들에게 가장 흔하면서도 치명적인 질병은 손을 안 씻는데서 비롯된 '종기'"였다고 한다. "당대의 첨단 의료의 혜택을 받았던 왕들도 당시 평균적인 의식주 환경이나 위생관념에서 벗어날 수 없었기 때문"이라고 풀이했다. 문종의 경우 종기가 심해 환부에 고약이나 거머리를 붙였고, 중종은 인분을 물에 녹인 '야인건수(野人乾水)'를 해열제로 마시기도 했다. 좋기 때문에 고생한 조선왕은 문종과 순종 등 6명이나 된다. 왕들의 수명이 짧았던 큰 이유로 영양 과다섭취, 운동 부족, 과로가 꼽혀 현대 성인병의 원인과 일치했다. 태종 이방원은 류머티즘성 관절염으로 추정되는 '풍질(風疾)'을 앓아 손으로 물건을 잡을 수 없었고, 어깨가 몹시 아파 움직일 수 없을 정도였다. 세종은 젊은 시절 육류 없이는 식사를 못할 정도로 육식을 즐겼으나 사냥 등 운동을 싫어해 비만한 체구였다. 35세 이후 소갈이 심해 하루에 물을 한 동이 넘게 마실 정도였다는 기록으로 보아 당뇨병을 앓았던 것으로 추정된다. 그

는 합병증으로 당뇨 망막변증(안질)을 앓았고, 두통과 이질, 부종, 수종 다리, 풍증, 수전증 등 잔병을 달고 살아 "한 가지 병이 겨우 나으면 한 가지 병이 또 생기매 나의 쇠로함이 심하다."고 한탄했다. 안질도 조선의 왕들이 앓았던 대표적 질환이었다. 연산군은 주색에 빠져 번열증(가슴이 답답하고 괴로운 증세)까지 있었으며, 의원들은 '음욕(淫慾)을 채우려는' 왕의 비위를 맞추려고 양기(陽氣)를 돕는 풀벌레와 뱀을 진상했다는 기록도 있다. 어릴 때부터 쇠약했던 경종은 성기능 장애로 생식능력이 없었다.

'마음의 병'도 왕들을 많이 괴롭혔던 것으로 보인다. 효성이 지극했던 인종은 아버지 중종의 상중(喪中)에 너무 슬퍼한 탓으로 왕에 오른 지 8개월 만에 사망했다고 기록됐다. 임진왜란을 겪은 선조는 양쪽 귀가 먹고 심병(心病)이 깊어졌다고 한다. 광해군은 추위를 잘 타고 화병(火病)이 있었는데 스스로 "마음의 병이 있어 말이 이치에 어긋나고, 정신이 어두워져 죽음과 이웃하고 있다."고 말하기도 했다. 숙종은 "노심초사해 수염이 하얗게 세고 느긋하지 못한 성격으로 닥친 사무를 버려두지 못하며, 식사도 때를 어겨 노췌하고 현기증이 있다."고 말해 '워커홀릭(일 중독자)'의 증세를 보였다. 82세까지 살아 조선 왕들 중 가장 장수했던 영조의 장수 비결은 '소박한 생활'과 '인삼 보양법'으로 보인다. 어린 시절 대궐 밖에서 자란 경험이 있는 영조는 침실 안에 화려하고 몸을 편하게 하는 물건을 두지 않고 창호의 틈을 바르지 않고 바람을 맞고 지냈다고 한다. 또 72세 때 1년에 20여 근의 인삼을 먹었고, 73세 때 검은 머리가 다시 났다고 한다. (서울대 대학원 의학과 의사학(醫史學) 전공 김정선 씨의 '조선시대 왕들의 질병치료를 통해본 의학의 변천'이란 논문에서) (2005년 8월 22일)

43. 한라산 이야기 ①

성판악-백록담-관음사

    ***제주도** 하면 신비의 섬, 눈 덮인 백록담, 전설과 신화가 많은 곳 등의 생각이 난다. 제주도는 세계적으로 유명한 화산섬으로 화산지형이다. 지질은 퇴적암과 화성암 등의 화산암류와 기생화산에서 분출한 화산쇄설암 등으로 대부분의 토양이 흑갈색의 화산회토로 덮여 있다. 한라산의 주봉인 백록담을 중심으로 하여 동서 사면(斜面)은 매우 완만한 경사이고, 남북사면은 약간 급한 경사를 이루고 있다. 산행 길은 동쪽의 '성판악 길', 북쪽의 '관음사 길', 남서쪽의 '영실 길', 그리고 북서쪽의 '어리목 길' 등 네 곳이 있다. 주봉인 백록담에서 사방으로 흐르는 하천은 지하로 흘러들어 지하수를 이루기 때문에 평상시는 건천(乾川)을 이룬다. 한편 지하로 흘러든 물은 해안 부근에서 바닷물에 밀려 지상으로 솟아올라 먹는 물과 각종 용수로 이용된다.

    ***성판악**(城板岳)은 '성늘오름'이라고도 불리는 지역으로 해발 750m에 있다. 이곳은 산세가 수려할 뿐 아니라, 원시림이 우거져 있어 경치가 좋은 곳이다. 이곳은 맑은 생수가 흘러, 지난날 제주 주민들이 물맞이 하는 곳으로 유명한 곳이다. 한라산을 오르는 등산객들의 대부분은

이곳으로 모여든다. 5.16도로를 타고 왔다가 이곳에서 내려 한라산 중간 산중을 구경하기에도 좋은 장소이다.

　***관음사**(觀音寺)는 옛 절터에 관음사란 절을 세웠는데, 제주도에는 당오백(堂五百), 절오백(寺五百)이란 말이 있다. 그만큼 무당과 중이 많았다는 말이다. 조선 숙종 때 목사 이형상(李衡祥)이 그 부조리를 척결하기 위해 거의 다 불살라버렸다고 한다. 이때 관음사도 불탔고, 지금 건물은 1964년부터 중건한 건물이다. 이것은 조선의 배불숭유에 기인한 것이지만, 섬의 불교가 그만큼 무속화, 세속화되어 있었던 것이다. 성판악에서 진입하여 백록담을 거쳐 관음사 쪽으로 내려오는 길을 산행인 들은 가장 많이 이용한다.

　□ **산행기**

　한라산은 육지의 산들과는 확연이 다르다. 그것은 육지의 산들에서 볼 수 없는 열대우림 같은 나무들과 특이한 지형과 맑은 공기 때문이다. 여름 기분이 나기 시작한다는 소만(小滿)절기를 지났다. 하늘은 눈이 시원할 정도로 푸르다. 제주도 특유의 바닷바람이 상쾌하다. 성판악 매표소에 도착했다. 이른 시간이나 버스로 외지에서 온 등산객들이 무리지어 등산로를 따라 걷기도하고, 입구에 서성되고 있었다. 매표소 지점은 해발 750m 지점이다. 매표소를 조금만 지나도, 울창한 숲들이 하늘을 덮고, 간간히 나무 잎 사이로 햇빛을 볼 수 있다. 길은 화산암괴로 깔려 있는 부분과 판자때기로 덮여진 부분이 번갈아 나타난다. 여기저기서 새소리가 들린다. 기분도 상쾌하고, 몸도 가볍다. 숲속세상은 세속을 벗어난 천상의 낙원동산 같기도 하고, 아담과 하와가 벌거벗고 살았다는 에덴동산이 아닌가 하는 생각도 난다. 공원의 산책길 같은 순탄한 산길을 걷는다. 한라산은 산세가 어질어 보인다. 산길은 조금씩 오르막길이다. 바람에 실려 오는 숲의 냄새가 향긋하다. 향기는 활력을 되찾아준다. 또 마음에 평안을 주고 긴장을 완화시켜 준다.

무성한 나뭇잎 사이로 태양이 비칠 때 나뭇잎은 더욱 반짝 거린다. 키가 큰 나무아래는 산죽이 자라고 있다. 노루가 산죽 잎을 먹다가 고개를 쳐들고 지나가는 산행객들을 바라본다. 나뭇잎 사이로 들어오는 햇살은 현란하게 눈부셨다. 이제 나뭇잎들은 유록색을 벗어버리고 윤기나는 진초록 색으로 단장을 하고 있다. 어디선가 딱따구리가 나무에 구멍 뚫는 소리가 들린다. 마치 절에서 들리는 목탁소리 같다. 어느덧 진달래 대피소에 도착했다. 나지막한 대피소 건물도 보인다. 이곳은 해발 1500m 되는 지점으로 성판악에서 이곳 까지는 경사가 완만하다. 1시까지 이곳에 도착 못하면 정상에 오르지 못 하도록 통제하는 곳이다. 나무들의 키는 낮아졌고, 눈앞에 넓은 시야가 바라보였다. 이곳저곳에 철쭉이 피었다. 아래쪽 보다 더 선명한 꽃이다. 정수리에 내리쪼이는 햇볕이 따갑다. 사람들은 벌써 초여름 기운에 더운지 얼굴에 땀을 닦는다. 코끝에 와서 닿는 공기가 상큼하다. 이곳저곳에 죽은 나무들이 썩고, 그 자리에 다른 나무가 자라고 있다. 나무들도 세대교체를 하는가본다. 한 무리의 산행객이 건물 주위에서 쉬고 있다.

잠시 후에 다시 백록담을 향하여 걸었다. 이곳부터는 점차 가파른 오르막길이고, 길도 큰 화산석이 깔려 있다. 걷기도 불편하고, 다리도 뻐근하다. 사람들은 나이가 들수록 인생살이에서 즐거움 보다는 허무함을

백록담

더 많이 느낀다. 허무함이란 현실을 보지 않고, 그 현실 뒤쪽을 보기 때문이다. 허무함을 가지지 않으려면, 자연의 섭리를 인정하고, 소욕지족(小欲知足)해야 한다. 이러한 마음은 산에 오면 더욱 느낄 수 있다. 산에서는 다른 할 일이 없다. 그저 하늘을 보고 나무와 흐르는 물만 보아도 그 속에서 얻는 교훈이 있기 때문이다. 그 교훈은 나를 깨우쳐준다. 내가 지난날에 탐욕과 집착으로, 너를 고통과 분노한 마음으로 살게 한 것이 지금에 와서 너에게 무슨 이득을 주었느냐? 하늘과 나무와 흐르는 물을 보고 네가 너의 잘못을 깨닫지 못하느냐 한다.

산길을 걷다보면 세상살이 시름은 사라지고, 그저 즐거운 마음만 생긴다. 이 순간만큼은 세상에 부러울 것이 없다. 이러한 순간마다 나는 언제나 내 머릿속에 한 가지 생각으로 가득 차 버린다. '현재의 순간' 속으로 깊이 들어가야 한다는 것이다. 고통스러운 현재도, 문제 많은 현

재도, 현재는 귀중하다. 언제 어디서나 현실에 행복해 하고 즐거워하자
는 것이다. 나는 그동안 살아오면서, 아니 모든 사람이 다 그렇다. 먼 훗
날 어느 때 행복해질 수 있다고 믿었다. 그래서 막연히 그날이 오기를
기다렸다. 그러나 그런 날은 오지 않았다. 그러면 좀 더 기다려 보아야
하는가? 아니다. ‘현재의 순간’ 속으로 깊이 들어가 행복해 하여야 한
다. 하나님이 우리 인간에게 준 시간은 길지 않다. 인생은 짧다. 내 나이
지금 이순과 고희의 한 중간에 와 있다. 이제 해는 하늘의 중허리를 지
나, 서쪽으로 비스듬히 자리를 옮기고 있다. 머지않아 서쪽 하늘에 낙조
가 생길 것이다. 나이가 들수록 의욕과 욕망도 줄어들고, 산다는 즐거움
도 줄어든다. 눈에 보이는 것은 떨어지는 낙엽만 보인다.

인간사 만사가 때가 있고, 영원한 것은 없다. 날 때가 있고 죽을 때가
있고, 건강할 때가 있고 병들 때가 있고, 슬퍼 울 때가 있고 기뻐 웃을
때가 있기 때문이다. 지금이 웃을 때이기 때문에 마음껏 웃고 즐거워해
야 한다. 우리는 미래 그 어떤 때에 행복이 찾아올 것이라 여긴다. 그러
나 그것은 헛된 꿈이고, 그 미래는 질병과 죽음이 기다리고 있다.

김동인의 단편 ‘무지개’에서는 “한 소년이 무지개를 잡으려고 길을
떠났다. 무지개는 바로 눈앞에서 찬란한 빛을 발하면시 소년을 유혹했
던 것이다. 소년은 가도 가도 무지개와 가까워질 수가 없었다. 그러나
소년은 실망하지 않았다. 위태로운 산길, 험한 골짜기, 가파른 멧부리,
깊은 물, 온갖 고난이 또 소년을 괴롭혔다. 그러나 그는 더욱 큰 용기와
희망을 가지고 무지개를 향하여 가까이 갔다. 얼마를 더 가자, 소년은
지쳐서 넘어졌고, 그리고 그는 거기에서 무지개를 도저히 잡을 수 없다
는 것을 처음으로 깨달았다. 그는 여기서 그 야망을 마침내 접기로 결심

하였다. 그런데 이상한 일이 생겼다. 그 때에 아직껏 검던 머리가 갑자기 하얗게 세고, 그의 얼굴에는 수없이 많은 주름투성이인 노인의 모습으로 변했다." 우리는 이 소년과 같이 무지개를 잡으려고 무한히 노력해왔다. 그런데 무지개를 잡은 사람이 있는가? 아무도 없다. 무지개는 잡히지 않는다. 무지개를 잡으려는 것은 뜬 구름을 잡으려는 것과 같다. 뜬 그름은 잡을 수가 없는 것이 아닌가? 무지개는 멀리 있는 것이 아니라 내 마음속에서 잡아야 한다.

　　무지개를 잡으려고 길을 나선 소년 같이 한참을 걸어서 백록담 아래까지 왔다. 백록담의 정상은 종을 엎어놓은 듯하다. 종의 겉면을 오르는 길은 험준한 길이다. 지금은 나무계단이 설치되어있어 오르기가 좋으나, 전에는 가파른 경사면을 미끄러지면서 힘겹게 올랐다. 여기서 백록담까지는 엎어지면 코 닿을 거리지만, 20분간은 족히 걸어서 백록담에 올랐다. 눈 아래 겹겹이 산들이 보인다. 보이는 것은 먼 풍경뿐이다. 바다기운을 품은 바람이 불어온다. 그러나 햇살은 그 바람을 무시하고 백록담위로 내리쬐인다. 분화구 절벽에는 갖가지 희귀한 고산 식물이 자라고 있다. 특히 분화구 주변에는 눈향나무 덩굴이 빈틈없이 펼쳐져있다. 나무들은 모두 키가 한자나 될른지 땅에 붙어서 바람을 피하면서 산다. 정상 부근에는 그늘이 없다. 늦은 봄볕에 얼굴이 타면, 임도 못 알아본다는 말이 있듯이 햇볕은 따갑다. 햇볕을 받으며 점심을 먹었다. 백록담은 한라산 정상의 움푹 팬 분화구에 이루어진 못이다. 이 화구호(火口湖)는 기암절벽에 둘러싸여 어느 외계에 와 있는 듯한 착각을 불러일으킨다. 화구호에는 물이 조금 고여 있다.

　　백록담의 주봉(主峰)을 '부악' 이라 부른다. 이곳이 해발 1950m의 하

구상나무

늘땅으로 백두산에 이어지는 국토의 정상이다. 백록담은 사슴이 놀던 곳이라고 전해지는 전설이 있다. 한라산 정상을 물들인 철쭉꽃이 지면, 녹음 철이 되고, 녹음 철이 지나면 온 산은 단풍으로 불타고, 낙엽이 지면 다음해 5월 초순까지 눈이 쌓인다. 이 한라산 정상의 봄눈을 녹담만설(鹿潭晚雪)이라고 하였다. 산 밑에는 여름철로 변하지만 이곳의 백설은 눈부시게 찬란하다는 의미일 것이다. 그러나 녹담만설은 볼 수 없었다. 1시간 정도 신선한 공기를 마시면서 산 아래 경치를 즐겼다.

내려가는 길은 관음사 방향 길을 선택했다. 처음 얼마는 나무계단 길을 내려갔다. 산비탈에는 구상나무(白松)들의 군락지다. 뾰족한 열매 순이 하늘로 향하여 가지런히 솟아나 있는 모습은 신비롭다. 늙은 구상나무의 기품도 기품이지만, 만고풍상(萬古風霜)다 겪었을 나무다. 구상나무들 사이에는 죽은 구상나무가 앙상한 몸체로 서 있다. 성자필쇠(盛者

必衰)는 역사의 법칙이라 그 누구도 벗어 날수가 없다. 세상만사가 성하고 쇠함이 서로 뒤바뀌는, 영고성쇠(榮枯盛衰)를 거듭하니 누가 이를 거부하겠나. 내려갈수록 가파른 내리막길이고, 화산암괴 돌들이 길에 깔려 걷기가 불편하다. 많은 산행객들이 지나가고 있다. 능선을 따라 산 아래 평지 길을 지나고 또 작은 산의 영(嶺)마루에 오니, 불노불소(不老不少)한 산행객들 한 무리가 신명인지 주흥(酒興)인지 흥겹게 춤추면서, 지나가는 객들에게 술을 권한다.

영마루의 내리막길을 지나서 평지 길이 나오는가 싶더니, 갑자기 계곡으로 내려가는 급한 경사 길로 이어졌다. 깊숙한 계곡을 건너 맞은편 산허리 길을 따라 얼마를 가니, 무성한 숲이 하늘을 가리고 서있다. 수백 년 묵은 아름드리 나무로서 원시림 같다. 인적미답(人跡未踏)같은 원시림을 지루할 정도로 걷고서야 관음사 주차장에 도착했다. 주차장 한편에는 철쭉꽃이 흐드러지게 피어 있다. 우리 조상들은 "저녁에 하늘이 붉으면 다음 날은 좋을 것이다 하고, 아침에 하늘이 붉고 흐리면 오늘은 날이 궂겠다." 하였는데, 하늘에 붉은 놀이 일고 있다. 내일도 아마 날씨가 좋을 란가? (2005년 5월 26일)

☞ 성판악 매표소 → 진달래 대피소 → 백록담 → 관음사 매표소 〈18.3km, 9시간 30분〉

□ 전설

제주도는 무속(巫俗) 신앙이 강하게 뿌리내린 곳이었다. 이는 무당과 관계되는 종교 현상을 말한다. 제주도에는 신(神)의 수효가 1만 8천이 넘는다고 한다. 이들 신의 내력을 무당들이 구송(口誦)하는 것을 '본풀이'라고 한다. 아래 세경 본풀이 자청비(慈充姬) 신화(神話)는 제주 무가(巫歌)중 가장 장편에 속하는 일대 서사시다. '세경'이란 지모(地母) 또는 곡모(穀母)의 뜻을 지닌 신의 이름으로 해석되며, 농경(農耕)의 여신(女神)으로 상징된다. '자청비'는 대지의 여신으로 그의 남편 문 도령과 머슴 정수남이, 그리고 그 밖의 신들에 얽힌 출생과 성장, 사랑과 삶, 죽음과 부활 등의 과정을 흥미롭고 감명깊게 묘사하고 있다. 그 내용은 다음과 같다.

김 진국과 조 진국이 열다섯에 부부의 인연을 맺었으나 30세가 넘었어도 자식이 없어 근심하였는데, 어느 날 시주 받으러 온 중의 도움으로, 지극한 불공을 드려 무남독녀 자청비를 보게 된다. 금지옥엽으로 자란 자청비는 어느 날 빨래터에서 천상(天上)의 아들 문 도령을 만나게 되며 이것이 인연이 되어 둘은 사랑에 불이 붙는다. 그러나 문 도령의 부모는 이미 며느리 감이 달리 정해져 있는 터라, 자청비가 문 도령에게 내뿜는 사랑의 열기는 문 도령의 부모에게 오히려 증오의 대상이 된다. 문 도령의 부모는 자청비를 없앨 심산으로 백탄숯불 위의 쉰다섯 자나 되는 날선 칼 다리를 타게 하는 등 이승과 저승의 교차와도 같은 험한 과제를 부여한다. 자청비는 시아버지가 내건 과제를 재치 있게 치리하고, 다른 나라와의 싸움에 나가서도 이기고 돌아온다. 이윽고 자청비는 문 도령의 부모로부터 부부결연을 허락받아 살아가는 데, 이를 시기하고 질투하는 인근의 불량배들은 문 도령을 죽여 버리고 자청비를 빼앗아 가자는 음모를 꾸민다. 문 도령은 결국 불량배의 계략에 속아 죽고 만다. 자신을 탐내고 몰려드는 불량배들은 슬기롭게 물리친 자청비는 남장으로 변장, 서천 꽃밭 꽃 감관의 말잣딸(막내딸?)에 사위로 들어가 그곳의 환생 꽃을 따다가 문 도령을 살려낸다.

자청비는 환생의 문도령에게

"내가 서천 꽃밭 꽃 감관의 말잣딸을 얻어 두고 왔으니

거기 가서 3년을 살면, 내게 서랑 석 달만 사시고

거기 가서 1년을 살면, 내게 서랑 한 달만 사시고

거기 가서 3일을 살면 네게 서랑 하루만 사십시오."

라고 말한다. 문도령은 자청비의 이 같은 애원을 받았지만 서천 꽃밭 말잣딸 한데 가서는 말잣딸의 달콤한 사랑에 빠져 자청비 생각은 까맣게 잊고 만다. 1년이 가고 3년이 지나도 글 한줄 없자 자청비는 기다리다 지쳐 야속하다는 내용의 사연을 문 도령에게 부친다. 문 도령은 자청비의 편지를 받고 황급히 집에 돌아왔으나 자청비는 문을 안에서 잠그고 천창을 타고 하늘로 올라가 옥황인 시아버지 문성왕께 억울한 사연을 호소한다. 자청비는 결국 시아버지의 배려로 중세경이라는 신(神)의 직분을, 문 도령은 상세경, 머슴 정수남이는 하세경의 직분을 각각 받게 되었으며 자청비는 시아버지로부터 오곡의 씨앗을 받아 인간을 사랑하는 대지의 여신으로 군림한다.

세경본풀이는 전편에 걸쳐 서사시적 면모가 여실하며 그 구성이나 표현에 있어서도 미묘한 아름다움이 있다. 또한 자청비가 비록 여성이지만 남성 이상으로 적극적이며 활동적인 것은 아마도 활달한 제주도 여인들이 묘사된 것으로 보여줘, 지역적 특성이 가미되어 있다고 하겠다.

44. 한라산 이야기 ②
영실 - 윗세오름 - 어리목

　***당5백·절5백** 이란, 제주도에는 무당의 신당도 5백, 절도 5백이나 있었다. 이조 숙종 때의 제주목사 이형상(李衡祥)이 신당과 절간들을 모두 파괴하려하였다. 이형상목사는 제주전역을 돌면서 절간과 신당에 신령을 보이도록 하고는, 만약 신령을 보이지 못하는 곳은 모조리 불살라버렸다. 부처님을 모신절간은 하나도 신령을 보이지 못하여 파괴당하였지만, 무당의 신당들은 몇몇 그 신령의 위력을 보이므로 화를 면했다고 전해진다.

　***영실(靈室)**로 올라가는 길은, 일부지역에 가파른 오르막길이 있다. 이 길은 한라산 정상에서 서남쪽으로 이어진 기암절벽이 있는 구간이다. 수백의 기암들이 솟아있는 형상이 마치 나한(羅漢)들의 모습과 같다 하여 5백 나한 또는 5백 장군 이라한다. 또 기암들이 2중, 3중으로 겹겹이 치솟아 있어 석실(石室)같은 분위기를 자아내는데, 그곳에 영(靈)이 살고 있다하여 영실(靈室)이라고도 한다. 5백 나한은 경치도 경치지만 그에 얽힌 전설이 더 유명하다. 한라산에는 전설도 많지만 그 중에서도 이 '5백 나한' 의 전설은 한라산 전설의 대표 격이라고 하겠다.

＊**어리목**(御里牧)이란 이름은, 어승생악(御乘牲岳)의 서북쪽 약 2km 지점에 용이 살았다는 샘이 있고, 1971년에 완공한 저수지가 있는데, 이물은 제주시민의 용수로 이용된다. 그리고 이 어승생악의 부근에는 '어리목 약수'가 있는 데 이 이름을 따라 부른 것이다. 이곳도 나무가 울창하고 경관이 좋은 곳이다. 한라산에서 내려오는 물이 이 계곡에서는 계속 흐른다. 성판악 길 다음으로, 이 영실에서 진입하여 어리목 쪽으로 내려오는 길도 경치가 좋고 짜릿한 감정을 느낄 수 있는 절벽들이 있다.

□ 산행기

한라산 중허리에도 봄이 왔겠지 하였는데, 봄은 아직 오지 않았다. 봄은 산을 타고 오른다더니 한라선 중턱인 영실에는 아직 겨울 같다. 숲속에는 가냘픈 풀싹이 고개를 내밀뿐, 진달래는 겨울눈 그대로다. 영실 매표소(해발 1000m)를 지나면 영실휴게소까지는 왕복 2차선 도로가 산허리를 굽어 돌며 올라간다. 등산로는 이 도로의 오른쪽으로 나무판자를 깔아서 보기 좋게 길을 내어놓았다. 올라갈수록 경사는 조금씩 가파르다. 좀 더 올라가면 단풍나무 사이에 키가 쭉쭉 뻗은 금송들이 멋진 모습으로 서 있다. 이 미끈한 나무들을 빼어다가 궁궐이라도 짓는다면, 하는 생각도 해 본다. 2.4km 올라가면 확 트인 넓은 공간에 휴게소 건물이 있다. 주위에는 한국적 서정이 물씬한 소나무 숲이다. 휴게소 입구에서 흘러나오는 물 한 잔을 마시니 찬 기운에 정신이 번쩍 든다.

휴게소를 지나 500m 정도는 평탄한 소나무 숲길이다. 영실의 소나무

숲도 이름난 곳 중의 하나이다. 소나무 숲이 끝나는 지점부터는 가파른 오르막길이다. 이 지점은 용암에 의한 천험(天險)한 지역이다. 계곡에는 맑은 물도 흐른다. 병풍바위(해발 1500m)에 올라서면 경관이 아주 좋다. 천태만상의 기암괴석들이 즐비하게 하늘을 찌를 듯이 솟아있어, 옛날부터 '오백나한(羅漢)'이니 '오백 장군'이라 불렀다. 전설을 생각하면서 그 기암괴석들을 바라보면, 오백나한이 서있는 모습과도 같고, 오백 장군이 버티고 서 있는 모습과도 흡사하다. 한라산에는 전설도 많지만 그 중에서도 이 오백나한의 전설은 한라산 전설의 대표격이라 한다. 전설을 알고 오백나한을 보면 더욱 흥미를 더해 준다.

　오백나한의 전설은 다음과 같다. 5백나한은 사실은 499나한이다. 1나한은 차귀도(遮歸島)에 있다. 옛날 '선문대할망'이 아들 5백 형제를 거느리고 살았다. 하루는 먹을 것이 없어서 아들들이 먹을 것을 구하려 나갔다. 어머니는 아들들이 돌아오면 먹이려고 죽을 쑤다가 잘못하여 그 커다란 솥에 빠지고 말았다. 아들들은 그런 줄도 모르고 돌아오자마자 죽을 퍼먹기 시작했다. 여느 때와 달리 죽 맛이 좋았다. 그런데 맨 나중에 돌아온 막내아들은 이상하게 생각하였다. 죽 맛이 갑자기 좋아질 리가 없었기 때문이다. 의심 끝에 국자로 죽 솥을 휘젓자 사람의 뼈다귀와 해골이 나왔다. 그리고 보니 어머니가 보이지 않았다. 막내는 어머니가 그런 줄도 모르고 죽을 먹어치운 더러운 형들과는 함께 못살겠다면서 차귀섬으로 가 장군석이 되었고, 형들은 그 자리에서 돌로 변하여 화석이 되었다. 그런데 5백 장군이 있는 곳에서 큰소리를 지르면 별안간 안개, 구름이 덮이어 지척을 분간할 수 없다고 하는데 이것은 죽 솥에 빠져 죽은 선문대할망이 성을 내는 탓 이라고 한다.

4월 하순인데도 바위절벽에 얼음이 붙어있다, 그 모습은 흰 천을 길게 펼쳐놓은 듯하다. 봄이면 바위틈 사이마다 붉게 피어나는 철쭉꽃을 볼만한데, 이곳은 아직 겨울이다. 남쪽을 향하여 바라보면, 바닷가의 중문단지도 보이고 남서쪽으로 산방산이 우뚝하다. 한라산에 오르면 제주도 지형을 쉽게 알 수 있다. 섬 가운데 거대한 덩어리의 한라산이 자리 잡고, 그 주위의 평지에 사람이 산다.

남서쪽에서 솔솔 부는 화창한 바람, 화풍(和風)이 불어온다. 육지에서 느낄 수 없는 특별한 감촉이다. 병풍바위를 지나면 소나무를 대신해서 구상나무들이 자란다. 이 지역은 분지로서 순탄한 평지길이 계속 이어진다. 한라산에 자생하는 구상나무는 희귀특산식물이다. 이는 제주 백송(白松)이라고도 하는데 그 자태가 소나무와 같다. 구상나무 군(群)이 끝나면, 시야는 확 트이고, 크고 작은 언덕이 솟아있는 사막과 같은 지형이 나온다. 언덕의 응달에는 겨울에 온 눈이 쌓여서, 썰매장 같다. '노루샘' 이란 약수 탕을 지나서 좀 더 가면, 작은 언덕사이에 윗세오름(威勢山岳, 1714m) 대피소가 있다. 이곳이 영실에서 한라산을 오르는 마지막 지점이다. 나머지 구간은 통제지역으로 오르지 못한다. 윗세오름에서 정상까지는 1.3km로, 한 시간 반이 걸리는 험난한 구간이다. 북동쪽으로 백록담의 남벽이 손에 잡힐 뜻이 보인다. 산행객들은 막힌 길을 바라보면서 닭 쫓던 개 지붕만 쳐다보는 격으로 백록담의 남벽만 바라보았다. 하늘에는 까마귀가 날고, 그 울음소리가 흉하게 들린다. 아마 산행객들이 버린 음식물 때문에 주위를 맴돌고 있는 모양이다.

하산(下山)은 어리목 방향이다. 어리목으로 내려가는 곳의 지형은 나직한 언덕이 보이는 넓은 분지다. 땅에 붙은 산죽이 잔디와 같다. 길은

통제구역인 윗세오름

나무판자로 유도 된 길이다. 자연훼손을 방지하기 위한 길인 듯하다. 만세동산(万水童山, 1604m)까지 1.5km는 거의 평지 길로 이어진다. 만세동산을 지나면 점차 내리막길이고, 주변의 모습도 키가 낮은 나무들이 보인다. 사제비동산(寺祭碑岳, 1424m)에서 조금 내려오면 바위틈에서 솟아 나오는 샘물이 있다. 사람들은 '사제비약수'라고 부른다. 물맛이 감로수(甘露水)다 물병마다 가득 채워 넣었다. 더 내려오면 길은 경사가 더욱 심하게 내리막길이다. 나무들도 키가 크고 고복늘이나. 해발 1300m 지점에 오면 송덕수(頌德樹)라는 나무가 있다. 수령이 500년은 넘었다고 하는 물참나무인데, 전설에 의하면 정조 18년(1794년) 갑인흉년에 많은 사람들이 이 나무 밑에서 도토리를 주워 먹고 연명(延命)했다고 하여, 사람들은 이 나무의 덕을 칭송하여 송덕수라 칭한다고 한다. 송덕수 조금 아랫쪽에는 정말로 멋진 미인송(美人松) 두 그루가 다정히 서 있다. 더내려오면 계곡에 쇠빔 아치형 다리가 있고, 물이 흐르지 않는 개울이지만, 계곡에는 산벚꽃들이 만발하여 바람에 꽃잎이 날렸다. 안개 자락에 묻힌 산비탈은 '몽유도원'을 보는 듯하다. 다리를 건너면 그 아래가 어리목매표소(970m)다. 매표소 부근에는 나뭇잎들이 조금씩 나오고, 가지런한 돌담사이로 보리가 푸르고, 노란 유채꽃도 피었다.

이번 산행은 윗세오름에서 더 이상 오르지 못하고, 산을 내려온 셈이다. 산꾼들은 산을 오를 때 정상에 올라야 득의만면(得意滿面)하다. 그렇지 못하면, 어떤 일을 하다가 마무리 짓지 못하고 도중에 그만 둔 것 같은 아쉬움에 잠긴다. 그러나 이곳까지만 올수 있는 것도 감지덕지(感之德之)하고 마음을 접을 수밖에 없다.

산이란 가는 곳마다 우리에게 교훈을 준다. 어떤 사람이 말했듯이 산이란 산마다 중요한 얘기를 담아서 보여주는 유일한 교과서란 것을 산길을 걸어보면 알 수 있다. 산과 독서는 닮은 데가 있다. 산속에 들어가 보지 않으면 그 속에 무엇이 있고, 어떤 일이 일어나는지 도무지 알 수 없는 것은, 책을 읽지 않으면 그 내용을 알 수 없는 것과 같다. 산을 오르는 것도 인내가 필요하고 책을 읽는 것도 인내가 필요하다. 그래서 산행을 독서에 비한 글들이 많다. 우리가 책을 한 권 선택하여 읽다가 다 읽지 못하고 끝부분을 남겨두고 책을 덮는 경우가 있다. 정상을 오르지 못한 산행은 이 경우와 흡사하다. 그 끝 부분에 어떤 내용들이 있는지 궁금하다. (2006년 4월 21일)

☞ 영실매표소 → 영실휴게소 → 병풍바위 → 윗세오름(1700m) → 만세동산 → 사제비 동산 → 어리목매표소 〈10.8km, 5시간〉

□ 임어당의 독서론

　독서, 책을 읽는 즐거움은 예부터 문화생활에 있어서 매력의 하나로 생각되어 왔다. 그 특권을 쉽게 얻을 수 없는 사람에게는, 오늘날에 있어서도 존경과 선망의 대상이 되고 있다. 이것은 책을 읽는 사람의 생활과 책을 읽지 않는 사람의 생활을 비교해 보면 쉽게 알 수 있다. 평소에 책을 읽지 않는 사람은 시간적, 공간적으로 자기혼자만의 세계에 갇혀 있는 것이다. 그 생활은 판에 박은 듯이 하나의 형(型)에 고정되어 있다. 그 사람이 보고 듣고 하는 것은 거의 생활의 쓸모없고 사소한 일들로 한정된다. 그 감금된 생활에서 피할 길이 없다. 그러나 한번 책을 손에 잡게 되면 그 순간부터 그 사람은 특별한 세계에 드나들게 된다. 만일 그 책이 양서(良書)라면 독서를 통해, 그는 세계 최고의 이야기꾼의 한 사람과 대면하는 것이 된다. 이 이야기꾼은 독자를 이끌어 먼 별세계나 혹은 먼 옛날로 데리고 가서 마음속의 번뇌를 가볍게 해주고 그리고 독자가 일찍이 알지 못하였던 인생의 모든 양상을 가르쳐준다. 고전은 옛 선현들과 독자를 서로 만나게 해주어서, 책을 점점 읽어가는 도중에 이 책을 쓴 저자는 어떻게 생긴 사람이었으며, 어떠한 형의 인물이었을까 하고 상상하게 된다. 맹자나 중국의 대역사가 사마천도 이 같은 말을 한 적이 있다. "하루에 두 시간만이라도 다른 세계에 살아서 그날그날의 번뇌를 잊을 수가 있다면 그것은 말할 것도 없이 육체적 감옥에 갇혀 있는 사람들로부터 선망받는 특권을 얻는 셈이 된다." 이러한 환경의 변화를 심리적 효과로 말한다면, 그것은 산행하는 것과 조금도 다른 것이 없는 것이다.

45. 진안 백암산 이야기

　***백암산**은 진안고원에서 갈라진 노령산맥이 호남평야의 깊숙한 곳에 이르러 빚어낸 명산이다. 백암산(白巖山, 741m)은 대한 8경의 하나로, 내장산 국립공원에 속한 산이다. 주봉인 상왕봉에서는 백학봉을 거쳐 동남쪽의 곡두재, 밀재, 추월산으로 이어지며, 이 능선은 호남정맥의 일부구간이다. 백암산은 호남 최고의 단풍 명산으로 꼽히며 전국에서 단풍나무 종류가 가장 많다. 아기단풍, 당단풍, 좁은단풍, 털참단풍, 네군도단풍 등 모두 13종의 단풍나무가 섞여 있으며 내장단풍이란 고유종도 있다. 단풍잎의 크기가 어른 엄지손톱에서 어린아이 손바닥만한 크기로 다양하면서도 선명한 색체를 띠고 있다. 백암산 자락에는 백양사란 고찰이 있다.

□ 산행기

　가로수에 단풍이 들기 시작 하듯이 어느새 잎들이 떨어져서 길거리에 수북하다. 사람들이 밟아서 잘게 부서진 잎들은 바람이 불때마다 날린다. 단풍은 역시 단풍나무 단풍이 최고다. 햇빛이 비스듬히 비치는 곳의 단풍은, 붉은 빛깔이 너무도 선연하다. 단풍색은 햇빛을 받아야 그 고운 자태를 들어낸다.

산행은 구암사 들어가는 도로변 길목인 자포마을에서 시작된다. 콘크리트 포장길을 따라 1.3km를 농로와 비탈길을 올라가면 은행나무 뒤편으로 단청이 안 된 구암사가 나온다. 구암사를 지나면 산비탈 오르막길을 20분 정도 힘겹게 오른다. 가파른 오르막길에는 낙엽이 쌓여서 미끄럽다. 바람이 불때마다 나무 가지에 붙어있는 낙엽이 함박눈이 오듯이 떨어진다. 추풍낙엽이란 말이 실감난다. 주능선에 도착했다. 상왕봉까지는 1.7km다. 두 개의 봉우리를 넘고 세 번째 봉우리가 상왕봉이다. 잎이 다 떨어진 능선길은 을씨년스럽다. 많은 산행객들이 상왕봉을 갔다가 돌아온다. 상왕봉을 오르는 사람은 힘겨워하는 표정이고 내려오는 사람은 느슨한 표정이다. 이것이 정상에 오른 사람과 오르지 못한 사람과의 차이다. 정상에는 많은 산행객들이모여서 산 아래쪽 경치를 즐긴다. 사방으로 시야가 확 터여 조망이 좋다. 북쪽으로 까치봉, 서쪽으로 입암산의 갓바위가 보인다.

상왕봉에서 지나온 능선길을 따라 30분 정도 내려오면 능선갈림길이 나온다. 이곳에서 백학봉 방향으로 내려간다. 백학봉 정상에서 백양사 매표소까지 2.7km 구간이 경치가 좋은 곳이다. 학바위와 단풍나무가 있기 때문이다. 백암산이란 이름이 학바위 때문에 생겼을 정도로 백암산 전체의 대표적인 명물이다. 백양사 북쪽 하늘높이 우뚝 솟아있는 모습이 하얀 학이 날개를 펴고 있는 형상이라 하여 붙여진 이름이다. 백학봉 정상에서 백양사로 내려가는 길은 가파른 내리막 계단길이다. 계단을 한 계단 한 계단 내려가면서 주위를 살펴보면 깜작 놀랄 정도로 경치가 아름답다. 어마어마한 높이의 깎아지른 절벽과 그 사이에 늙은 단풍나무들이 있기 때문이다. 아기단풍, 당단풍, 좁은단풍, 털참단풍 등 이름도 생소한 단풍나무들이다.

백학봉에서 내려오는 중간 지점에 약사암이라는 암자가 있고, 바로 근처에 영천굴이 있다. 영천굴에는 '영천감로수'라는 샘이 있다. 물맛이 글자그대로 감로수였다. 약사암 앞에는 노란은행잎이 빨간 단풍과 어우러져 더욱 아름답다. 백암사 쪽에서 올라온 단풍관광객들이 이 길에는 줄을 이어 오르고 내렸다. 가파른 내리막길이 끝나는 지점에 백양사가 있다. 백양사 주위에는 비자나무와 굴거리나무가 사철 푸르게 자생한다. 그래서 단풍색깔 속에 푸른색이 아우러져서 백양사는 그야말로 산자수명한 곳에 자리 잡은 셈이다. 백양사 입구에는 쌍계루란 이층 누각이 있고, 그 누각 앞에는 연못이 있다. 이 연못을 바라보면 학바위와 조화를 이룬 쌍계루의 그림자가 연못에 비친다.

사람은 눈으로 볼 수 있는 여러 가지 형태가 있다. 이 눈으로 받아들이는 감각들이 마음속에 번뇌를 일으킨다. 그러나 자연의 신비스러움이나 아름다움은 볼수록 우리 가슴속에 저장되어있는 추함이나 속된 것의 양이 줄어드는 것 같다. 이는 자연이 사람에게 주는 천연(天然)의 힘이다. 천연의 힘 속에는 간사함이나, 사악함이 없다. 공자는 시경(詩經) 300편을 극찬 하셨다. 시경의 내용은 중국 대륙의 각지에서 백성들의 입에 회자되던 민요로서 자연에 관한 찬양이었다. 그 속에는 사무사(思無邪), 생각에 사악함이 없기 때문이라고 극찬 이유를 밝힌다. 오늘 백학봉을 내려온 사람들은 모두가 '사무사'를 느꼈을 것이다. (2007년 11월 9일)

☞ 자포마을 → 구암사 → 능선갈림길 → 상왕봉 → 백학봉 → 백양사 → 백양매표소
〈9.2km, 4시간〉

□ 대접 받는 것

인간의 심리란 제 한 몸의 이익만 차리며, 움직이기 싫어한다. 그래서 남에게 대접을 하는 것 보다 받기를 좋아한다. 산길을 걷다가 목말라 물을 먹고 싶어서 옹달샘 곁에 있으며 앞쪽에 있는 젊은 사람이 물을 떠서 뒤쪽에 있는 나이든 사람에게 먼저 주는 경우가 간혹 있다. 이런 대접을 받아보면 아주 작은 일이지만 기분이 좋다.

대접에 관한 성서의 좋은 교훈이 있다. "그러므로 너희는 무엇이든지, 남에게 대접을 받고자 하는 대로 너희도 남을 대접하여라." 하였다. 이는 황금률(The golden rule)이다. 한 건물에 살면서 같은 엘리베이터를 사용하는 사림들은 좁은 엘리베이터 안에서 이웃사람과 자주 부닥친다. 이런 경우 먼저 미소 짓고 인사해 보면 다음 만날 적에는 태도가 달라진다. 이와 유사한 교훈은 동서양 간에 흔하다. 논어에도 기소불욕(己所不欲)을 물시어인(勿施於人)하라 "네가 원치 않는 것은 그에게 행하지 말라." 하였고, 필로(Philo)는 "네 자신이 싫어하는 것은 네 이웃에게 행하지 말라." 하였다. 또 힐렐(Hillel)은 "네가 싫어하는 것을 누구에게도 하지 말라." 하였다. 오늘 나는 옹달샘에서 표주박에 물을 떠서 나에게 주는 그 사람을 생각하면서 황금률을 다시 한 번 묵상해 보았다.

46. 추월산 이야기

***추월산**은? 담양읍에서 북쪽으로 14km 쯤 가면 전남 5대 명산 중의 하나인 해발 731m인 추월산(秋月山)을 만나게 된다. 담양에서 이 산을 바라보면 스님이 누워있는 형상인데, 각종 약초가 많이 자생하고 있어 예부터 명산으로 불렸으며, 춘란인 추월난이 자생하는 곳으로도 유명하다. 추월봉 아래는 유명한 보리암 암자가 절벽에 매달린 듯이 있고, 산 동쪽에는 담양호가 있다.

□ 산행기

추월(秋月)은 가을 달을 말하지만, 왠지 추월은 다른 계절 달보다 외롭고 적적한 달 같기도 하고, 또 더 맑고 밝은 달 같기도 하다. 그런가 하면 이름난 명기(名妓) 같기도 하다. 그래서 그런지 추월산은 초로(初老)의 쓸쓸한 인생이나, 이름난 명기의 고절(高節)을 자랑하는 듯하다. 추월산에 대하여 선인(先人)들은 봄철의 진달래꽃과 가을의 단풍이 특히 아름답다고 했다.

　순창군 복흥면 구산동에서 농로를 따라 1km정도 안으로 들어가면 산과 산 사이에 작은 언덕이 나온다. 이 언덕 오른편 산이 추월산이다. 이곳에서 산비탈을 올라 주능선에 오른다. 이 산비탈 길은 암벽이 몇 군데 있는데, 암벽을 타고 올라야 한다. 이것이 마음에 안 들면 우회할 수도 있다. 주능선에 올라서면 이제 별반 힘든 걸음걸이는 없다. 주능선을 타고 동쪽으로 계속 가기만 하면 된다. 첫 번째 높은 봉우리에 도착해서 동쪽을 바라보면 멀리 3개의 우뚝한 봉이 있다. 그 3개의 봉을 넘어서 다음 봉이 추월산(731m)의 주봉이다. 능선을 오르고 내리기를 여러 번 반복한 후에 주봉에 도착했다. 주봉에서 우리가 발섭(跋涉)해온 산길을 보면 멀고도 가마득하다. 주봉에 올라 아래를 굽어보니, 많은 겹의 산봉우리는 중중첩첩하게 포개져 있고, 그 사이 공간에 농토와 집들이 보인다. 남동쪽으로 멀리 무등산이 보이고, 남서쪽으로 병풍산, 북서쪽으로 내장산이 보인다.

　주봉에서 보리암 쪽으로 내려가야 한다. 주봉에서 보리암 쪽 능선을 바라보면 또 3개의 봉우리가 보인다. 마지막 봉이 보리암 봉이다. 지루한 능선 길을 한참이나 걷는다. 보리암봉에 도착해서 북쪽방향을 내려다보면 담양호가 보인다. 이곳은(보리암봉) 관광명소로의 천연적 자원을 갖춘 곳으로서 오른쪽으로는 삼한시대 때 축성한 것으로 전해지는 금성산성이 있고, 북쪽으로는 울창한 숲과 기암괴석으로 덮여 있는 추월산이 있다. 이 봉에서 북쪽 길로 내려가면 보리암이 나오는데, 바위절벽의 가파른 내리막길이다. 정신없이 한참을 내려가면, 오른쪽 바위 절벽아래 암자가 보인다. 보리암이다. 보리암 마당에서 아래를 내려다 보면, 현기증이 날 정도로 수직 낭떠러지다. 보리암이 절벽난간에 걸쳐있다. 보리암에서 돌아 나와서 다시 산 아래로 내려온다. 길은 계속 가파른 내리막길이다. 길이 편안해지면 솔밭이 나온다. 노송들이 품위있게 서서 산행객들을 맞고 있다. 주차장 옆에서, 어떤 교회에서 전도를 하고 있었다. 사람들은 모두 외면하고 그곳을 지나갔다. 우리나라 초창기 개신교는 어떻게 전도 하였을까?

대구에 선교사가 첫발을 디딘 날은 1893년 4월 22일이다. 미국 북장로회 베어드 선교사는 선교활동의 발판을 마련코자 육로로 부산을 떠나 동래→밀양→청도→대구에 도착하여 4월 22일 정오경 대구의 약전골목에 도착했다. 그날 마침 약령시가 열리고 있어 전도지를 나누어 주었고, 일주일 정도 머물다가 부산으로 내려갔다. 그 해 9월에는 낙동강을 거슬러 물길로 대구에 부임했다. 그러나 베어드 선교사는 별 결실을 맺지 못한 채 1896년 11월에 서울 선교지부 교육담당 고문으로 발령이 나서 가고, 대구선교는 손아래 처남인 아담스(Rev. James E. Adams, 안의와)에게 인계 되었다. 아담스는 나중에 '작은 예수' 라 불릴 정도로 성경에 능통하던 김기원(대구의 첫 사역자, 나중 경산 사월 대구중앙교회 등에서 목회)의 도움을 받아 사역을 넓혀나갔다. 어느 날 아담스는 뽕나무 골목에서 한 짐 가득 나무를 실은 어떤 지게꾼과 부딪혔다. 나뭇가지에 '콱' 긁힌 아담스의 얼굴에서는 피가 흘러내렸다. 늙은 지게꾼은 당황하여 어쩔 줄 몰랐다. 이때 아담스가 "괜찮습니다. 제가 부주의하여 미안하게 됐습니다. 용서 하십시오." 라고 말했다. 마침 이 광경을 지켜본 '서자명'은 "아하! 야소교(당시 개신교 지칭어)란 저런 것이구나."라고 감탄하며 입교를 결정했다. 대구 첫 개신교 신자는 이렇게 탄생됐다.

담양호 주차장으로 청풍(淸風)이 분다. 해가 서산마루 위에서 붉은 놀을 만들어 사람들의 얼굴에 비친다. 기우는 해가 점점 그림자를 길게 하

고, 퍼지게 한다. 잠시 후 해가 아주 떨어지고 박모(薄暮, 땅거미)가 사방
에서 묻어올 무렵 우리는 그곳을 떠났다. 버스를 타고 산모퉁이를 막 돌
때 월출동령(月出東嶺)에 둥근 만월(滿月)에 조금 부족한 추월(秋月)이
희미한 빛을 발하고 있었다. (2006년 11월 4일)

☞ 구산동 → 산비탈 길 오르기 → 능선갈림길 → 능선 길 → 추월산 주봉 → 보리암
  정상 → 보리암 → 담양호 주차장 〈9.4km, 5시간〉

□ 담양의 별미는 죽순회

　담양의 토속요리 중에서도 첫손가락에 꼽는 요리가 죽순회(竹筍膾)이
다. 죽순회는 임금의 수라상에 오르는 요리로서 진상품이라 전한다. 이
죽순회는 지금도 담양 지방에서 전승되어 오고 있는 토속요리의 하나
다. 과장된 이야기이기는 하지만 죽순회에 얽힌 다음과 같은 일화가 있
다. 지금부터 2백 60여 년 전의 일이란다. 평양감사이던 어떤 사람이 전
라도 담양 땅에 들렸다가 죽순회를 대접받았는데, 평양으로 돌아간 그
는 죽순회 맛을 잊을 수가 없어 하인들에게 죽순회를 만들어 오도록 명
하였는데, 하인들은 추운 겨울철이라 죽순을 구할 수가 없이 대바구니
를 삶아 상에 올렸다고 한다.

　죽순은 해마다 5~6월이 되면 대 뿌리에서 움터 나오는데, 맏물과 두
물은 대나무로 키우고 끝물은 성장이 늦으므로 캐어서 요리를 해 먹는
다. 죽순이 땅에서 솟은 지 약 7일이 지나면 20cm 정도 자라는데, 땅 속
에서 묻힌 부분이 많은 것일수록 죽순으로서 가치가 있다. 죽순회는 껍

질까지 함께 뜨거운 물에 약간 데쳐 내어 껍질을 벗긴 뒤 가늘게 쪼개어 찬물에 담갔다가 식초와 고추장, 그리고 갖은 조미료와를 넣어 무친 요리이다. 여기에 우렁을 삶아 넣으면 맛이 더욱 일품이다. 뿐만 아니라 고기를 삶아 넣어서 무쳐도 별미다.

47. 금정산 이야기

*금정산(金井山)은 부산광역시 북쪽 기장군과 접경을 이루며 솟아있다. 금정산은 부산의 진산으로 그 산줄기는 서쪽으로 뻗으면서 상계봉, 백양산, 엄광산을 형성하고, 바다에 접하고 있어, 부산시가지를 남북으로 길고 협소하게 만들고 있다. 해발 802m의 금정산은 바닷가에 가까이 솟아, 바다 면과 비교해 보면 낮은 산은 아니다. 이 산은 곳곳에 바위가 돌출해 있고, 산줄기는 웅장한 산세를 이뤄 오래전부터 부산 시민들이 즐겨 찾는 곳이다. 동래온천 북쪽 금정산 계곡에는 범어사가 있다.

*금정산성(金井山城)은 동래온천장 서북쪽에 있는 금정산 정상에 위치해 있다. 원래 이산성은 부산진구와 동래구를 걸진 선장 약 17km, 높이 1.5m~8m에 이르는 우리나라 최대의 산성이었으나, 지금은 약 4km 정도의 성벽만이 남아있다. 이 산성의 유래에 대해서는 확실한 기록이 없고, 동래읍지에는 1703년(숙종 29년)에 석축으로 개축하였다고 한다. 처음 축성한 년대는 알 수가 없고, 다만 산성의 위치나 규모로 보아서 신라시대에 왜구를 막기 위하여 축조된 것으로 추측한다. 본래의 이름은 동래산성이었으나, 금정산 위에 있다 해서 금정산성이

라 부르고 있다.

가을이라 하지만 햇살이 아직 뜨겁다. 범어사 경내를 통하여 금정산을 올랐다. 절간이 있는 곳은 다 그렇듯이 범어사도 송림이 무성하고 산수의 경치가 맑고 아름답다. 경내로 인도된 길을 따라 들어가면 반송(盤松) 한 그루가 눈에 띈다. 몸통을 가운데 두고 여러 갈래의 가지들이 붙어있어 풍만한 아름다움을 나타낸다. 이른 시간이라 그런지 절 안에는 인적이 드물었다. 더 안으로 들어가면, 길 좌편에 '下馬'라는 돌 안내판이 새겨져 있는데, 이지점에서 왼편으로 산을 오른다. 산길은 암괴류 경사 길이다. 암괴류(巖塊流:Block Stream)는 산 위에서 아래로 바위 같은 큰 돌이, 물의 흐름같이 흘러 내려온 현상을 말한다. 이는 지구의 형성 과정에서 빙하기(약 1만~8만 년전)후대에 빙하가 흘러내리면서 형성된 것으로 추정한다. 달성군 옥포면의 비슬산의 암괴류는 길이가 약 2km로서 세계적 암괴류에 속한다.

잘 정비된 암괴류 길을 따라 산길을 걷는다. 올라갈수록 소나무는 없어지고, 참나무 숲이 무성하다. 참나무는 지구상에 가장 많이 분포되어 있고, 유럽에서는 키가 가장 큰 나무에 속하고, 인내, 번식, 영생을 상징하는 나무다. 옛 사람들은 수령이 오래된 거대한 참나무는 세상이 창조될 때부터 존재했다고 믿으며, 번개로부터 피난처를 제공해 준다고도 믿었다. 또 고대 중동에서는 푸른 참나무 아래서 종교의식도 행하였다. 성서에 참나무와 관련된 기사가 있다. 다윗의 아들 압살롬은 자기를 따

산행길이 잘 정비된 금정산성

르는 자를 모으고, 힘을 길러 자기 아버지 다윗을 반역하여 스스로 왕위에 오른다. 압살롬의 반역이 일단 성사 되어 다윗과 그의 신하들은 예루살렘을 떠나 피난길에 나섰다. 압살롬은 예루살렘에 입성하여, 권력을 잡고 다윗의 후궁들과 더불어 동침도 한다. 그 후 다윗군과 압살롬군은 산속에서 추격전이 벌어지는데, 어느 날 압살롬이 다윗의 신복과 마주쳤다. 압살롬이 노새를 탔는데 그 노새가 큰 참나무 아래로 지날 때에 압살롬의 머리틀이 그 참나무에 걸리고, 그는 공중에 달렸고, 뒀던 노새는 그 아래로 빠져나갔다. 압살롬은 그 머리틀이 나무 가지에 엉켜 그는 공중에 매달렸던 것이다. 나무에 달린 자는 저주를 받은 자라 하였는데, 그는 참으로 저주받은 죽음을 당한 것이고, 그것은 극악한 죄에 대한 하나님의 심판이었던 것이다.

　바람이 살랑살랑 분다. 아낙네들이 참나무 아래서 굴밤을 주어면서 노래를 부르고 있다. 30분정도 올라가면 평지와 같은 능선이 나오고, 길 좌우에 억새가 피어 흰머리를 흔들거린다. 가련한 억새의 모습을 보면서 황톳길을 조금 걸으면, '산성 북문'이 나오는데, 이 문을 통하여 들어가면 넓은 공간에 억새밭이 펼쳐지고, 남쪽으로 산과 산 사이에 시가지가 보인다. 오른쪽으로는 금정산의 주봉인 고당봉(姑堂峰)이 우뚝하게 솟아있는데, 암봉이다. 북문에서 0.8km의 거리지만 다녀오는데 지루함을 느낀다. 고담봉에 오르면, 남서쪽으로 낙동강이 산과 산 사이에 흐르고 강변에는 아파트촌이며 농지들이 있고, 남으로는 낮은 산들과 바다가 안개 속에 희미하게 보인다. 동쪽으로는 '금정산성'이 보인다.

　다시 북문 앞쪽을 통하여 산성을 따라 난 등산길을 걸었다. 많은 산행객들이 지나갔다. 햇살은 뜨거워도 역시 가을은 가을이다. 시원한 바람이 분다. 소나무 그늘아래 넓적한 바위 앉아서 앞쪽을 바라보니 산비탈 전체가 억새꽃이 피어 마치 눈이 내려 쌓인 것 같다. 억새가 바람에 휘날리는 모습은 늙은이의 흰 머리가 날리는 듯하다. 구절초가 만발하고, 빨간 들깨 이삭에 벌들이 날아다닌다. 이 길에는 키가 낮은 나무들만 여기저기 있어서 그늘이 없다. 북문에서 4km인 곳에 동문이 있다. 능선을 따라 난 산길을 계속 걷다보면 소나무 숲이 나오고, 조금 더 가면 동문이 나온다. 동문을 지나서 능선 길을 벗어나서 내려오면 산성마을이 나온다. 금정산 하면 산성과 억새인데 그중에서도 억새가 인상적이다.
(2006년 10월 13일)

☞ 범어사 → 북문 → 고당봉 → 북문 → 동문 → 산성마을 〈8.4km, 4시간〉

□ 억새 같은 우리 인생

금정산에는 억새꽃이 피어 만발하였다. 억새의 흰 꽃대가 바람에 날리는 모습을 바라보노라면 우리 인생의 노년의 모습을 바라보는 것과 흡사하다. 꽃대의 끝부분에 꽃이 배열되는 그 모양이 원추(圓錐)모양을 하면서 이삭이 나왔다가 몇 주가 지나면 헝클어진 솜틀모양이 볼품없이 되어 바람에 날려간다. 억새의 솜틀에 파묻힌 씨앗이 바람에 날려 가면, 억새 줄기는 그해의 생명을 마친 셈이다. 들판의 여름철의 푸름은 가을이 되면 그 색깔이 차쯤 누른색으로 변한다. 사람들은 그것을 황금 들녘이라고 표현하지만, 누른색은 생을 마감하는 죽음이 임박했다는 것을 알려주는 색이다. 봄철에 싹이 트고, 여름철에 따가운 태양열을 받으며 자랐다가 가을에 그 열매를 맺고, 식물은 죽는다. 그 생육기간이 짧다. 우리 인생도 이순(耳順)을 넘기고, 고희(古稀)를 바라보면서 살 때, 풀과 같이 살아온 시기가 짧구나 하는 생각이 든다.

성서에 이르기를, "**너희 생명이 무엇이뇨? 너희는 잠깐 보이다가 없어지는 안개니라.**" 이는 인생이 짧고, 허무하고, 불안정한 상태인 것을 비유하는 것이다. 안개기 새벽하늘에 가득히 찼다가도 태양이 힘 있게 비치면 간 곳없이 사라지고 만다. 이와 같이 인생도 야단스레 살지만 하나님이 한 번 부르시면 사라지고 만다.

늙기 전에는 나에게도 보랏빛 시절인 청춘이 있었다. 그때 누군가 말했다. "청춘은 아름답다, 청춘은 향기다, 청춘은 힘이다."라고 힘주어 말했다. 그러나 그때는 청춘의 아름다움이나 향기를 알지 못했다. 나이 들어 지금 청춘의 아름다움이 그립다. 나는 정말로 청춘이 언제 가버렸는지 모른다. 청춘이 슬며시 나를 찾아왔다가 어느 가을날 새벽에 작별 인사도 없이 가버렸다. 청춘과 동거한 날수가 너무나 짧다. 청춘을 늙어서 그리워하니 그 또한 안타깝다. 사람들은 돈으로 모든 것을 산다는데 청춘도 살 수가 있을까? 격언에도 "금실로 지은 옷은 다시 얻을 수 있지만 청춘은 다시 얻을 수가 없다."라고 했다. 청춘과 동거할 그때 화전가(花煎歌)나 많이 불러 볼 것을!

어화 세상 사람들아, 이 내 말쌈 들어 보소.

부유(浮遊) 같은 천지간에 초로(草露) 같은 인생이라.

세상사를 생각하니 우습고도 고이 하다.

저 건너 저 산우에 높고 낮은 저 무덤은 천고영웅 몇몇이며

절대가인 그 누군 고, 우리들도 죽어지면 저러이 될 인생인데.

노세 노세 젊어 노세, 늙어지면 못 노나니.

십일 붉은 꽃이 없고 달도 차면 기울어라.

일장춘몽 우리인생 아니 놀고 무엇 하리.

놀음 중에 좋은 것은 화전(花煎)밖에 또 있는가.

어화 우리 벗님네야, 화전놀이 가자스라.

단오명절 좋다 해도 꽃이 없어 아니 좋고,

추석 명절 좋다 해도 단풍들어 낙엽 지니 마음 슬허 아니 좋고,

설 명절이 좋다 하나 낙목한천 잔설(殘雪)빛이 스산엄동 역력하니.

꽃도 피고 새도 울어 양춘가절 화개춘(花開春) 삼월이라 삼짇날에,

강남 갔던 제비들이 꽃 따라서 돌아 온가, 제비날개 훈풍 따라 작년 진 꽃 돌아 온가,

천지상봉 새 기운이 만화방창 흐드러진 산천초목 금수강산,

비단 같은 골짜기에 우리들도 꽃이 되어 별유천지 하루 놀음, 화전 말고

무엇 있소.

화전놀이하러 가세. (이하 생략)

우리 인생은 젊어서는, 노세 노세 젊어 노세 늙어지면 못노나니 하면서 화전가를 부르며, 열심히 생을 즐겨도, 그 젊음은 빨리 지나가고, 어느 날 갑자기 자기 인생이 늙음을 한탄하면서 ***백발가**(白髮歌)를 불러야 하니, 사람이 사는 것이 무상하구나!

백발이야	백발이야	그대 어이	백발인가
소년이	백발 되니	백발 보기	더욱 섧다.
백발아	너 짐작하여	더디 남이	어떠하냐
대장부	생긴 후에	매양 장성	젊고 지고
검은 머리	검어 있고	밝은 눈이	밝았으며
적송자(赤松子)	단구생(丹丘生)을	그 누가	부러워하며
서왕모	동박삭을	내 어이	생각할까
애처롭다	백발이야	소년 모습	어제러니
귀인 머리	그러함을	내 이미	알았으니
자고(自古) 영웅	백발됨은	한결같이	그러하다
맹상군(孟嘗君)의 호백구(狐白裘)와		평원군(平原君)의 귀한 미녀	
일시영화	저러하되	백발은	못 금하리
공부자의	도덕이며	맹부자의	인의로도
만고성현	저러하되	백발은	못 면하고

* '백발가'는 조선 후기 추담(秋潭) 남석하(南碩夏:1773~1853)가 지은 장편가사다. 역대 훌륭한 인물들이 모두 백발을 이겨내지 못하고 북망산으로 돌아갔음을 아쉬워하며, 인생이 늙어지면 미인이나 맛있는 음식 등도 모두 허사이므로 늙기 전에 삶을 허송하지 말 것을 권유한 내용의 노래이다.

이것이　　　　누구 탓인가　　　백발의　　　　네 탓이라
젊은이　　　　늙어지고　　　　늙은이　　　　죽어지면
조선 보물　　　내 것인들　　　어디다가　　　쓴단말가
만고영웅　　　진시황도　　　이 백발　　　　금하려고
동남동녀　　　오백으로　　　불로초를　　　구하다가
사구(砂丘) 언덕　월 황혼에　　여산에　　　　장사하고
천추호걸　　　한무제도　　　이 백발　　　　금하려고
백양(柏梁)누대　구슬 쟁반　　불사약을　　　구하다가
분수(汾水) 추풍　저문 날에　　무릉에　　　　닿았으니
이것이　　　　누구 탓인가　　　백발의　　　　네 탓이라

(이하생략)

48. 주왕산 이야기

　*주왕산은 태백산맥이 동해를 끼고서 남하 하다가 경북의 중간쯤인 청송군에 이르러 빚어놓은 명산이 주왕산(周王山:720.6m)이다. 주왕산은 청송읍으로부터 동남쪽으로 14.7km 지점인 부동면 상의동에 위치한 산이다. 이 산은 해발 600m 이상의 고봉(高峰)들이 병풍처럼 둘러서 있어 산세가 웅장하기로 이름나 있다. 이 산의 본래 이름은 산의 모습이 돌병풍을 둘러친 것과 같다하여 석병산(石屛山)으로 불러왔으며, 또한 옛날부터 난리가 날 때마다 이곳에 피난 온 사람들이 많았고, 선유(先儒)와 선사(禪師)들이 즐겨 찾았으므로 대둔산(大遯山)이란 이름을 얻기노 했다 한다.

　그러나 주왕산이란 이름으로 불리게 된 데에는 다음과 같은 유래가 전한다. 즉, 당나라 덕종(德宗) 15년(신라 소성왕 1년)에 난을 일으킨 주도(周鍍)가 당나라 군사에게 패하여 쫓기다가 신라의 석병산이 매우 깊고 험하다는 말을 듣고 이 산에 들어와 웅거했다고 하는데, 그 후 나옹화상(懶翁和尙)이 이곳에서 수도할 때 이 산을 주왕산이라고 부르면 이 고장이 복되리라고 하여, 주왕산이라고 부르게 되었다고 한다. 주왕산은 국립공원이다.

　＊대전사(大典寺)는? 주왕산 입구 오른쪽 발부리에 고색창연한 모습으로 보이는 절이다. 대전사는 672년(신라 문무왕 12년)에 의상대사(義湘大師)가 창건했다고도 전하며, 또 일설에는 919년(고려 태조 2년)에 보조국사(普照國師)가 주왕(周王)의 아들 대전도군(大典道君)의 명복을 빌기 위해 세웠다고도 전하는 절이다. 대전사는 최치원, 나옹화상, 도선국사, 보조국사, 무학대사, 서거정, 김종직 등 수많은 고승과 석학들이 머물며 수도한 도량이기도하며, 임진왜란 때에는 사명대사가 승군(僧軍)을 모아 훈련을 시켰던 곳으로 유명하다.

　□ **산행기**

　가을의 문턱인 입추도 지났건만, 더위는 조금도 수그러들지 않는다. 태풍이 북태평양 기단을 밀어 올려, 더위로 숨이 막힐 지경이다. 무동면 이전리 주차장에는 주산지(注山池)를 구경하러온 많은 사람들이 북적됐다. 녹음이 울창한 계곡 길을 1km 정도 올라가면 산과 산 사이에 그림 같은 호수가 있다. 호수에 물이 많으면 가장자리에 있는 오래된 왕버들이 물에 잠겨 더욱 아름답다. 이곳은 영화촬영 이후에 더 유명해졌다. 그곳을 돌아 나와서 '절골매표소'에서 산행이 시작된다.

　주왕산의 주봉(主峰)은 가매봉이다. 매표소에서 가매봉 정상까지는 5.7km의 거리다. 매표소를 뒤로하고 절골 계곡을 흐르는 시원한 청류(清流)소리 들으며 조금 오르노라면 기암절벽에 눈의 시선을 빼앗긴다.

길은 계곡바닥으로 이리저리 돌면서 이어지는데 걷기에 기분 좋은 길
이다. 1시간 정도 올라가면 이제 경사가 조금씩 급해지고, '대문다리'
를 지나면 산길은 계곡을 벗어나 산비탈 오르막길로 바뀐다. 대문다리
에서 1.5km나 올라가야 가매봉이 나온다. 산비탈에는 참나무 숲이 무
성하고, 그 가운데 소나무가 드문드문 서 있다. 땀을 닦으며 쉬기를 몇
번이나 하고 나서야 능선 안부에 있는 갈림길을 만난다. 왼편 능선 길
을 따라 올라가면 가매봉(870m)이 나온다. 가매봉 정상의 남쪽은 무서
울 정도의 수직 절벽이다. 찌는 듯한 더위 속에도 푸른 산의 솔바람은
시원했다.

　다시 능선을 타고 내려온다. 이곳에서 주차장까지는 6.7km의 거리
다. 능선을 타고 30분쯤 내려오면 갈림길이 나우는데 오른쪽 산비탈길
을 따라 내려가면 '제2폭포'가 나오고 능선 길을 계속가면 '주왕산'을
거친다. 그러나 이정표에서는 주왕산이란 안내가 없고 '제2폭포' 방향
만 알리고 있다. 경사가 급한 산비탈길을 한 시간 정도 내려오면 계곡이
나오는데 '후리매기'란 갈림길이다. 다시 계곡을 따라 20분간은 족히
걸어야 '제2폭포'로 가는 큰길을 만난다. 이 폭포 골 계곡은 주위의 경
관노 아름답고 건기에 편한 길이다. 한참을 내려오면 '제1폭포'가 있는
데 이 부근의 산세는 석산(石山)으로 험봉(險峰)이 하늘을 기리고 있다,
특히 기암괴석과 암벽이 장관을 이룬 곳이다. 이 산의 형성기는 백악기
화산암류에 발달된 절리와 오랜 기간에 걸친 지질작용으로 된 것이라
한다. 이는 지상으로 노출된 기반암이 오랜 기간 동안 다양한 절리에 따
른 풍화작용의 진행과 암석낙하 현상에 의해 화려하고 아름다운 기암괴
석의 모습으로 나타난 것이다.

더 내려오면 '학소대'가 있고 또 그 아래 '시루봉'이란 촛대 같은 위압적인 돌기둥이 있다. 시루봉 옆에는 아름다운 정자도 있는데, 이곳에서 길 왼편 산허리로 산길이 나 있다. 이 길은 큰길보다 아주 호젓한 소나무 숲길이다. 맞은편 절벽의 아름다운 모습도 볼 수 있고, 사색도 할 수 있는 길이다. 0.8km 정도 가면 주왕암(周王庵)이 있고 이 암자 뒤쪽에 주왕굴(周王窟)이 있다. 주왕굴이 있는 바로 위쪽 봉우리가 주왕산(721m)봉이다. 주왕굴은 협곡사이 암벽에 위치한 자연동굴로 주왕(周王)이 신라 장수 마일성 장군의 공격을 피하여 이곳에 은거 하던 어느 날 굴 입구에 떨어지는 물로 세수를 하다가 마장군 일행에 발각되어 마장군의 군사가 쏜 화살에 맞아 주왕의 웅대한 이상을 이루지 못하고 애절하게 죽었다는 전설이 전해진다. 다시 설명을 부연하면, 진(晉)나라의 후예 주도(周鍍)가 후주천왕(後周天王)을 자칭하고 당(唐)나라에 반기를 들다가 패하여 이곳으로 들어와 은거했다는 것이다. 그는 왕후장상(王侯將相)을 꿈꾸면서, 말하기를 "황하의 물을 들어 마시고 태산을 갈아 없애겠다."고 하였다. 그리고 또 진승이라는 사람의 말을 인용하여 "왕후장상에 어디 씨가 있나."하면서 왕 되기를 원했다고 한다.

주왕굴을 돌아 나오면 바로 큰길이 나온다. 큰길을 조금만 걸어 내려오면 대전사(大典寺)사가 왼편으로 보이고 그 맞은편에 기암(旗巖)이란 큰 암봉이 산길을 내려오는 사람들을 바라보고 있다. 아주 멋지고 신기한 암봉이다. 이 기암은 원래 폭이 150m에 달하는 하나의 암체였으나 수직으로 발달된 커다란 주상절리군을 따라 차별 풍화작용이 진행되어 7개의 암봉으로 분리되었다. 기암이 있는 산비탈에는 예로부터 수달래(산철쭉)가 많이 자생하였다. 수달래는 우리나라 중부 이남의 산지에 자생하는 낙엽성 관목이나 이곳에서는 하천 주변에 군락을 형성하고 있

주왕산의 암봉들

어, 찾는 이에게 신비로움을 더해주고 있다. 이 나무는 신라말기 당나라에서 건너온 주왕의 원한이 맺힌 영혼의 꽃이라 하여 수달래 또는 수단화라고 부른단다.

기암(旗巖) 위에 푸른빛이 아름답고 아담하던 소나무도 죽고 그곳에 다른 소나무가 자리며, 주왕굴에 숨었던 주왕도 죽었고 그를 쫓던 마장군도 죽었다. 그 시대의 왕도 그 왕의 신하도 모두 죽었다. 옛글에 이르기를, "누구나 볼 수 있다. 지혜 있는 사람도 죽고, 어리석은 자나 우둔한자도 모두 다 죽는 것을! 평생 모은 재산마저 남에게 모두주고 떠나가지 않는가?" 한시(漢詩)에도 말하기를, "공자도 죽어 티끌이 되고, 공자의 원수 도척도 그렇게 된다." 라고 하였다. 사람이 다 죽는 것은 확실한 사실이어서, 이렇게 일반문학에서도 인식하는 바이다.

한무제(漢武帝)가 승로반(承露盤)으로 이슬을 받아먹어 오래 살아 보려던 것과, 진시황(秦始皇)이 불로초를 구하였음이 모두 다 헛된 꿈이 되고 만 것이 아닌가? 이렇게 이 세상 사람들은 사망의 한 날을 면할 수 없다. 사람이 일생을 통하여 분주하게 일한 결과는 '헌 된 것'이며 많은 재물을 쌓고, 좋은 집을 지으나 그것을 누가 취할지 알지 못한다. 진실로 각 사람은 그림자 같이 다니고, 헛된 일에 분주하다고 한다. 그림자란 실체가 아니다. 불경에도 '인생은 춤추는 그림자'라는 말이 있다. 옛날부터 사람은 이 세상에서 다 죽고 진토(塵土)로 돌아갔다. 그러나 사람은 스스로 속아 늘 살 것처럼 생각하고, 이 세상 생명을 위하여 전력을 기울이면서 물질 욕망을 가진다. 이 세상 것들 가운데 그 무엇이든지 간직할 수는 있다. 그러나 그것은 내 소유물이 아닌 내 소유물이다. 진시황이 쌓은 만리장성은 뉘 것이 되었는가? (2006년 8월 14일)

☞ 이전리 주차장 → 주산지 → 절골매표소 → 절골계곡 → 대문다리 → 가메봉 → 능선갈림길 → 후리매기 → 제2폭포 → 제1폭포 → 학소대 → 시루봉 → 주왕암 → 주왕굴 → 대전사 → 상의매표소 〈14km, 6시간〉

□ 왕후장상에 어디 씨가 있나

이는 진승(陳勝)이란 사람이 남긴 말이다. 진승(?~208 BC)은 진(秦)나라 말의 농민반란의 지도자였다. 진나라 2세 황제 1년에 오광(吳廣)과 함께 농민 반란을 일으켰으나 6개월 만에 패하여 죽는다. 이것이 진(秦)나라 말기의 동란의 원인이 되었다. 이로 인하여 진제국의 멸망을 초래하여서 통일 왕조가 무너졌다. 이때 진승(陳勝)이가 남긴 말은 "왕후장

상에 어디 씨가 있나.”라는 유명한 말을 남겼다. 진승오광(陳勝吳廣)이
란 말이 있다. 이들은 모두 초(楚) 나라 사람으로 거병하여 진(秦)에 대
한 반란에 선수를 썼다는 데서 온 말인데, 어떤 일에 선수를 써서 앞지
르는 일, 또는 그런 사람을 말한다. 이 사건은 너무나 유명하여 공자(孔
子)와 더불어 사마천(司馬遷)의 세가(世家)에 등재되어 있다. 사마천의
사기(史記)는 한(漢)나라 때 기록한 책인데, 이때가 기원전 92~89년경
이었다. 사기에는 본기(本紀), 세가(世家), 표(表), 서(書), 열전(列傳)으
로, 다섯 개의 영역으로 이루어졌다. 세가는 30권으로 구성되어 있고,
제후(諸侯)가 아니면서도 세가에 들어있는 사람이 위의 두 사람이다. 이
중 ‘孔子世家’는 공자의 정통적 전기인데, 이는 공자가 죽고 난 후 꼬
박 400년 후의 기록이다.

49. 솔로몬 이야기

□ 솔로몬이란 사람은?

고대 이스라엘 통일왕국 때 다윗이란 왕이 있었다. 다윗 왕(기원전 1010~970년 재위)은 이상적인 왕이요, 또 ***메시야**의 그림자로 추앙되는 훌륭한 인물이었다. 그는 여러 명의 아내와 아들들이 있었다. 그 중 밧세바란 여인의 몸에서 태어난 아들이 '솔로몬' 이었다. 다윗은 평소에 밧세바에게 네 아들 솔로몬이 정녕 나를 이어 왕이 되어 내 위(位)에 앉으리라 하였다. 다윗 왕이 나이 많아 늙어서 이불을 덮어도 따뜻하지 않을 무렵이 되었다. 그는 이와 같이 노쇠하여 줄곧 침실에서 생활할 때에 솔로몬에게 왕위를 물려주었다. 다윗이 죽을 날이 임박함을 깨닫고, 아들 솔로몬에게 조용히 몇 가지 유언을 남겼다. 그것은 솔로몬이 즉위하고 얼마 되지 않은 후였다. "나는 이제 세상 모든 사람이 가는 길로 간다. 너는 굳세고 장부다워야 한다. 그리고 너는 주 너의 하나님의 명령

---

* 메시야는 '기름 부음 받은 자' 의 뜻이다. 구약시대에서는 선지자와 제사장과 왕이 기름 부은 자들이었다. 이들은 모두 하나님과 사람 사이에 중보자들로서 장차 오실 완전한 중보자이신 그리스도의 그림자였다. 옛날 관습에 이들을 임명 할 때는 머리에 기름을 부어서 임명하였다.

을 지키고, 모세가 율법에 기록된 것을 잘 행하여 지켜라. 그리하면 네가 무엇을 하던지 어디를 가든지 모든 일이 형통할 것이다.”하였다. 그는 이 유언을 남기고 며칠 후 죽었다. 그때 그의 나이는 70세이었다.

다윗이 살아있을 때 그는 어느 날 하나님으로 이런 말을 들었다. “네 아들 솔로몬은 평강의 사람이라, 내가 저로 사면 모든 대적에게 평강하게 하리라. 그래서 그 이름을 솔로몬이라 하리니” 하셨다. 솔로몬을 ‘평강의 사람, man of peace’ 이라 한 것은, 다윗을 ‘전쟁의 사람, man of war’ 이라고 한 것과 대조가 된다. 이것을 보아 솔로몬은 하나님의 특별한 사랑을 받은 사람이었다. 솔로몬 시대에는 하나님께서 사방의 모든 나라가 그에게 복종하게 하사 전쟁이 없는 평화의 시기가 되게 하신 것이다. 솔로몬은 ‘평화로움’ 을 뜻하고 하나님이 주신 이름이었고, 그의 원래 이름은 여디디야로 ‘여호와께서 사랑 하신 자’ 란 뜻이다.

마침내 솔로몬의 치세는 시작되고, 그것은 그의 이름처럼 평화롭고, 영화로운 것이었다. 솔로몬은 아비의 유훈을 잘 지켜, 자기의 왕위를 튼튼히 굳혔다. 하나님께서 그와 함께 계시며, 그를 크게 높여 주셨다. 솔로몬은 기브온에서 *1천 번제를 드렸다. 그 밤에 하나님은 그에게 나타나시어 무엇을 구하느냐 물으셨고, 솔로몬은 백성을 다스릴 지혜를 구하였으며, 하나님은 그의 구함을 기뻐하사 그의 소원대로 지혜와 지식

---

* 번제(燔祭)는 그 제물을 완전히 태워 하나님께 바침으로 하나님과의 관계를 정상으로 유지하기 위한 제사였다. 번제의 제물은 집안의 형편에 따라 소, 양, 또는 비둘기이었다. 제사의 방법은 먼저 바치는 자가 제물의 머리에 손을 얹고, 제사장이 제물의 피를 제단 사방에 뿌린 후 제물을 제단위에서 완전히 불태웠다. 번제는 자신을 하나님께 전적으로 바치는 제사로 그 자신을 인류의 속죄 물로 온전히 바치신 예수 그리스도의 지상 생애와 죽음을 그림자 한 것이다. 솔로몬의 1천 번제는 성경에 나타난 전무한 큰제사이었다. 소 천 마리의 번제는 7, 8일의 시간이 걸렸을 것이다.

을 주시고, 또 구하지 않은 부귀와 존영까지 주시기로 약속하신 것이다. 그 후 기브온 제사에 대한 하나님의 축복의 응답이 이루어져 솔로몬은 큰 부자가 되어 부귀를 누렸다. 그리고 말과 병거를 수입하여 군비를 강대하게 한다.

그는 감당할 수 없을 정도로 많은 부(富)를 가지고 호화스런 생활을 했다. 모든 일이 순조롭게 되어 국토는 최대한으로 확장되어 영광에 찬 것이었으나 그의 치세의 말기에 문제들이 발생하였다. 흔히 돈 많은 사람들이 그러하듯이 그도 많은 이방인 왕비를 두었다. 그들의 유혹으로 하나님을 배반하고, 이방의 우상들을 숭배하면서 타락적인 생활 속에 빠졌다. 그 결과 대적자 들이 생겼고, 혼란 속에 나라의 분국(分國)을 가져온다. 즉 분국은 솔로몬의 범죄의 결과였던 것이다. 기브온에서 솔로몬은 지혜를 구한 바른 태도에서 부귀영화의 축복을 받았고, 그 부귀의 결과 많은 후비를 두었으며, 그들 때문에 범죄하여 이런 중벌을 본인과 나라가 같이 받는 것이다. 물질이란 하나님의 축복으로 받으나 그 축복의 결과는 교만과 하나님을 믿지 않는 상태로 돌라갔다. 그것이 물질이 지닌 신비로운 뜻일지 모른다. 얼마 후 그도 그의 조상들과 마찬가지로 죽게 된다. 솔로몬은 그 아비 다윗처럼 40년간 (기원전 970~930년 재위) 통치하였는데, 그는 20세 전후에 왕위에 올라 60세 정도에서 죽었다. 솔로몬이 죽은 후 그의 아들 르호보암이 대신하여 왕이 되었는데, 그는 솔로몬의 독자 아들이었다. 사람들은 말했다. 많은 가난한 사람들은 한 아내를 가지나 집에 가득 찬 자녀를 낳고, 솔로몬은 집에 가득 찬 아내들을 가졌으나 한 아들만 가졌더라.

□ 전도서 이야기

솔로몬은 3권의 책을 썼다. 젊었을 때에 '아가서'를, 중년기에는 '잠언서'를, 그리고 노년기에 '전도서'를 기록하였다. '전도서 이야기'는 구약성서의 '전도서'에 있는 내용들이다. 전도서(傳道書)는 회의(懷疑)의 책이고, 또한 외신(畏神)의 책이다. 전도서는 처음부터 인생의 허무성을 개탄하고, 그 허무성의 해결책이 없는 것을 확인함으로 회의에 기울어졌다가 후반에 가서 하나님을 경외함으로 그 회의를 해결한다. 전도서는 해 아래(under the sun)의 허무성과 해 위의(upper the sun)지혜의 말씀으로 양분된다. '해 아래'는 '하늘 아래서'라는 뜻이고, 그것은 단순히 시적인 표현이 아니라 '해 위에' 즉 하나님의 세계와 대조되는 세상을 가리키는 것이다.

(1) 해 아래의 일들은 모두가 헛되다.

다윗의 아들 예루살렘 왕 전도자(솔로몬 자신을 말함)의 말이라. "헛되다. 헛되고, 헛되다. 모든 것이 헛되다. 사람이 세상에서 아무리 수고한들, 무슨 보람이 있는가? 한 세대가 가고, 또 한 세대가 오지만, 세상은 언제나 그대로다. 해는 여전히 뜨고, 또 여전히 져서, 제 자리로 돌아가며, 거기에서 다시 떠오른다."

황혼기에 접어든 솔로몬은 자기가 살아온 것을 뒤돌아보고 생각나는 한 마디는 무엇이었을까? "헛되고 헛되다. 헛되고 헛되다. 모든 것이 헛되다." 이었다. 여기서 '헛되고 헛되며'는 철학적으로 무(無)라는 것이 아니고, 인생자체가 가치 없고, 뜻 없고, 내용이 없으며, 목적도 없고, 영원성도 없는 것이란 뜻이다. 인생이 헛되다는 것은 무엇인가 가치 있는 것을 갖고 싶은데 갖지 못하기 때문이다. 사람이 70이 지나서야 '모든 것이 헛되다.'라는 뜻을 바로 알 수 있다고 한다. '아무리 수고한들'은 사람이 먹고 살기위한 일상생활의 수고를 말한다. '한 세대는 가고 한 세대는 오되 땅은 영원히 있도다.'는 시간과 공간의 대조다. 시간적으로 한 세대는 가고, 한 세대는 오는 식으로 끝없이 흘러가나, 공간적인 땅은 그대로 불변하게 존재한다. 그리고 그 땅에 사는 사람도 지나가는 세대를 따라 나고 죽어 끝없이 지나간다. 솔로몬의 마음에 있는 것은 이와 같이 변하는 인생과 불변하는 땅의 대조일 것이다.

① 인간사 만사는 모두가 헛되다.

첫째, 지혜도 헛되다. 솔로몬은 지혜롭고 총명한 위대한 왕이었다. 그는 그 지혜를 전적으로 기울여 인생문제를 탐구 했던 것이다. 하늘 아래에서 일어나는 만사의 뿌리를 모든 방면에서 탐구하였던 것이다. 그 결과는 괴로운 것이었고, 그 괴로움은 하나님께서 타락한 인간에게 가하신 형벌이었다. 이런 수고를 통해 회개하여 구속(救贖)에 이르게 하신 방법이다. 인생의 모든 일은 죽도록 수고하고, 남는 것은 손으로 바람을 잡는 것처럼 아무것도 없다는 것이다. 또 지혜가 많으면 번뇌도 많고, 아는 것이 많으면 걱정도 많은 것을 깨달았다. 무엇이 지혜로운 일이며, 무엇이 어리석은 일인지 알려고 애를 써 보기도 했다. "빛이 어둠보다 낫듯이, 지혜로움이 어리석음보다 더 낫다."는 것과 "지혜로운 사람은 제 앞을 보지만 어리석은 사람은 어둠 속에서 헤맨다."것도 벌써부터 알고 있다. 그러나 어리석은 자가 당하는 죽음을 지혜자도 당하는 것을 보면, 지혜 있는 사람에게나 어리석은 사람에게나 똑 같은 운명이 닥친다는 것도 알고 있다. 그러니 지혜가 있다고 자랑할 것이 아니라 그 지혜도 헛된 것이다.

둘째, 재물도, 향락도 헛되다.

인생문제를 지혜로 해결하는데 실패한 솔로몬은 다음으로 세상의 쾌락으로 옮겨간다. 괴테의 파우스트가 학문의 길에서 인생향락으로 옮기는 것과 같았다. 그러나 이것도 허사였다. 세상적인 '웃음'이나 '향락'은 사람들의 피상적(皮相的) 즐거움이다. 왜냐하면 세상적인 기쁨이나 향락으로 웃을 때에도 마음에 슬픔이 있고, 즐거움의 끝에도 근심이 있기 때문이다. 그래서 솔로몬은 이번엔 지혜로운 생활을 하면서 술로 육신을 즐겁게 하고, 낙을 누려 보려고 마음 먹은 적도 있다. 참으로 어리석게도 이렇게 사는 것이 짧은 한 평생을 가장 보람있게 사는 것이라 생각하였다.

그래서 그는 원래의 지혜를 유지하면서 술을 마시고 육체의 쾌락을 취하여 보았다. 이에 쾌감을 얻은 그는 그 일에 필요한 자금을 구하기 위해 큰 사업을 하면서 마음의 즐거움을 얻었다. 큰집을 짓고, 포도원을 넓히는 일을 했다. 예술성 있는 정원을 만들고 그곳에 여러 종류의 과목들을 심었다. 나무에 물을 주기위해 큰 못을 여러 군데 만들기도 하였다. 많은 노비와 가축을 소유하여 큰 부를 가졌고, 은금보배와 노래하는 남녀와 처첩들을 많이 두었다. 이러한 것들은 인생을 향락하는 모든 조건들 이었다. 솔로몬시대에는 은이 돌같이 많았고, 최고의 목새인 백향목이 뽕나무같이 많았다. 또 각국 왕들이 가져온 금이며 보배들과 나라 안에서 가져온 보배들로 넘쳤다. 그리고 노래하는 남녀가 있어 그의 마음을 기쁘게 하였다. 이는 성전의 성가대가 아닌 왕궁의 가수였다. 또 솔로몬에게는 처첩이 많아 후비가 700인이요, 빈장이 300인이나 되었다. 결국 그를 타락시키는 도구가 된 것이다. 솔로몬은 많은 부를 소유하였고 그것으로 충분한 쾌락을 누렸다. 그는 그의 눈이 보고 원하는 것을 그대로 다 하였고, 그의 마음이 즐거워하는 것도 금하지 않고 그대로 하였으며, 또 다른 사람의 금함도 받지 않았다. 그것은 그가 수고하여 얻은 재물을 또 그의 마음대로 쓴 것뿐이었다. 이와 같이 해 보았지만 그 결과는 재물도, 향락도 그 마지막은 헛된 것이었다.

셋째, 수고도 헛되다.

사람이 일생동안 수고한 모든 수고의 열매는 그의 뒤를 이를 후계자에게 넘겨주는 것이 되므로 살면서 땀 흘려 고생하는 것도 허무하다는 것이다. 그런데 더 문제가 되는 것은 그가 그의 지혜를 동원시켜 수고한 모든 수고의 결과를 관리할 그의 후계자가 지혜자로 그것을 바로 관리할지, 어리석은 자로 잘못 관리할지 알지 못하면서 그에게 모든 것을 맡기니 이것도 헛되다는 것이다. 그래서 사람이 이 세상에서 수고하는 모든 수고와 마음에 애쓰는 것으로 얻는 것이 무언인가? 따지고 보면 아무것도 없다는 것이다. 수고해도 얻는 것이 없으니 헛된 것이다.

② 하나님의 예정 아래에 있는 인생.

만사에 때가 있다.

"천하에 범사가 기한이 있고, 모든 일이 이루어질 때가 있다. 태어날 때가 있고, 죽을 때가 있다. 심을 때가 있고, 뽑을 때가 있다. 죽일 때가 있고, 살릴 때가 있다. 허물 때가 있고, 세울 때가 있다. 울 때가 있고, 웃을 때가 있다. 통곡할 때가 있고, 기뻐 춤출 때가 있다. 사랑할 때가 있고, 미워할 때가 있다. 전쟁을 치를 때가 있고, 평화를 누릴 때가 있다."

이와 같이 대조되는 사실들이 끝없이 반복되는 가운데서 혹은 이를 위하여, 혹은 저를 위하여 무수히 수고하는 그 수고로 얻는 것이 무엇이냐는 것이다. 물론 그 대답은 "아무것도 없다."는 것이다. 때가 되면 모

든 것이 다 사리지기 때문이다. 이래서 모든 것이 헛되다는 주제로 돌아
간다.

하나님은 때를 정하셨다.

인간 역사는 끝없이 유전(流轉)하는 것처럼 보이나 그 유전 속에 목적
이 있고, 체계가 있는 것이며, 그 체계는 하나님이 정하시는 것이다. "하
나님이 모든 것을 지으시되 때를 따라 아름답게 하셨고 또 사람에게 영원을 사
모하는 마음을 주셨느니라. 그러나 하나님의 하시는 일을 처음부터 끝까지 사람
으로 알 수 없게 하셨도다." 이는 솔로몬이 허무한 인생사에서, 이같이 깨
달은 것은 가장 위대한 신앙고백적인 기록이었다. 회의와 허무의 늪에
핀 아름다운 장미꽃과도 같은 것이다. 이 위대한 신앙고백에는 세 가지
사실이 분명하다.

첫째는 하나님께서 모든 것을 아름답게, 또 때를 따라 창조하셨다는
것이다. 그것은 하나님이 창조하신 것을 보시기에 좋았다는 기록을 반
영하는 것이다.

둘째는 하나님께서 사람에게 영원을 사모하는 마음을 주셨다는 것이
다. 그것은 사람에게 종교심을 주셨다는 뜻으로 유한한 인생의 수고의
수레바퀴에서 허무와 실망을 느낀 인생은 하나님의 영원한 세계를 사모
하게 된다는 것이다. 그것은 인생에게만 주신 특권이며, 여기에서 유한
세상의 '허무'의 목적도 분명하게 되는 것이다.

셋째는 그러나 인간지(人間知)의 한계를 말하는 것이다. 사람은 하나
님의 세계에 관하여 가지(可知, 알 수 있음)의 범위가 있고, 그 위는 불가
지(不可知, 알 수 없음)의 세계에 속한다. 인간은 하나님께 관하여 극히 일
부만을 아는 것이고, 또 이 가지의 세계는 반듯이 알아야 하는 것이다.

그래서 솔로몬의 회의(懷疑)는 하나님의 영감을 통해 새 진리를 터득하게 된 것이다. 그것은 "우리가 사는 동안에 남에게 선을 행하며, 기쁜 마음으로 낙을 누리는 것이 가장 좋은 일이다. 그리고 사람이 먹을 수 있고, 마실 수 있고, 하는 일에 만족을 누릴 수 있다면, 이것이야 말로 하나님이 주신 은총이다." 이는 인생사 모든 것이 '헛된 것'에서 창조자를 생각하는 마음속으로 한 발짝 다가 간 셈이다. 인생문제에 대한 솔로몬의 회의는 하나님의 영감을 통해 새 진리를 터득하게 된 것이다. 이는 전도서의 기본사상이다. 그것은 놀라운 사상적 비약이었고, 세속적인 향락주의에서 벗어나 건전한 생활을 가르치는 것이다.

(2) 해 위의 지혜의 말씀

① 지자(智者)의 기본적인 자세는 무엇인가?

사람의 종국(終局)은 짐승과 같이 죽음이다. 사람은 최선에 대한 확실한 지식은 없으나 지혜로 말미암아 생의 기본적인 자세는 알 수 있다는 것이다. 그래서 해 아래의 인간 세상의 허무성에 대한 해 위의 지혜 말씀은 우리가 살면서 다가올 죽음을 인식하고서 사는 것이 라고 솔로몬은 말한다.

> "초상집에 가는 것이 잔칫집에 가는 것보다 낫다. 슬픔이 웃음보다 나음은 얼굴에 근심함으로 마음이 좋게 됨이라. 지혜자의 마음은 초상집에 있으되 우매자의 마음은 잔칫집에 있느니라."

이는 잔치를 벌려 즐기는 것 보다는 슬픔을 택하라는 내용이다. 초상집에 가는 것이 잔칫집에 가는 것보다 더 낫다. 살아있는 사람은 누구나 죽는다는 것을 명심하여야 한다. '초상집'이란 사람이 죽어서 애통하는 것을 말하고, 그런 애통하는 장소에 가는 것이 잔칫집의 즐기는 곳에 가는 것보다 좋다는 것이다. 결국은 누구든지 죽는 것이므로 초상집에 가서 미리 죽음을 생각하고 준비하는 것이 잔칫집에서 뜻 없이 즐기는 것보다 낫다는 것이다. 알렉산더 대왕의 부왕 빌립에게는 매일 정시에 와서 왕이 무엇을 하든 상관없이 "폐하는 돌아가십니다." 라고 일러주는 시종이 있었다고 한다. 슬픔이 웃음보다 나은 것은, 얼굴을 어둡게 하는 근심이 마음에 유익하기 때문이다. '슬픔'은 사람의 내면을 알게 하여 배우고 얻는 바가 있고, 웃음은 인생의 외면을 스쳐지나가고 남는 것이 없기 때문에 '슬픔'이 나은 것이다. 그리스 격언에 "고통 하는 것은 배우는 것이다."란 말이 있다. 그래서 지혜로운 사람의 마음은 초상집에 가 있고 어리석은 사람의 마음은 잔칫집에 가있다 라는 것은 이 문장의 결론이다.

② 지자가 생각하는 보다 나은 길은 무엇인가?

"형통한 날에는 기뻐하고 곤고한 날에는 생각하라. 하나님이 이 두 가지를 병행하게 하여 사람으로 그 장래 일을 능히 헤아려 알지 못하게 하셨느니라." 사람은 살아가면서 '형통한 날'과 '곤고한 날'이 있다. 형통한 날에는 기뻐하고, 기쁘게 음식을 먹고 즐거워 할 것이다. 곤고한 날에는 생각한다는 말은 자신을 뒤돌아보고, 잘못을 반성하며, 우리의 삶을 보고 하나님의 뜻을 살펴보는 것이다. 이와 같이 '기쁨과 곤고함'의 두 가지가 사람에게 같이 나타나서, 미래사를 예측하지 못하게 하는 것이다. 그것은 사람으로 하나님께 전적으로 의지하게 하려 하시는 것이다. "사람은 죽을 때가 언제 자기에게 닥칠지 알지 못한다. 물고기가 잔인한 그물에 걸리고, 새가 덫에 걸리는 것처럼, 사람도 갑자기 덮치는 악한 때를 피하지 못한다." 물고기가 거물에 걸리고, 새가 올무에 걸리는 것처럼 인생의 죽음은 우연적이고, 돌연적이라는 것이다. 그러나 그것은 인간의 안목에 보이는 바이고, 하나님 편에서는 확실하게 예정된 사건인 것이다.

(3) 전도서의 결론

전도서는 신학의 탐구가 아니라 인생에 대한 지혜의 추구였다. 그 지혜를 전적으로 기울여 인생문제를 탐구하였지만 세상에서 일어나는 만사는 괴로운 것이었다. 전도서는 지혜문학에 속한다. 지혜는 솔로몬의 최대관심사였다. 그러나 그 지혜로서 그가 느낀 것은, '헛됨'의 문제를 해결하지를 못하였다. 솔로몬은 부귀를 누리며 영화를 만끽하였으나 그것 역시 그의 문제를 해결하지를 못하였다. 또 그는 세상의 향락에 빠져 보기도 하였으나 그것이 그를 허무감에서 구원하지를 못한 것이다. 이런 솔로몬을 회의(懷疑)의 늪에서 구원시킨 것은 역시 그의 전승적인 하나님의 신앙이었던 것이다. 그것은 원인 모를 시험에서 회의하던 욥이 여호와의 현현으로 회복되어 축복을 누리는 것과 일맥상통한다. 이러한 회의는 비록 '솔로몬'이나 '욥'만이 아니라 '우리 자신'에게도 닥치는 문제다.

회의의 늪에서 솔로몬은 무엇을 생각하였을까? "너희는 청년의 때에 너희 창조자를 기억하여라. 고생스러운 날들이 오고, 사는 것이 즐겁지 않다고 할 나이가 되기 전이다."라는 결론에서 그 회의에서 벗어난 것이다. 이는 너무나 유명한 구절이다. 공허감과 회의에 빠졌던 솔로몬은 그의 결론에 이르러 단호한 신앙자세에 선 것이다. '사는 것이 즐겁지 않다'고 할 나이는 노년기를 가리킨다. 그 때에는 인생의 모든 낙이 없어지니 그날이 오기 전, 곧 청년기에 창조자를 기억하여 믿음을 준비하라는 것이다.

그래서 노년기와 죽음에 대비해 보자는 것이다.

□ 늙으면 사는 것도 즐겁지 않다

솔로몬은 전도서의 마지막에 다음과 같은 글로 끝을 맺는다. 공허감
과 회의에 빠졌던 솔로몬은 그의 결론에 이르러 단호한 신앙자세에 선
것이다. 그것은 "청년기에 창조자를 기억하라."에서 나타난 것이다.

"청년기에 창조자를 기억하라. 빛을 보고 산다는 것은 즐거운 일이다.
오래 사는 사람은 그 모든 날을 즐겁게 살 수 있어야 한다. 그러나 어두운
날들이 많을 것이라는 것도 기억해야 한다. 다가올 모든 것은 다 헛되다.
젊은이여, 젊을 때에, 젊은 날을 즐겨라. 사는 것이 즐겁지 않다고 할 나
이가 되기 전에, 해와 달과 별들이 어두워지기 전에, 먹구름이 곧 비를
몰고 오기 전에, 그렇게 하여라. 그 때가 되면, 너를 보호하는 팔이 떨리
고, 정정하던 두 다리가 약해지고, 이는 빠져서 씹지도 못하고, 눈은 침
침해져서 보는 것마저 힘겹고, 귀는 먹어 바깥에서 나는 소리도 못 듣고,
맷돌질 소리도 희미해지고(치아가 없어 음식을 잘 씹지 못하는 것), 새들이 지
저귀는 노랫소리도 하나도 들리지 않을 것이다. 높은 곳에는 무서워서
올라가지도 못하고, 넘어질세라 걷는 것마저도 무서워질 것이다. 검은
머리가 파뿌리가 되고, 원기가 떨어져서 보약을 먹어도 효력이 없을 것
이다. 사람이 영원히 쉴 곳으로 가는 날, 길거리에는 조객들이 오간다.
육체가 원래 왔던 흙으로 돌아가고, 숨이 그것을 주신 하나님께로 돌아
가기 전에, 네 창조주를 기억하여라. 할 말을 다 하였다. 이것이 끝이다."

산길 걷는 이야기

지 은 이 최영일
퍼 낸 이 장인행

인쇄 2009년 7월 27일
발행 2009년 7월 30일

퍼 낸 곳 깊은솔
주   소 서울특별시 종로구 구기동 85-9번지 인왕B/D 301호
전   화 02 · 396 · 1044(대표) / 02 · 396 · 1045(팩스)
등   록 제1 · 2904호(2001. 8. 31)

ⓒ 최영일. 2009
ISBN 89 · 89917 · 28 · 1 03900

값 12,800원